Ökonomische Analyse der Änderungen von Inhalt und Prüfung des Lageberichts durch das KonTraG

Europäische Hochschulschriften

Publications Universitaires Européennes
European University Studies

Reihe V
Volks- und Betriebswirtschaft

Série V Series V
Sciences économiques, gestion d'entreprise
Economics and Management

Bd./Vol. 3014

PETER LANG
Frankfurt am Main · Berlin · Bern · Bruxelles · New York · Oxford · Wien

Alexander Klempt

Ökonomische Analyse der Änderungen von Inhalt und Prüfung des Lageberichts durch das KonTraG

PETER LANG
Europäischer Verlag der Wissenschaften

Bibliografische Information Der Deutschen Bibliothek
Die Deutsche Bibliothek verzeichnet diese Publikation in der Deutschen Nationalbibliografie; detaillierte bibliografische Daten sind im Internet über <http://dnb.ddb.de> abrufbar.

Zugl.: Bochum, Univ., Diss., 2002

D 294
ISSN 0531-7339
ISBN 3-631-51708-4

www.peterlang.de

Meinen Eltern

Vorwort

Die vorliegende Arbeit wurde Ende 2002 von der Wirtschaftswissenschaftlichen Fakultät der Ruhr-Universität Bochum als Dissertation angenommen. Die Entstehung einer solchen Arbeit erfordert die Unterstützung zahlreicher Personen, denen ich an dieser Stelle danken möchte.

Mein besonderer Dank gilt meinem Doktorvater, Herrn Prof. Dr. Hannes Streim. Er hat mir nicht nur mit fachlichen Ratschlägen weitergeholfen, sondern hat darüber hinaus durch seine freundliche, motivierende Art dafür gesorgt, daß ich die Freude an der Arbeit nie verloren habe. Ohne seine Unterstützung wäre der Weg sicherlich beschwerlicher gewesen. Herrn Prof. Dr. Bernhard Pellens danke ich für die Übernahme des Korreferats.

Des weiteren gilt mein Dank den Mitarbeitern des Lehrstuhls, mit denen ich zu jeder Zeit über Probleme diskutieren konnte. Insbesondere sind hier Frau Dr. Britta Leippe und Herr Dipl.-Ök. Marcus Bieker zu nennen. Für die mühselige Arbeit des Korrekturlesens danke ich Herrn Dr. Stephan Thiel. Außerdem danke ich den Herren Dipl.-Ök. Daniel Busse, Gunther Falkenhahn und Volker Gnauert für die kreativen Pausen, die ich mit ihnen verbringen durfte.

Der größte Dank gilt jedoch meinen Eltern, die mich während meiner gesamten Ausbildungszeit unterstützt haben. Ohne sie wäre diese Arbeit nicht möglich gewesen.

Alexander Klempt

Inhaltsverzeichnis

Abkürzungsverzeichnis

Abs.	Absatz
ADS	Adler/Düring/Schmaltz
a.F.	alte Fassung
AG	Aktiengesellschaft
AHK	Anschaffungs- Herstellungskosten
AktG	Aktiengesetz
Anm.	Anmerkung
Art.	Artikel
Aufl.	Auflage
BB	Der Betriebsberater (Zeitschrift)
Bd.	Band
BFuP	Betriebswirtschaftliche Forschung und Praxis (Zeitschrift)
BGB	Bürgerliches Gesetzbuch
BGBl	Bundesgesetzblatt
BGH	Bundesgerichtshof
BGHZ	Entscheidungen des Bundesgerichtshofes in Zivilsachen
BiRiLiG	Bilanzrichtlinien-Gesetz
BT-Drs.	Bundestag-Drucksache
BR.-Drs.	Bundesrat-Drucksache
d.h.	das heißt
DB	Der Betrieb (Zeitschrift)
DM	Deutsche Mark
DRS	Deutscher Rechnungslegungs Standard
DSR	Deutscher Standardisierungsrat
DSTR	Deutsches Steuerrecht (Zeitschrift)
Einl.	Einleitung
etc.	et cetera
f.	folgende
ff.	fortfolgende
FS	Festschrift
Glp.	Gliederungspunkt
GmbH	Gesellschaft mit beschränkter Haftung
GoB	Grundsätze ordnungsmäßiger Buchführung
GoL	Grundsätze ordnungsmäßiger Lageberichterstattung
GuV	Gewinn und Verlust
h.M.	herrschende Meinung

HGB	Handelsgesetzbuch
Hrsg.	Herausgeber
IAS	International Accounting Standard
IASC	International Accounting Standards Committee
IDW	Institut der Wirtschaftsprüfer
i.V.m.	in Verbindung mit
JoLE	Journal of Law and Economics (Zeitschrift)
Kap.	Kapitel
KapCoRiLiG	Kapitalgesellschaften- und Co-Richtlinie-Gesetz
KGaA	Kommanditgesellschaft auf Aktien
KonTraG	Gesetz zur Kontrolle und Transparenz im Unternehmensbereich
m.w.N.	mit weiteren Nachweisen
Mio.	Million
Mrd.	Milliarde
Nr.	Nummer
ÖAR	Ökonomische Analyse des Rechts
PublG	Publizitätsgesetz
RefE	Referentenentwurf
Rn.	Randnummer
S.	Seite
Sp.	Spalte
SWOT	Strenghts-Weakness-Oportunities-Threats
Tsd.	Tausend
Tz.	Textziffer
u.a.	unter anderem/und andere
vBP	vereidigter Buchprüfer
Vgl.	Vergleiche
vs.	versus
WiST	Wissenschaftliches Studium (Zeitschrift)
WM	Wertpapiermitteilungen (Zeitschrift)
WP	Wirtschaftsprüfer
WPg	Die Wirtschaftsprüfung (Zeitschrift)
WPG	Wirtschaftsprüfungsgesellschaften
WPK	Wirtschaftsprüferkammer
WPO	Wirtschaftsprüferordnung
WpHG	Wertpapierhandelsgesetz
z.B.	zum Beispiel
ZfB	Zeitschrift für Betriebswirtschaft (Zeitschrift)

ZfbF	Zeitschrift für betriebswirtschaftliche Forschung (Zeitschrift)
ZGR	Zeitschrift für Unternehmens- und Gesellschaftsrecht (Zeitschrift)
ZIP	Zeitschrift für Wirtschaftsrecht und Insolvenzpraxis (Zeitschrift)

Abbildungsverzeichnis

1. Kapitel: Einleitung

1. Problemstellung

Obwohl nach der Ansicht des Gesetzgebers das vielschichtige Kontrollsystem des deutschen Aktienrechts ausgewogen ist und sich insgesamt bewährt hat, sind in diesem System dennoch Schwächen und Verhaltensfehlsteuerungen aufgetreten, die gezielte Korrekturen notwendig erscheinen ließen. Aus diesem Grund ist eine Arbeitsgruppe aus Mitgliedern der Koalitionsfraktionen und der Bundesregierung eingesetzt worden, um Vorschläge für eine Verbesserung des bestehenden Systems zu erarbeiten. Das Ergebnis dieser Arbeitsgruppe war das Gesetz zur Kontrolle und Transparenz im Unternehmensbereich (KonTraG)[1]. Als ein Teilergebnis zur Verbesserung des Kontrollsystems wurde die Verbesserung der Qualität der Abschlußprüfung erarbeitet.
Zur Erreichung dieses Ziels wurden die Vorschrift über die Prüfung grundlegend geändert und die Vorschriften über den Prüfungsbericht und den Bestätigungsvermerk neu gefaßt.

Die vorliegende Arbeit untersucht die Änderungen der Prüfungsvorschriften im Hinblick auf die Änderungen, die sich für die Prüfung des Lageberichts ergeben. Nach der Auffassung des Gesetzgebers sollen die Änderungen der Prüfungsvorschriften dazu führen, daß die Prüfung stärker risikoorientiert durchgeführt wird. Die stärkere Ausrichtung der Prüfung auf die Risiken der Unternehmen findet in der ebenfalls durch das KonTraG neu eingeführten Verpflichtung, im Lagebericht über die Risiken der künftigen Entwicklung zu berichten, ihr Pendant. Die inhaltliche Erweiterung der Berichterstattung um die Risiken der künftigen Entwicklung kann als ein Indiz dafür angesehen werden, daß der Gesetzgeber die Aussagekraft des Lageberichts erhöhen will. Auch wenn der Lagebericht schon nach altem Recht ein eigenständiges Instrument der Rechnungslegung war, wurde er in der Praxis überwiegend wie ein Anhängsel zur Bilanz behandelt. Die Verpflichtung, auf die Risiken der künftigen Entwicklung einzugehen, führt zu einer Stärkung der Eigenständigkeit des Lageberichts.

---

1 Vgl. BGBl. I (1998), S. 786 ff.

Die Erweiterung der Berichtspflicht um die Risiken der künftigen Entwicklung, die nach dem Wortlaut des Gesetzes zusammen mit der Berichterstattung über die Lage zu erfolgen hat, verlangt vom Lageberichterstatter Aussagen über die Zukunft des Unternehmens. In der Vergangenheit existierten über die zeitliche Dimension der Lage nach § 289 Abs. 1 HGB kontroverse Ansichten. Die Anhänger der statischen Ansicht interpretierten die Lage im bilanziellen Sinn, d.h. zeitpunktbezogen. Sie orientierten sich bei ihrer Interpretation an der Vermögens-, Finanz- und Ertragslage wie sie schon der Jahresabschluß gemäß § 264 Abs. 2 HGB zeichnen soll. Die Anhänger der dynamischen Ansicht legten den Begriff weiter aus. Sie forderten Informationen, die über die bilanziell verstandene Lage hinausgingen. Eine solche zukunftsbezogene Interpretation der Lage wird auch als die effektive Lage bezeichnet. Bezogen auf die drei nach § 264 Abs. 2 HGB geforderten Lagen, werden dementsprechend Informationen über die effektive Vermögens-, die effektive Finanz- und die effektive Ertragslage gefordert. Aussagen über die effektiven Lagen sind besser geeignet, das Informationsinteresse der Rechnungslegungsadressaten zu erfüllen, als Aussagen über die bilanziell verstandenen Lagen.
Mit der Verabschiedung des KonTraG scheint der Gesetzgeber für den effektiv interpretierten Lagebegriff Partei zu ergreifen. Neben der inhaltlichen Erweiterung des Lageberichts und dem daraus resultierenden erweiterten Lageverständnis lassen sich nämlich auch in den neu formulierten Vorschriften über den Prüfungsbericht und den Bestätigungsvermerk Anzeichen finden, die eine geänderte, umfassendere Sichtweise des Begriffs „Lage“ untermauern.

Für die Prüfung des Lageberichts ergeben sich aufgrund der stärkeren Zukunftsausrichtung des zentralen Elements der Berichterstattung mehrere Probleme. Um zu einer Aussage über die Zweckmäßigkeit der neuen Prüfungsvorschriften zu gelangen, bedarf es der näheren Untersuchung der folgenden Problemfelder:

- Ist eine Prüfung von Jahresabschluß und Lagebericht auf Einklang nach neuem Recht noch möglich?
- Überfordert man den Prüfer mit der Aufgabe zu prüfen, ob der Lagebericht insgesamt ein zutreffendes Bild von der Lage vermittelt?
- Wie wirkt sich die nach § 321 Abs. 1, Satz 2 HBG geforderte Stellungnahme des Abschlußprüfers zur Beurteilung der Lage des Unternehmens durch die gesetzlichen Vertreter auf die Prüfung des Lageberichts aus?

2. Zielsetzung und Gang der Untersuchung

Das Ziel der Arbeit besteht darin, zu untersuchen, ob die geänderten Vorschriften über den Inhalt und die Prüfung des Lageberichts aus ökonomischer Sicht zweckmäßig sind. Die Zweckmäßigkeit wird an den Interessen der Kapitalgeber gemessen.

Am Anfang des zweiten Kapitels werden die Leitgedanken des Rechts und der Ökonomie erarbeitet. Anschließend wird auf die aus ökonomischer Sicht problematische Agency-Beziehung eingegangen. Es wird gezeigt, daß aufgrund divergierender Interessen und asymmetrischer Informationsverteilung zwischen Kapitalnehmern und Kapitalgebern so gravierende Probleme entstehen können, daß eigentlich vorteilhafte Finanzierungsbeziehungen zwischen den potentiellen Partnern unterlassen werden. Am Schluß des zweiten Kapitels werden Maßnahmen dargestellt, mit denen man die Probleme der Agency-Beziehung überwinden kann. Eine dieser Maßnahmen ist die handelsrechtliche Rechnungslegung. Das zweite Kapitel bildet die Grundlage für die weitere Untersuchung.

Im dritten Kapitel steht das Prüfungsobjekt, der Lagebericht, im Mittelpunkt der Betrachtung. Nach einer Einordnung des Lageberichts in das System der handelsrechtlichen Rechnungslegung wird der Zweck der Rechnungslegung aus dem Gesetz herausgearbeitet. Danach geht es um den Teilzweck, den der Lagebericht zu diesem Oberzweck leisten kann. Maßstab für die Zweckbestimmung sind die schutzwürdigen Interessen der Kapitalgeber. Anschließend wird auf die historische Entwicklung des Lageberichts eingegangen. Es wird gezeigt, daß die Bedeutung des Lageberichts im Laufe der Zeit stetig gestiegen ist. Den Schluß des dritten Kapitels bilden die Grundsätze ordnungsmäßiger Lageberichterstattung.

Das vierte Kapitel ist das Kernstück der Arbeit. Es befaßt sich mit der Prüfung des Lageberichts. Nach einer allgemeinen Einführung über den Zweck der Prüfung, den Kreis der prüfungspflichtigen Unternehmen und den Kreis der prüfungsberechtigten Personen, wird ebenfalls die historische Entwicklung betrachtet. Auch für die Prüfung des Lageberichts läßt sich eine stetig gestiegene Bedeutung nachweisen. Die Darstellung der Grundsätze ordnungsmäßiger Abschlußprüfung rundet den einführenden Teil über die Prüfung des Lageberichts ab.
Um den gestiegenen Stellenwert der Prüfung des Lageberichts besser zu verdeutlichen, wird im Anschluß an den einführenden Teil kurz auf die Prüfung des Lageberichts nach altem Recht eingegangen. Auch die alte

Prüfungsvorschrift verlangte eine Einklangsprüfung und eine Gesamteindrucksprüfung. Zuerst wird die Einklangsprüfung behandelt. Danach wird auf die Prüfung des Gesamteindrucks, die nach altem Recht negativ formuliert war, eingegangen. Es wird gezeigt, daß zwischen den beiden Prüfungsanforderungen Unterschiede hinsichtlich ihres Verpflichtungsgrades bestanden. Der alten Prüfungsnorm lag ein Lagebegriff zugrunde, der sich an der Bilanz orientierte.
Im nächsten Schritt werden die für die Prüfung des Lageberichts relevanten Änderungen durch das KonTraG herausgearbeitet. Alle Änderungen betreffen das zentrale Berichtselement des Lageberichts, die Lage. Wegen der grundlegenden Bedeutung des Begriffs „Lage" wird dieser zuvor ausführlich geklärt. Es wird zwischen der bilanziellen und der effektiven Lage unterschieden. Die im Rahmen des KonTraG geänderten Vorschriften über den Inhalt und die Prüfung des Lageberichts sprechen dafür, daß der Gesetzgeber mit den Gesetzesänderungen eine Auslegung der Lage im effektiven Sinne befürwortet. Diese These wird anhand der inhaltlichen Erweiterung des Lageberichts um die Risiken der künftigen Entwicklung, anhand des Prüfungsberichts und anhand des Bestätigungsvermerks nachgewiesen.
Danach wird die Prüfung des Lageberichts nach neuem Recht untersucht. Zuerst wird das Prüfungsobjekt charakterisiert. Anschließend werden die grundsätzlichen Schwierigkeiten, die der Prüfung des Lageberichts anhaften, behandelt. Dann wird der Prüfungsprozeß untersucht. Es wird gezeigt, daß sich die verschärfte Prüfungsnorm von der Prüfungsplanung über die Prüfungsdurchführung bis auf die Prüfungsdokumentation auswirkt. Die Untersuchung der neuen Prüfungsnorm beginnt mit der Einklangsprüfung. Die Prüfung des Gesamteindrucks hat aufgrund der Positivfeststellung einen völlig neuen Stellenwert erlangt. Die Analyse befaßt sich daher schwerpunktmäßig mit der Prüfung des Gesamteindrucks.
Am Schluß des vierten Kapitels erfolgt eine Auseinandersetzung mit den Konsequenzen der neuen Prüfungsnorm. Die Auseinandersetzung konzentriert sich auf die Erwartungslücke und auf die gestiegenen Sanktionsrisiken für den Abschlußprüfer. Danach wird die neue Prüfungsnorm bewertet. Anhand einer Gegenüberstellung der anfallenden Prüfungskosten mit dem Prüfungsnutzen wird die Zweckmäßigkeit der neuen Prüfungsnorm beurteilt.

Das fünfte Kapitel faßt die Ergebnisse der Arbeit zusammen.

2. Kapitel: Grundlagen

1. Ökonomische Betrachtung rechtlicher Regelungen

Die Beziehungen des Menschen zu seiner Umwelt wickeln sich nicht regellos ab. Sie sind abhängig von zahlreichen und sehr unterschiedlichen Ordnungssystemen. Normordnungen mit sozialer Geltung sind z.B. die Moral oder die Religion[2]. Eine weitere Normordnung ist das Recht. Der Unterschied des Rechts zu den anderen Normordnungen liegt in der Institutionalisierung und Durchsetzung durch staatlichen Zwang[3].

Das Recht versucht, die Beziehungen der Menschen untereinander zu regeln[4]. Zu diesem Zweck werden Rechtsnormen aufgestellt, die festlegen, was das einzelne Individuum darf (Recht), nicht darf (Verbot) und zu tun hat (Pflicht)[5]. Das ganze System, in dem die einzelnen Rechtsnormen gesammelt sind, wird Rechtsordnung genannt[6].

Rechtsordnungen sind von zwei Leitfäden geprägt, und zwar vom Sozialethos, womit die durchschnittliche Moralauffassung der Gemeinschaft im Staat gemeint ist, und von der Idee der Gerechtigkeit[7]. Ihren höchsten Ausdruck findet die Gerechtigkeitsidee in Art. 3 Abs. 1 des Grundgesetzes, dem allgemeinen Gleichheitssatz. Vereinfacht besagt er, daß Gleiches gleich und Ungleiches ungleich behandelt werden muß[8]. Die Gerechtigkeitsidee ist Richtschnur für jedes staatliche Handeln in der Gesetzgebung[9].

Trotz dieser herausragenden Stellung der Gerechtigkeit innerhalb des Rechts gibt es für sie keine exakte, allgemein akzeptierte Definition[10]. Eine Ausgestaltungsform der Gerechtigkeit ist die Unterscheidung in „ausgleichende" und „austeilende" Gerechtigkeit. Letztere ist die Gerechtigkeit

---

2 Vgl. Haase/Keller (1986), S. 21.

3 Vgl. Kelsen (1960), S. 34 f.

4 Vgl. Haase/Keller (1986), S. 20.

5 Vgl. Koboldt/Leder/Schmidtchen (1992), S. 334.

6 Vgl. Köbler (1987), S. 63.

7 Vgl. Haase/Keller (1986), S. 23; Larenz (1991), S. 334.

8 Vgl. ausführlich zu diesem zentralen Grundrecht Rüfner (1999), Art. 3 I, S. 9, Rn. 2 f.

9 Vgl. Creifelds (1996), S. 503.

10 Allgemein zum Problem der Gerechtigkeit vgl. Kelsen (1960), S. 357 ff.; zu den unterschiedlichen Formen der Gerechtigkeit und der Schwierigkeit der Greifbarkeit, was gerecht ist, vgl. Röhl (1995), S. 327 ff.

des öffentlichen Rechts[11]; sie ist hier nicht weiter relevant. Die ausgleichende Gerechtigkeit ist die Gerechtigkeit des Privatrechts. Sie hat dafür zu sorgen, daß die Tauschbeziehungen von Mensch zu Mensch oder - allgemeiner ausgedrückt - zwischen zwei Parteien rechtmäßig[12] ablaufen[13]. Liegt bei der Tauschbeziehung ein unrechtmäßiger Eingriff vor, durch den sich eine Partei auf Kosten der anderen einen Vorteil verschafft und somit Leistung und Gegenleistung nicht mehr ausgewogen sind, ist dieser auszugleichen[14]. Im Schaffen dieses Ausgleichs, d.h. dem Schutz jedes Mitgliedes der Gemeinschaft gegen Unrecht durch andere Mitglieder, liegt eine der Aufgaben des Staates[15].
Ist dieser grundsätzliche Schutz des einzelnen Individuums gegen Unrecht gewährleistet, ist der Rahmen für ein Zustandekommen von Tauschbeziehungen gegeben. Aus dem Individualschutz resultiert dann weitergehend ein Funktionenschutz wie beispielsweise ein Zustandekommen von funktionsfähigen Kapitalmärkten.

Gemeinsamer Gegenstand aller Wirtschaftswissenschaften ist die Wirtschaft[16]. Wirtschaft bezeichnet dasjenige Teilgebiet menschlicher Tätigkeiten, das der Bedürfnisbefriedigung dient. Während die menschlichen Bedürfnisse praktisch unbegrenzt sind, sind die zur Bedürfnisbefriedigung einsetzbaren Ressourcen nur begrenzt vorhanden. Es besteht Knappheit. Bedingt durch die Knappheit der Güter, sind die Menschen gezwungen zu wirtschaften. Sie sind bestrebt, die vorhandenen Ressourcen derart einzusetzen, daß ein möglichst hoher Grad an Bedürfnisbefriedigung erreicht wird.
Ein Beurteilungskriterium hinsichtlich der gesamtgesellschaftlichen Vorteilhaftigkeit für die Verwendung der vorhandenen knappen Ressourcen ist das von Vilfredo Pareto begründete Pareto-Kriterium[17]. Hiernach ist

---

11 Das öffentliche Recht regelt die Beziehung des Einzelnen zum Staat und den anderen Trägern öffentlicher Gewalt sowie das Verhältnis der Verwaltungsträger zueinander. Vgl. z.B. Köbler (1995), S. 308.

12 Rechtmäßig ist zu verstehen als das Einhalten bestimmter, vorher beiden Vertragsparteien bekannter Regeln.

13 Vgl. Röhl (1995) mit Verweis auf Aristoteles, S. 327 f.

14 Vgl. Röhl (1995), S. 329.

15 Vgl. Leffson (1987), S. 41.

16 Ausführlich zum Gegenstand der Wirtschaftswissenschaften vgl. z.B. Wöhe (1996), S. 1 ff.

17 Ausführlich zum Pareto-Kriterium vgl. z.B. von Böventer/Illing/Bauer (1997), S. 255 ff.

ein gesamtgesellschaftlicher Zustand X einem Zustand Y dann vorzuziehen, wenn in X mindestens ein Individuum besser gestellt ist als in Y, ohne ein anderes Individuum schlechter zu stellen. Einen Zustand, in dem die vorhandenen knappen Ressourcen derart eingesetzt werden, daß es keine andere Verwendungsmöglichkeit der knappen Ressourcen gibt, die zu einer höheren gesamtgesellschaftlichen Wohlfahrt[18] führt, bezeichnet man als pareto-optimal oder allokationseffizient.
Die Allokationseffizienz ist in der Wirtschaftswissenschaft das entscheidende Beurteilungskriterium bei einer normativen Analyse[19]. Wenn eine rechtliche Regelung hierzu einen positiven Beitrag leistet, d.h. ein paretosuperiorer Zustand erreicht wird, ist sie zweckmäßig.

Das Problem, sowohl des juristischen Ziels der Gerechtigkeit als auch des ökonomischen Kriteriums der Allokationseffizienz, liegt darin, daß sie sehr allgemein und daher kaum intersubjektiv nachprüfbar sind. Deshalb kann es sinnvoll sein, einen Zwischenschritt einzufügen, d.h. ein Kriterium zwischenzuschalten, das eindeutige Beurteilungen zuläßt und gleichzeitig mit den beiden Oberkriterien positiv korreliert ist. Erkennt man die positive Korrelation zwischen Oberkriterium und Subkriterium an, reicht es aus, die Beurteilung am Subkriterium vorzunehmen.

Eine Analyse der Regeln, die ein Gesetzgeber aufstellt und die für eine Vielzahl von Marktteilnehmern gelten sollen, ist daher an dem ökonomischen Kriterium „Allokationseffizienz" bzw. einem hiermit positiv korrelierten Subkriterium und dem juristischen Ziel „Gerechtigkeit" oder auch einem hiermit positiv korrelierten Subziel vorzunehmen. Wenn eine Gesetzesänderung einen insgesamt positiven Beitrag zu diesen beiden Kriterien liefert, d.h. zur Steigerung der gesamtwirtschaftlichen Wohlfahrt beiträgt oder das menschliche Miteinander gerechter gestaltet, handelt es sich um eine zweckmäßige Regelung und ist zu begrüßen[20]. Aus ökonomischer Sicht ist das Allokationseffizienzkriterium gegenüber dem Ge-

---

18 Die gesamtgesellschaftliche Wohlfahrt ist der Gegenstand der Wohlfahrtstheorie. Die Wohlfahrtstheorie ist eine normative Theorie, die eine bestimmte Allokation von Gütern und Faktoren im Sinne von „gut" oder „schlecht" zu bewerten versucht. Vgl. von Böventer/Illing/Bauer (1997), S. 255.

19 Bei einer normativen Analyse werden über die bloße Beschreibung hinaus (positive Analyse) Wertungen im Sinne von „gut" oder „schlecht" vorgenommen.

20 Vgl. Streim (1998), S. 326.

rechtigkeitskriterium dominant. Die später folgende Analyse wird deshalb primär am Kriterium der Allokationseffizienz vorgenommen. Das juristische Ziel der Gerechtigkeit wird nur am Rande betrachtet. Eine neue Gesetzesregel ist danach einer alten vorzuziehen, wenn sie im Vergleich zu dieser pareto-superior ist, d.h. einen höheren Beitrag zur Allokationseffizienz leistet.

Eine Verbindung zwischen Ökonomie und Recht versucht eine jüngere Disziplin der Rechtswissenschaft, die ökonomische Analyse des Rechts (ÖAR)[21], herzustellen. Die ÖAR untersucht rechtliche Regelungen im Hinblick auf ihren Beitrag, den sie zur Lenkung und Verwendung der vorhandenen knappen Ressourcen über den Markt leisten[22]. Je reibungsloser und kostengünstiger es zum Austausch von Gütern kommt, desto besser ist die Rechtsnorm aus Sicht der ÖAR. Entscheidendes Kriterium dieser neueren rechtswissenschaftlichen Disziplin zur Beurteilung einer rechtlichen Regelung ist demnach ebenfalls das ökonomische Kriterium der Allokationseffizienz und nicht das rechtliche Ziel der Gerechtigkeit[23].

---

21 Dieser Ansatz ist unter dem Stichwort „Economic analysis of law" seit den 60er Jahren in den USA entwickelt worden. Bahnbrechend war vor allem das praktisch alle Rechtsgebiete umfassende Buch von Richard A. Posner: Economic Analysis of law. Posner untersucht in diesem Buch die einzelnen Rechtsgebiete unter dem Leitgedanken der Effizienz. Vgl. Posner (1986). Seine Ansicht zum wissenschaftlichen Zustand der Rechtswissenschaft äußert er 1972 in einem Aufsatz im Journal of Legal Studies: „Unser Fach befindet sich in einem vorwissenschaftlichen Zustand". Posner (1972), S. 437.

22 Vgl. Schneider (1997 a), S. 238.

23 Die Möglichkeiten zu einer ÖAR des Sachenrechts wird am Beispiel des Nachbarschutzes (der Fall Bass v. Gregory) aufgezeigt:
Eigentümer und Pächter einer Gastwirtschaft mit Brauerei wehrten sich gegen eine Beeinträchtigung durch den Eigentümer des landwirtschaftlich genutzten Nachbargrundstückes. Auf diesem Nachbargrundstück befand sich ein alter Brunnen, zu dem von dem Keller der Gastwirtschaft aus ein Schacht getrieben worden war. Da der Keller der Gastwirtschaft für eine besondere Stufe des Brauverfahrens verwendet wurde, die ohne Entlüftung nicht durchführbar war, diente der alte Brunnen als Entlüftungsschacht für die Brauerei. Da sich der Landwirt durch die aus dem Brunnen entweichende, durch Brauvorgänge geschwängerte Luft belästigt fühlte, verschloß er die Brunnenöffnung durch einen Rost, obwohl der Schacht vom Keller zum Brunnen bereits über 40 Jahre existierte und auch benutzt wurde. Eigentümer und Pächter von Gastwirtschaft und Brauerei wandten sich gegen diese Beeinträchtigung ihres Eigentums bzw. Besitzes. Vgl. Coase (1960), S. 14 f.; in deutscher Übersetzung Kirchner (1978), S. 162 ff.

2. Agency-Beziehung

2.1. Begriff und Ursachen

Als Agency-Beziehung wird die Beziehung zwischen einem oder mehreren Auftraggebern (Prinzipalen) und einem oder mehreren Beauftragten (Agents) bezeichnet[24]. Die Agency-Beziehung zwischen Prinzipal und Agent wird eingegangen, weil der Agent über besondere Fähigkeiten verfügt, bestimmte Aufgaben besser zu erledigen als der Prinzipal[25]. Eine typische Agency-Beziehung ist die Beziehung zwischen den Kapitalgebern und dem obersten Management einer Kapitalgesellschaft[26]. Die Anstellung bezahlter Manager erfolgt demnach, weil sich die Kapitalgeber aufgrund der spezialisierten Fähigkeiten und Kenntnisse der Manager ein besseres Durchsetzen der eigenen Interessen erhoffen.

In der Beziehung zwischen Kapitalgebern und Manager kann es jedoch zu Problemen kommen, weil in der realen Welt - im Gegensatz zu einer Welt ohne Transaktionskosten, die die neoklassische Mikroökonomik unterstellt - erstens angenommen wird, daß jedes Wirtschaftssubjekt vorwiegend bestrebt ist, seinen eigenen, von den Interessen des anderen Wirtschaftssubjektes differierenden Nutzen zu maximieren und weil zweitens Informationsasymmetrien zwischen den Kooperationsparteien existieren[27]. Diese sogenannten Agency-Probleme können so schwerwiegend sein, daß Investitionen, die eigentlich für alle Beteiligten vorteilhaft wären, nicht vorgenommen werden. Dies beeinträchtigt das wirtschaftliche Oberziel der Allokationseffizienz.

Nach Coase ist die Bewertung wie folgt vorzunehmen: Dasjenige soziale Arrangement soll von der Rechtsordnung unterstützt werden, das in Abwägung der Vor- und Nachteile einer konfligierenden Nutzung den Gesamtproduktionswert für die Volkswirtschaft maximiert. In solchen Fällen ist es häufig nicht sinnvoll eine Nutzung völlig zu verbieten. Aus ökonomischer Sicht können Ausgleichs- und Entschädigungszahlungen sinnvoller sein.

24 Vgl. Schneider (1997 b), S. 23.

25 Vgl. Arrow (1968), S. 538.

26 Weitere Agency-Beziehungen sind z.B. die Beziehungen zwischen Patient und Arzt oder zwischen Mandant und Rechtsanwalt.

27 Wäre für alle Beteiligten eine vollständige und kostenlose Informationsbeschaffung möglich, würden keine Probleme zwischen Kapitalgebern und Managern auftreten.

2.2. Interessendivergenz

2.2.1. Managerinteressen

Manager handeln, wie andere Individuen auch, vor allem in ihrem eigenen Interesse. Sie betreiben Eigennutzmaximierung[28]. Dies bedeutet, daß ihre Handlungen nicht automatisch im besten Interesse der Kapitalgeber sein müssen. Altruistisches oder bösartiges Handeln wird zwar nicht grundsätzlich ausgeschlossen, es wird aber angenommen, daß in den meisten Fällen das egoistische, nutzenmaximierende Verhalten überwiegt.

Persönliche Managerinteressen dürften vor allem in einem hohen und gesicherten Einkommen liegen[29]. Außerdem werden die Manager interessiert sein, eigene Konzeptionen zu verwirklichen. Ein weiteres Interesse wird darin liegen, ihr Arbeiten so angenehm wie möglich zu gestalten. Sie werden versuchen, aus ihrer Tätigkeit im Unternehmen nichtmönetäre Vorteile (fringe benefits) zu ziehen, wie z.B. große und teure Dienstwagen zu fahren oder prestigeträchtige Verwaltungsgebäude mit modernsten technischen Einrichtungen auszustatten. Außerdem kann es sein, daß Manager ein starkes Interesse daran haben, Entscheidungen zu treffen, die vorwiegend ihrer persönlichen Reputation nutzen. Durch die Erhöhung der persönlichen Reputation steigt ihr „Preis" in Form des Gehalts, das ihnen am Managermarkt geboten wird[30]. Des weiteren wird man zumindest bei einigen Managern unterstellen können, daß sie den Arbeitseinsatz möglichst gering halten möchten (Shirking), um statt dessen mehr Freizeit zu genießen.

Die aufgeführten Interessen zeigen, daß die Kapitalgeber befürchten müssen, daß Handlungen seitens des Managements vorstellbar sind, die nicht in ihrem Interesse liegen können.

2.2.2. Kapitalgeberinteressen

Die Gruppe der Kapitalgeber unterscheidet sich in vielerlei Hinsicht. Als Kapitalgeber werden alle Personen oder Institutionen bezeichnet, die gegenüber den Kapitalnehmern in Vorleistung treten. Kapitalnehmer sollen die Unternehmen bzw. die für das Unternehmen tätige Geschäftsleitung sein[31].

---

28 Vgl. zu dieser grundlegenden Annahme der Ökonomie z.B. Williamson (1985), S. 47 ff.

29 Vgl. Schiemenz/Seiwert (1979), S. 585 f.

30 Vgl. Wagenhofer (1993), S. 250.

31 Vgl. Streim (1988), S. 10 f.

Da es sich bei den Kapitalgebern um eine inhomogene Gruppe handelt, haben sie unterschiedliche Interessen, die differenziert betrachtet werden müssen. Letzten Endes wird aber deutlich, daß die unterschiedlichen Interessen auf ein gemeinsames Gesamtinteresse hinauslaufen.

Ein erster Unterschied in der Gruppe der Kapitalgeber resultiert aus ihrer rechtlich unterschiedlichen Position gegenüber dem Unternehmen. Man unterscheidet zwischen Eigenkapitalgebern (auch Gesellschafter, Anteilseigner oder Aktionäre) und Fremdkapitalgebern (Gläubiger). Der Unterschied kommt vor allem in zwei Punkten zum Ausdruck[32]:

1.) Ihr Erfolgsanspruch ist unterschiedlich. Gesellschafter haben mit ihrer Kapitalüberlassung an dem Unternehmen einen Beteiligungstitel erworben, der ihnen einen vom Unternehmensergebnis abhängigen Anspruch auf Zahlungen gewährleistet. Ihr Anspruch ist variabel. Gläubiger dagegen haben gegenüber dem Unternehmen einen Forderungstitel inne, der ihnen einen vom Unternehmensergebnis unabhängigen Anspruch auf Zahlungen gewährleistet. Der Anspruch der Gläubiger ist somit fix.
2.) Ihre Haftung ist konträr. Während Gesellschafter mit ihrem Kapitalanteil am Unternehmen im Insolvenzfall voll haften, haften Gläubiger nicht. Aufgrund ihres Forderungstitels sind sie haftungsberechtigt.

Eine weitere Unterscheidung der Kapitalgeber ist hinsichtlich ihrer Machtposition gegenüber dem Unternehmen notwendig. Auf der einen Seite stehen diejenigen Gesellschafter und Gläubiger, die sich selbst vor Risiken schützen können, weil sie sich gegenüber dem Unternehmen in einer starken Verhandlungsposition befinden[33]. Auf der anderen Seite befinden sich die verhandlungsschwachen Gesellschafter und Gläubiger, die nicht

---

32 Zu weiteren Unterschieden zwischen Gläubigern und Gesellschaftern vgl. Süchting (1995), S. 27 ff.

33 Zu denken ist beispielsweise an die Verflechtungen in den Aufsichtsräten der großen deutschen Aktiengesellschaften. Nicht selten sind Vorstandsmitglieder der AG X gleichzeitig Aufsichtsratsmitglieder der AG Y, an der AG X eine große Aktienbeteiligung hält oder Großgläubiger ist. Es ist anzunehmen, daß die Aufsichtsratsmitglieder über weit mehr Informationen über die wirtschaftliche Lage des Unternehmens verfügen, als diejenigen Aktionäre und Gläubiger, die nur die Informationen bekommen, die publiziert werden. Diesen Informationsvorsprung können sie zum Vorteil ihrer AG X ausnutzen.

die Möglichkeit haben, sich Absicherungen zu verschaffen und sich damit nicht selbst vor Risiken schützen können.
Die Verhandlungsposition der Gesellschafter und Gläubiger gegenüber dem Unternehmen hinsichtlich der Einräumung von Absicherungen dürfte positiv mit dem Kapital korrelieren, welches dem Unternehmen von ihnen zur Verfügung gestellt wird. Je abhängiger das Unternehmen von ihnen ist, desto mehr Absicherungsmöglichkeiten bestehen für sie und desto besser ist ihre Risikoposition im Vergleich zu den ungesicherten Kapitalgebern.

Bedingt durch die unterschiedliche rechtliche Position sowie eine unterschiedliche Machtposition gegenüber dem Unternehmen, ergeben sich unterschiedlich gewichtete Interessen, die die Kapitalgeber mit ihrer Finanzierungsbeziehung verfolgen. Hierbei ist es sinnvoll, zwischen starken und schwachen Eigenkapitalgebern sowie zwischen starken und schwachen Fremdkapitalgebern zu differenzieren, da ihre unterschiedliche rechtliche und machtpolitische Stellung eine andere Risikoposition bedeutet und daraus folgend auch eine andere Chancenposition impliziert.

Wie oben schon kurz skizziert, haben Gläubiger gegenüber dem Unternehmen einen Forderungstitel inne, der einen Anspruch auf Rückzahlung des Kapitaleinsatzes enthält. Im Insolvenzfall wird dieser, verglichen mit einem Beteiligungstitel, den Aktionäre innehaben, bevorrechtigt bedient. Aktionäre gehen im Insolvenzfall regelmäßig leer aus. Dafür ist aber auch die Chance der Gläubiger begrenzt. Hierfür ist das niedrigere Risiko ursächlich. Die Chance besteht in einem festen Verzinsungsanspruch, der unabhängig vom Unternehmensergebnis ist. Das Hauptinteresse gilt damit der Sicherung des Kapitals.
Außerdem haben Gläubiger ein Erwerbsinteresse am Unternehmen, das sich in einem möglichst hohen Kapitalertrag ausdrückt. Die Höhe der realisierbaren Verzinsung kann gläubigerintern verschieden hoch sein. Sie ist abhängig von der Verhandlungsposition der Gläubiger gegenüber dem Unternehmen, die wiederum abhängig ist von ihrer Machtposition.
Hinzu kommt ein Kontrollinteresse am Unternehmen, um frühzeitig Gefahren zu erkennen und eventuell Gegenmaßnahmen einzuleiten, wenn die Kapitalanlage besonderen Risiken ausgesetzt ist[34]. Das Kontrollinteresse dient aber eher der Durchsetzung der beiden zuerst genannten Interessen, als daß es ein eigenständiges Interesse darstellt.

---

34 Vgl. Kessler (1993), S. 262.

Je stärker die Verhandlungsposition der Gläubiger gegenüber dem Unternehmen ist, desto besser wird ihr Kapital gesichert, desto höher wird der Zins sein und desto besser werden die ihnen eingeräumten Kontrollmöglichkeiten sein.

Ebenso wie die Gläubiger haben alle Aktionäre als oberstes Ziel die Sicherung ihrer Kapitaleinlage[35]. Daneben haben auch sie ein Erwerbsinteresse, das sich auf Kapitalertrag und Kapitalzuwachs richtet. Der Kapitalertrag fällt bei den meisten Aktienbeteiligungen eher spärlich aus[36]. Um so größer ist dafür die Chance, so war es zumindest in den letzten Jahren, Kapitalzuwachs durch Kursteigerungen zu erzielen[37]. Gleichzeitig besteht aber auch das Risiko, Kapitalverluste durch Kursverfall hinnehmen zu müssen[38]. Ihr drittes Interesse gilt der Beeinflussung des Unternehmens- und Betriebsgeschehens[39]. Wie bei den Gläubigern das Kontrollinteresse, dient auch das dritte Interesse der Aktionäre dazu, die zuerst genannten Interessen besser zu erreichen.
Die Gewichtung der drei Ziele hängt davon ab, welchem Aktionärstyp der jeweilige Aktionär zuzuordnen ist. Man unterscheidet zwischen Großaktionären, die Einfluß auf die Gesellschaft ausüben wollen, und Kleinaktio-

35 Vgl. Schiemenz/Seiwert (1979), S. 584 f.

36 So liegen die Dividenden der DAX 30 Unternehmen zwischen 0 (Epcos und Infineon) und 1,60 € (E.ON). Aufgrund der anhaltenden Schwäche an den Börsen sind mittlerweile respektable Dividendenrenditen zu erzielen. Im September 2002 lagen die Dividendenrenditen zum Teil bei über 5 % (Commerzbank, Metro).

37 Kapitalzuwächse sind darüber hinaus auch noch steuerfrei zu vereinnahmen, wenn die Beteiligung länger als ein Kalenderjahr gehalten wird. Ansonsten sind sie mit dem halben Grenzsteuersatz zu versteuern. Dividenden sind wie Zinseinkünfte voll zu versteuern.

38 Die Chancen auf Kapitalzuwachs bzw. die Risiken auf Kapitalverluste bei einer Aktienbeteiligung gibt die Performance des DAX 30 der letzten Jahre wieder.
Im Oktober 1998 notierte der DAX 30 bei 4.000 Punkten. In den folgenden Monaten verzeichnete er einen stetigen Anstieg und notierte im März 2000 auf seinem Allzeit-Hoch von 7.975 Punkten. Dies bedeutet, daß sich der Wert der durchschnittlichen Aktienbeteiligung im DAX 30 in 1,5 Jahren fast verdoppelt hat. Danach ging es unaufhaltsam in die andere Richtung. Im September 2001 (nach den Terror-Anschlägen in den USA) sank der DAX 30 wieder auf unter 4.000 Punkte. Nach einer kurzen Erholungsphase bis März 2002, in der der DAX 30 wieder auf knapp über 5.400 Punkte angestiegen ist, ging es nur noch bergab. Im August 2002 lag der DAX 30 bei unter 3.400 Punkten. Diese Marke hatte er zuletzt im Frühjahr 1997 erreicht.

39 Vgl. Kessler (1995), S. 63.

nären, die hieran kein Interesse haben. Zum anderen gibt es Anlageaktionäre, die mit ihrer Kapitaleinlage eine langfristige Vermögensanlage beabsichtigen und Spekulationsaktionäre, die kurzfristig an Dividenden und Kursgewinnen interessiert sind[40].

Sowohl für die Gläubiger als auch für die Gesellschafter läßt sich festhalten, daß beide mit ihrer Kapitalüberlassung primär ein finanzielles Interesse verfolgen.
Zur Durchsetzung ihrer Interessen benötigen aktuelle und potentielle Gläubiger Informationen, inwieweit das Unternehmen zukünftig in der Lage sein wird, ihre vertraglich vereinbarten Zins- und Tilgungsforderungen fristgerecht zu erfüllen.
Aktuelle und potentielle Gesellschafter benötigen Informationen über die Breite, zeitliche Struktur und Unsicherheit zukünftiger Ausschüttungen sowie über zukünftige Kursentwicklungen, um gegebenenfalls auf aus ihrer Sicht unerfreuliche Umstände reagieren zu können[41].
Das gemeinsame Gesamtinteresse von Gläubigern und Gesellschaftern gilt somit Informationen, die darüber Aufschluß geben, inwieweit das Unternehmen in der Zukunft ihren finanziellen Interessen gerecht werden kann.

2.3. Informationsasymmetrien

2.3.1. Allgemeines

Anders als in der neoklassischen Markttheorie, die unterstellt, daß alle Tauschpartner symmetrisch informiert sind, existieren in der realen Welt asymmetrische Informationsverteilungen. Asymmetrische Informationsverteilung bedeutet, daß der eine Tauschpartner über Informationen verfügt, über die der andere Tauschpartner nicht verfügt. Grundsätzlich liegt in der asymmetrischen Informationsverteilung der Grund für das Eingehen einer Agency-Beziehung. Wenn allerdings die Interessen der Vertragsparteien voneinander abweichen, kommt es zu Problemen. Der Agent muß befürchten, daß der Prinzipal nicht mehr im für ihn besten Sinne handelt. Dies führt zu Allokationsverlusten. Das sogenannte „first-best-optimum" kann nicht erreicht werden[42]. Aufgrund von Reibungsver-

40 Vgl. Raiser (1992), S. 77; Bäumler (1967), S. 63 ff.

41 Vgl. Moxter (1966), S. 38.

42 Das first-best-optimum ist der Idealzustand in einer Welt ohne Transaktionskosten. In einem finanzierungstheoretischen Modell wäre das first-best-

lusten, wie Informationsasymmetrien, die zwischen den Tauschpartnern bestehen, werden eigentlich vorteilhafte Tauschvorgänge nicht vollzogen[43]. Die Allokationseffizienz bleibt deshalb unter derjenigen zurück, die in einer perfekten Welt mit vollkommener Information möglich wäre. Es kann lediglich eine Situation erreicht werden, die als „second-best-optimum" bezeichnet wird. Das second-best-optimum stellt die in der realen Welt effiziente Ressourcenallokation dar.
Es wird zwischen vorvertraglichen und nachvertraglichen Informationsasymmetrien unterschieden. Ein Fall vorvertraglicher Informationsasymmetrie ist die „adverse selection"[44]. „Moral hazard" stellt einen Fall nachvertraglicher Informationsasymmetrie dar. Moral hazard kann es in sehr vielen Variationen geben. Hier von Bedeutung ist das Verhältnis zwischen Eigenkapitalgebern und Managern sowie das Verhältnis von Fremdkapitalgebern und Managern einer Kapitalgesellschaft.

2.3.2. Moral hazard

Verantwortlich für moral hazard sind versteckte Informationen (hidden information) oder versteckte Handlungen (hidden action), die es einem Transaktionspartner nachvertraglich ermöglichen, wider der vertraglichen Regelung zu handeln. Hidden Action bedeutet, daß dem schlechter informierten Transaktionspartner Informationen über das Verhalten des besser informierten Transaktionspartners fehlen[45]. Hidden Information bezeichnet den Umstand, daß dem schlechter informierten Transaktionspartner der Sachverstand fehlt, der zur Beurteilung der Leistung des Transaktionspartners notwendig ist[46].
Entscheidendes Problem des moral hazard ist, daß der schlechter informierte Transaktionspartner sich nur unvollständig über das Verhalten und

---

optimum durch die Wahl desjenigen Investitionsobjektes charakterisiert, welches den höchsten Kapitalwert aufweist.

43 Vgl. Schmidt/Terberger (1997), S. 404.

44 Zu adverse selection kann es kommen, wenn eine Seite über Informationen verfügt, die die andere Seite nicht hat oder über die die andere Seite in geringerem Umfang verfügt. Der schlechter informierten Seite ist es nur möglich, durch Aufwendung hoher Informationskosten den Informationsnachteil auszugleichen. Im Extremfall kommt eine eigentlich für beide Tauschpartner vorteilhafte Tauschbeziehung dann nicht zustande. Vgl. das Gebrauchtwagenbeispiel von Akerlof (1970), S. 489 ff.

45 Vgl. Picot (1991), S. 151.

46 Vgl. Picot (1991), S. 152.

über die Handlungsmöglichkeiten des besser informierten Transaktionspartners informieren kann.
Moral hazard-Verhalten geht auf Erfahrungen von Versicherungsgesellschaften zurück, die diese mit ihren Versicherten gemacht haben.
Die Versicherungsgesellschaft bietet für ein bestimmtes Risiko Versicherungsschutz an. Sie kalkuliert das Risiko unter der Annahme, daß die potentiellen Versicherungsnehmer nach Erwerb des Versicherungsschutzes weiterhin Eigenvorsorge betreiben. Die Versicherungsnehmer reduzieren jedoch ihre Eigenvorsorge, nachdem sie den Versicherungsschutz erworben haben, weil ihr Risiko nun versichert ist. Dies erhöht die Wahrscheinlichkeit eines Schadenseintritts und beeinträchtigt die Prämienkalkulation der Versicherungsgesellschaft[47].

2.4. Ökonomische Konsequenzen

Sieht man einmal vom altruistischen Manager ab, führt die Annahme der Maximierung des Eigennutzens sowie die asymmetrische Informationsverteilung dazu, daß nicht davon ausgegangen werden kann, daß der Manager automatisch im besten Interesse der Kapitalgeber handelt. Es ist vielmehr anzunehmen, daß die Interessen des Managers von denen der Kapitalgeber abweichen und er seinen diskretionären Handlungsspielraum zum eigenen Vorteil und damit auch zum Nachteil der Kapitalgeber ausnutzt. Für die Kapitalgeber entstehen somit durch die Anstellung eines Managers zusätzliche Risiken.

Kapitalgeber sind zweierlei Arten von Risiken ausgesetzt[48].
Zum einen existiert das allgemeine Unternehmensrisiko. Hierunter fallen z.B. Änderungen politischer und ökonomischer Faktoren wie Wechselkurse, Inflationsraten, Steuern und gesetzlichen Regelungen in für das Unternehmen relevanten Geschäftsbereichen. Ferner zählt man hierzu Änderungen der Branchenstruktur durch neue Wettbewerber oder neue Technologien sowie nicht vorhersehbare Rechtsstreitigkeiten, Reklamationen oder Klagen. Das allgemeine Unternehmensrisiko ist jedem Unternehmen immanent, da auch hochbezahlte und topqualifizierte Manager nicht Gewißheit über die Zukunft haben können. Deshalb sind unterneh-

47 Vgl. Schauenberg (1998), S. 40.
48 Vgl. ausführlich Streim (1988), S. 10 ff.

merische Fehlentscheidungen niemals vollkommen auszuschließen[49]. Dieses Risiko ist den Kapitalgebern bekannt und wird ihnen von den Kapitalnehmern in Form einer Risikoprämie vergütet. Kapitalnehmer sind die nicht oder nur in geringem Umfang am Unternehmen beteiligten Manager.

Zum anderen sind Kapitalgeber dem Risiko des Fehlverhaltens des Managements ausgesetzt. Dieses Fehlverhalten kann absichtlich oder unabsichtlich auftreten. Hier von Bedeutung ist das absichtliche Fehlverhalten. Absichtliches Fehlverhalten des Managements ist zu befürchten, wenn divergierende Interessen zwischen Managern und Kapitalgebern bestehen. Vor allem für nicht oder nur mit einem geringen Anteil am Unternehmen beteiligte Manager kann es vorteilhaft sein, wider der vertraglichen Regelung, den Arbeitseinsatz nicht voll in das Unternehmen einzubringen und so die Kapitalgeber zu schädigen[50]. Zum Schutz vor diesem Risiko sind anreizkompatible Belohnungssysteme nötig[51]. Anreizkompatible Belohnungssysteme zeichnen sich dadurch aus, daß für den Manager dann ein finanzieller Vorteil besteht, wenn er aus zwei beliebigen, einander ausschließenden Aktionsprogrammen dasjenige wählt, das auch für die Anteilseigner finanziell vorteilhaft ist[52]. Zu denken ist z.B. an eine variable, an den Gewinn oder den Marktwert des Unternehmens gekoppelte Vergütung des Managers[53]. Als zweite Bedingung für das Auftreten von absichtlichen Fehlverhaltens muß zwischen dem Management und der Kapitalgeberseite eine asymmetrische Informationsverteilung vorliegen. Das Management verfügt über mehr Wissen und mehr Informationen als

---

49 Einige spektakuläre Beispiele für unternehmerische Fehlleistungen sind die Übernahme von Rover durch BMW, die BMW einen Verlust in Milliardenhöhe bescherte und letztlich auch dem Vorstandsvorsitzenden zum Verhängnis wurde oder der Verzicht von Siemens auf die Produktion von Fax-Geräten, denen man kein Überleben am Markt prophezeite.

50 Siehe zum möglichen Fehlverhalten und der daraus folgenden Schädigung der Kapitalgeber des Managers das Zahlenbeispiel in Schmidt/Terberger (1997), S. 73 ff. Aus der Sicht des Managers ist in diesem Beispiel die nutzenmaximale Strategie, nicht den vereinbarten Arbeitseinsatz zu bringen.

51 Diese Vergütungsform herrscht in den angelsächsischen Länder bereits seit Jahrzehnten vor. In Deutschland ist der Einsatz solcher Vergütungsformen erst in den letzten Jahren verstärkt zu beobachten. Auslösendes Moment hierfür war der zunehmende Druck vom Kapitalmarkt und die damit zunehmende Shareholder-Value Ausrichtung der Unternehmen.

52 Vgl. Laux (1994), S. 1266.

53 Vgl. zu anderen als Bemessungsgrundlage verwandten Zielgrößen Bassen/Koch/Wichels (2000), S. 12 f.

die Kapitalgeber; gerade deshalb kommt es zur Anstellung. Hiervon erhoffen sich die Kapitalgeber ein besseres Durchsetzen der eigenen Interessen. Eine Form absichtlichen Fehlverhaltens seitens des Managements liegt beispielsweise vor, wenn der Gewinn des Unternehmens nicht oder nicht voll ausgeschüttet wird und statt dessen Maßnahmen unternommen werden, die der Steigerung der persönlichen Reputation dienen (z.B. ein nobler Dienstwagen) oder die das Arbeiten angenehmer gestalten (z.B. ein komfortables, immer auf dem neusten technischen Stand eingerichtetes Büro). In diesem Fall werden vor allem die Gesellschafter geschädigt[54].
Zum Schutz der Kapitalgeberinteressen vor Risiken, die durch absichtliches Fehlverhalten verursacht werden, tragen neben den Selbstschutzmöglichkeiten der Kapitalgeber auch institutionelle Regelungen bei. Der Gesetzgeber versucht dies mit Hilfe der Rechnungslegung und - da die Rechnungslegung ohne Prüfung keinen Wert hat - der Prüfung der Rechnungslegung.

54 Vgl. zu weiteren Fällen gläubigerschädigenden und gesellschafterschädigenden Fehlverhaltens Streim (1988), S. 12 ff.

3. Kapitel: Lagebericht

1. Einordnung des Lageberichts ins System der handelsrechtlichen Rechnungslegung

1.1. Allgemeines

Die jährliche Rechnungslegung von großen und mittelgroßen Kapitalgesellschaften besteht aus zwei Teilen.

Der erste Teil ist der Jahresabschluß (§§ 242, 264 Abs. 1 HGB). Er setzt sich aus Bilanz und Gewinn- und Verlustrechnung zusammen und gilt für alle Kaufleute. Kapitalgesellschaften[55] müssen ihren Jahresabschluß zusätzlich um einen Anhang[56] erweitern. Bilanz, Gewinn- und Verlustrechnung und Anhang müssen zusammen eine Einheit bilden (§ 264 Abs. 1, Satz 1, 2. Halbsatz HGB).

Als zweiter, selbständiger Bestandteil der jährlichen Rechnungslegung tritt für große und mittelgroße Kapitalgesellschaften neben den Jahresabschluß der Lagebericht (§ 264 Abs. 1, Satz 1, letzter Halbsatz HGB) hinzu[57]. Dies bedeutet, daß der Lagebericht ein eigenständiges Rechnungslegungsinstrument ist und nicht Bestandteil des Jahresabschlusses ist[58]. Gemäß § 264 Abs. 1, Satz 3 HGB gilt die Pflicht zur Erstellung eines Lageberichts für kleine Kapitalgesellschaften nicht. Für sie besteht ein Wahlrecht[59]. Kleine Kapitalgesellschaften sind solche, die gemäß § 267

---

55 Kapitalgesellschaften sind vor allem dadurch gekennzeichnet, daß erstens ihre Haftung beschränkt ist und daß zweitens das Eigentum und die Verfügungsgewalt über das Eigentum personell getrennt sind. Vgl. grundlegend zu der Trennung von Eigentum und Verfügungsgewalt Berle/Means (1932). Diese beiden Wissenschaftler leiteten die Debatte über die faktische Trennung von Eigenkapital und Verfügungsgewalt in modernen Kapitalgesellschaften ein.

56 Wie der Lagebericht dient auch der Anhang der Information und Erläuterung. Im Gegensatz zum Lagebericht beziehen sich die Angaben aber auf die Darstellungen in der Bilanz und Gewinn- und Verlustrechnung und damit auf die Rechnungslegung des Unternehmens im engeren Sinne. Vgl. ADS (1995), § 289 HGB, S. 189, Tz. 21.

57 Aufgrund der Trennung von Eigentum und Verfügungsgewalt scheinen erhöhte Anforderungen an die Rechnungslegung von Kapitalgesellschaften gerechtfertigt. Vgl. Leffson (1987), S. 56 ff.

58 Vgl. BT-Drs. 10/317, S. 94.

59 Diese Ausnahme geht auf ein Wahlrecht der sog. Mittelstandsrichtlinie zurück, die in das HGB durch Gesetz vom 25. Juli 1994 eingefügt wurde. Vgl. BGBl. I (1994), S. 1686.

Abs. 1 HGB zwei der drei folgenden Merkmale an den Abschlußstichtagen von zwei aufeinander folgenden Geschäftsjahren nicht überschreiten dürfen[60]:

1.) 3,438 (2,715) Mio. € Bilanzsumme nach Abzug eines auf der Aktivseite ausgewiesenen Fehlbetrags,
2.) 6,875 (5,430) Mio. € Umsatzerlöse in den zwölf Monaten vor dem Abschlußstichtag oder
3.) 50 (50) Arbeitnehmer im Jahresdurchschnitt.

Bei Überschreiten mindestens zweier der drei aufgeführten Merkmale handelt es sich um mittelgroße oder große Kapitalgesellschaften[61]. Unabhängig von den oben aufgeführten Größenmerkmalen gilt eine Kapitalgesellschaft immer als groß, wenn Aktien oder ähnliche Wertpapiere der Gesellschaft an einer beliebigen Börse eines EWG-Landes zum amtlichen Handel oder zum geregelten Markt zugelassen sind oder die Zulassung beantragt ist[62].
Eingetragene Genossenschaften sind gemäß § 336 HGB zur Aufstellung eines Lageberichts verpflichtet. Die Vorschriften von § 289 HGB sind entsprechend anzuwenden.
Außerdem sind Unternehmen bestimmter Wirtschaftszweige (z.B. Kreditinstitute und Versicherungsunternehmen) verpflichtet, einen Lagebericht aufzustellen. Die Aufstellungspflicht für Kreditinstitute ist in § 340 a Abs. 1 HGB, die Aufstellungspflicht für Versicherungsunternehmen in § 341 a Abs. 1 HGB geregelt. In beiden Fällen wird auf die Vorschriften

---

60 Die alten Schwellenwerte (in Klammern) zur Bilanzsumme und zu den Umsatzerlösen beruhten auf den Anhebungen durch das Gesetz zur Änderung des D-Markbilanzgesetzes vom 25. Juli 1994. Vgl. BGBl. I (1994), S. 1682 ff. Die neuen Schwellenwerte traten mit dem Gesetz zur Durchführung der Richtlinie des Rates der europäischen Union zur Änderung der Bilanz- und der Konzernbilanzrichtlinie am 24. Februar 2000 in Kraft. Vgl. BGBl. I (2000), S. 154 ff. Mit der Verabschiedung des Euro-Bilanzgesetzes vom 10. Dezember 2001 sind die Werte in Euro umgerechnet worden. Vgl. BGBl. I (2001), S. 3414.

61 Zur Abgrenzung zwischen mittelgroßen und großen Kapitalgesellschaften siehe § 267 Abs. 2 und 3 HGB. Für die Aufstellung und Prüfung des Jahresabschlusses und des Lageberichts, ist die Unterteilung bedeutungslos. Relevant wird die Unterteilung bei der Offenlegung. Gemäß § 325 Abs. 1, 2 HGB müssen nur große Kapitalgesellschaften ihren Jahresabschluß und Lagebericht zum Handelsregister einreichen und im Bundesanzeiger veröffentlichen.

62 Vgl. Budde/Karig (1999), § 267 HGB, S. 839, Rn. 4.

für große Kapitalgesellschaften verwiesen. Für Kreditinstitute und Versicherungsunternehmen ist die Aufstellungspflicht unabhängig von der Größe des Unternehmens. Darüber hinaus ist die Aufstellungspflicht für Kreditinstitute außerdem unabhängig von der Rechtsform.
Unternehmen, die unter das Publizitätsgesetz fallen, sind nur dann zur Aufstellung eines Lageberichts verpflichtet, wenn sie nicht in der Rechtsform des Einzelunternehmens oder der Personenhandelsgesellschaft geführt werden (§ 5 Abs. 2 PublG)[63]. Gemäß § 3 Abs. 1 PublG fallen hierunter insbesondere wirtschaftliche Vereine, gewerblich tätige Stiftungen des bürgerlichen Rechts und öffentlich-rechtliche Körperschaften, Anstalten oder Stiftungen mit Kaufmannseigenschaft.
Mit der Umsetzung der GmbH & Co.-Richtlinie von 1990 hat sich der Anwendungsbereich der Vorschriften für Kapitalgesellschaften auf bestimmte Personengesellschaften ausgeweitet, und zwar auf offene Handelsgesellschaften und Kommanditgesellschaften, bei denen nicht wenigstens eine natürliche Person persönlich haftender Gesellschafter ist (§ 264 a Abs. 1 HGB).
Des weiteren sind für bestimmte Unternehmen spezialgesetzliche Vorschriften zum Lagebericht zu beachten[64].

Für die Aufstellung des Lageberichts sind die gesetzlichen Vertreter zuständig. Mit Ausnahme der Genossenschaften, die fünf Monate für die Aufstellung Zeit haben, hat die Aufstellung in den ersten drei Monaten des laufenden Geschäftsjahres für das vergangene Geschäftsjahr zu erfolgen[65]. Im Gegensatz zum Jahresabschluß braucht der Lagebericht nicht festgestellt zu werden (§ 172 AktG). Gemäß §§ 176 Abs. 1, 175 Abs. 2 AktG muß er den Gesellschaftern nur vorgelegt werden[66].

1.2. Zweck der Rechnungslegung

1.2.1. Allgemeines

Bei einer Analyse neuer gesetzlicher Regelungen muß zuerst klargestellt werden, welchem Zweck die neuen Regelungen dienen sollen. Erst wenn hierüber Klarheit herrscht, sind Beurteilungen möglich, ob die neuen Re-

63 Vgl. Ellrott (1999), § 289 HGB, S. 1250, Rn. 2; Müller (1986 a), B 500, S. 7, Rn. 38 f.; Claussen (1989), § 289 HGB, S. 614, Rn. 4; Winnefeld (2000), S. 1457, Rn. 2.
64 Vgl. hierzu ADS (1995), § 289 HGB, S. 202, Tz. 61.
65 Vgl. Winnefeld (2000), S. 1459, Rn. 12.
66 Vgl. Marsch-Barner (1999), § 289 HGB, S. 1004, Rn. 2.

gelungen zweckmäßig sind oder nicht. Die gesetzlichen Änderungen und Neuerungen, die hier untersucht werden, betreffen die §§ 289 (Lagebericht) und 317 Abs. 2 HGB (Prüfung des Lageberichts).
§ 289 HGB gehört zu den Rechnungslegungsvorschriften für Kapitalgesellschaften; § 317 HGB gehört zu den Vorschriften, welche die Prüfung der Rechnungslegung von Kapitalgesellschaften betreffen.

Um den Zweck des Lageberichts zu bestimmen, muß in einem ersten Schritt der Zweck der handelsrechtlichen Rechnungslegung aufgezeigt werden, da der Lagebericht ein Teil in diesem System ist. Der Zweck der handelsrechtlichen Rechnungslegung stellt somit den Oberzweck dar und der Zweck des Lageberichts einen Subzweck, der zur Erfüllung des Oberzwecks einen Beitrag leisten soll.
Der erste Schritt ist deshalb wichtig, weil sich nur bei Kenntnis des Rechnungslegungszwecks (Oberzwecks) über eine Gesetzesregelung, -änderung oder -erweiterung, die auf niederer Stufe vorgenommen wird, sagen läßt, ob sie zweckmäßig ist oder nicht. Das Gesamtergebnis ist entscheidend. Es sind Situationen vorstellbar, in denen eine Gesetzesänderung auf einer niederen Stufe zweckmäßig ist, durch die aber der Oberzweck nicht oder sogar negativ beeinflußt wird, so daß insgesamt ein zweckneutrales oder ein zweckwidriges Ergebnis entsteht[67].

1.2.2. Schweigen des Gesetzgebers

1.2.2.1. Allgemeines

Der Handelsgesetzgeber macht keine expliziten Aussagen über den Zweck, den er mit den Rechnungslegungsvorschriften verfolgt[68]. Dies bedeutet, daß für die Ermittlung des Zwecks das Gesetz (HGB) nach

---

67 Als Beispiel für eine unzweckmäßige Regelung ist an eine Verschärfung der Haftung des obersten Managements der Gesellschaft, wie es Mitte der 90er Jahre diskutiert wurde, zu denken.
Werden Fehltritte des Managements zu hart bestraft, wird sich nämlich ihr Handeln ändern, und zwar weg vom unternehmerischen, mit Risiken behafteten Handeln und hin zu „bürokratischem" Handeln. Der Manager wird primär darauf bedacht sein, keine Fehlentscheidungen zu treffen. Daher wird er bestimmte strategische Entscheidungen aufgrund ex ante fehlender Informationen über das Ergebnis nicht realisieren. Dies führt dazu, daß der eigentliche Zweck der Einstellung von hochqualifizierten Managern aufgrund der Gefahr zu hart bestraft zu werden, zunichte gemacht wird.

68 Vgl. Streim (1988), S. 9; Schneider (1997 b), S. 84; Coenenberg (2001), S. 34.

Hinweisen untersucht werden muß, die hierüber Aufschluß geben. Es gilt, den „im Gesetz objektivierten" Willen des Gesetzgebers herauszufinden[69]. In der Regel werden mit einer gesetzlichen Regelung nicht nur ein Zweck, sondern mehrere Zwecke, die unterschiedlich gewichtet sind, verfolgt[70]. Es kann sich somit um ein Zwecksystem mit einem Oberzweck und einem oder mehreren Subzwecken handeln.

Die Kenntnis des Zwecks bzw. der Zwecke, die der Gesetzgeber mit einem Gesetz verfolgt, ist für die Auslegung der Einzelvorschriften wichtig. In der Regel werden im Gesetzestext nämlich nicht genau festgelegte Begriffe verwendet, sondern mehr oder weniger flexible Ausdrücke, deren mögliche Bedeutung innerhalb einer weiten Bandbreite schwankt[71].
Die Auslegung der gesetzlichen Vorschriften kann durch vier verschiedene Methoden erfolgen[72]:

1.) nach dem Wortsinn (grammatikalische Auslegung),
2.) nach ihrem Bedeutungszusammenhang (systematische Auslegung),
3.) nach ihrer Entstehungsgeschichte (historische Auslegung) und
4.) nach dem rechtspolitischen Zweck der Vorschrift (teleologische Auslegung).

Die ersten drei Auslegungsmethoden führen häufig zu keinem eindeutigen Ergebnis, so daß nach herrschender Meinung die vierte Methode, die teleologische Auslegung[73], anzuwenden ist. Die teleologische Auslegung läßt sich jedoch nur sinnvoll anwenden, wenn der Zweck des Gesetzes bekannt ist[74].

Der Zweck, den der Handelsgesetzgeber zu verfolgen scheint, läßt sich schon aus den Vorschriften für alle Kaufleute über die Buchführung und das Inventar ableiten (§§ 238 bis 241 HGB). Noch deutlicher wird der Zweck in den §§ 246 bis 251 HGB über die Ansatzvorschriften und in den

---

69 Vgl. Leffson (1987), S. 41.
70 Vgl. Larenz (1991), S. 331.
71 Vgl. Larenz (1991), S. 312.
72 Zur Auslegung von Rechtsnormen mit Beispiel zur unterschiedlichen Auslegung einer rechtlichen Vorschrift vgl. Arndt/Rudolf (1992), S. 17 ff.
73 Nach Larenz bedeutet teleologische Auslegung „Auslegung gemäß den erkennbaren Zwecken und dem Grundgedanken einer Regelung". Larenz (1991), S. 332.
74 Vgl. Streim (1988), S. 10.

§§ 252 bis 256 HGB über die Bewertungsvorschriften. Es ist der Schutz der Gläubiger und Gesellschafter des Unternehmens. Dieser Schutzgedanke wird im folgenden anhand obiger Vorschriften zu zeigen versucht. Anschließend werden weitere Indizien, die den Schutzgedanken untermauern, gezeigt.

1.2.2.2. Dokumentationspflicht

Die Verpflichtung gemäß § 238 Abs. 1, Satz 1 HGB zur Führung von Büchern[75] ist zuerst einmal eine Dokumentationspflicht[76]. Der Kaufmann wird verpflichtet, in den Büchern seine Handelsgeschäfte und die Lage seines Vermögens nach den Grundsätzen ordnungsmäßiger Buchführung[77] (GoB) ersichtlich zu machen. Die Bücher sind die Grundlage für den zu erstellenden Jahresabschluß. Unter der Voraussetzung, daß Einsichts- oder Prüfungsrechte existieren, wird durch eine ordnungsmäßige Buchführung eine bewußte Falschdarstellung im Jahresabschluß zum Zwecke der Verschleierung der wirtschaftlichen Lage der Gesellschaft oder zur Manipulation des Gewinnausweises erschwert[78].

Darüber hinaus erfüllen die Aufzeichnungen der Geschäftsvorfälle eine schützende Funktion, indem sie Veruntreuung von Gesellschaftsvermögen durch Geschäftsführer und dolose Handlungen durch Mitarbeiter des Unternehmens transparent machen. Diese Funktion bezeichnet man auch als Sicherungsfunktion der Dokumentation[79]. Durch den Beitrag der Dokumentationspflicht zum Schutz vor Veruntreuung und dolosen Handlungen wird ein Beitrag zum Schutz des Gesellschaftsvermögens und

---

75 Buchführung bedeutet die laufende, systematische und in Geldgrößen vorgenommene Dokumentation von Geschäftsvorfällen in einem kaufmännischen Unternehmen. Vgl. Budde/Kunz (1999), § 238 HGB, S. 12, Rn. 59.

76 Teilweise wird in der Literatur die Meinung vertreten, daß die Dokumentation schon einen Zweck der Rechnungslegung darstellt. Vgl. z.B. Ellerich (1995), Art. 2, S. 101, Rn. 2 f.; im folgenden wird die Dokumentation als ein Mittel zur Zweckerreichung verstanden. Vgl. auch Streim (2000 a), § 238 HGB, S. 10, Rn. 17.

77 Die Grundsätze ordnungsmäßiger Buchführung bilden die allgemeine Grundlage für die handels- und steuerrechtliche Bilanzierung und sollen die mit der Erstellung und Veröffentlichung von Jahresabschlüssen verbundenen gesetzlichen Zwecksetzungen gewährleisten. Sie haben Rechtsnormcharakter und sind verbindlich anzuwenden, wenn Gesetzeslücken bestehen. Vgl. Gabler (1993), S. 1416.

78 Vgl. Streim (1988), S. 36.

79 Vgl. Leffson (1987), S. 46 f.; Streim (2000 a), § 238 HGB, S. 10, Rn. 18.

damit ein Beitrag zum Schutz der Gesellschaft geleistet. Bedenkt man darüber hinaus, wen eine Vermögensminderung der Gesellschaft hauptsächlich trifft, wird der Schutz der Kapitalgeber durch die Dokumentation deutlich.
Gläubiger erleiden dadurch einen Schaden, daß im Falle der Insolvenz ein Vermögensgegenstand ihrem Zugriff ausgeschlossen ist und so die Haftungsmasse des Unternehmens verringert ist. Durch eine verringerte Haftungsmasse steigt ihr Risiko, daß ihr Anspruch nicht oder nicht voll befriedigt werden kann.
Gesellschafter erleiden dadurch einen Schaden, daß ein Vermögensgegenstand aus dem Verfügungsbereich der Gesellschaft verschwunden ist und somit der Gesellschaft keinen Nutzen mehr stiften kann oder ersetzt werden muß. Beide Fälle führen zu einem Vermögensschaden, den letztlich die Gesellschafter als die Eigentümer der Gesellschaft zu tragen haben.
Deshalb kann die Dokumentationspflicht unter den Kapitalgeberschutz subsumiert werden.

An die Dokumentation der Handelsgeschäfte stellt der Gesetzgeber eine weitere Anforderung. Sie muß gemäß § 238 Abs. 1, Satz 2 HGB so beschaffen sein, daß einem sachverständigen Dritten innerhalb angemessener Zeit ein Überblick über die Geschäftsvorfälle und die Lage des Unternehmens vermittelt werden kann. Anders ausgedrückt, muß die Möglichkeit bestehen, daß ein sachverständiger Dritter innerhalb angemessener Zeit die Geschäftsvorfälle und die Lage des Unternehmens kontrollieren kann. Aus Sicht des Unternehmens besteht hierdurch eine Pflicht zur Rechenschaft[80].
Die Notwendigkeit zur Rechenschaft ist immer dann gegeben, wenn Eigentum und Verfügungsgewalt auseinander fallen. Dies ist die typische Situation bei einer Kapitalgesellschaft. Grund hierfür ist das Interesse der Kapitalgeber, ob die Unternehmensleitung die ihnen übertragenen Aufgaben erfüllt hat und wie die von den Kapitalgebern bereitgestellten Gelder verwendet worden sind[81]. Hierzu soll sachverständigen Dritten ein Ein-

80 Leffson definiert Rechenschaft als „Offenlegung der Verwendung anvertrauten Kapitals in dem Sinne, daß dem Informationsberechtigten - das kann auch der Rechenschaftslegende selbst sein - ein so vollständiger, klarer und zutreffender Einblick in die Geschäftstätigkeit gegeben wird, daß dieser sich ein eigenes Urteil über das verwaltete Vermögen und die damit erzielten Erfolge bilden kann". Leffson (1987), S. 64.
81 Vgl. Lück (1999), S. 1; Schneider (1997 b), S. 10.

blick in die Geschäftstätigkeit gegeben werden, damit sie sich ein Urteil über das verwaltete Vermögen und die damit erzielten Erfolge bilden können. Sachverständige Dritte sind in der Regel Buchhalter, Wirtschaftsprüfer, Angehörige der steuerberatenden Berufe und Außenprüfer[82]. Da sie im Normalfall im Auftrag der Kapitalgeber tätig werden, ist auch die Rechenschaftspflicht unter den Kapitalgeberschutz subsumierbar.

Weitere Funktionen, die mit der Dokumentation verfolgt werden bzw. die aus der Dokumentation resultieren, sind die Beweisfunktion und die Informationsfunktion[83]. Wie die Sicherungsfunktion dienen auch sie dem Schutz der Kapitalgeber[84].

1.2.2.3. Ansatz- und Bewertungsvorschriften

Die für alle Kaufleute geltenden Vorschriften über den Ansatz und die Bewertung der Vermögensgegenstände und Schulden unterstreichen, daß der Gesetzgeber den Schutz der Gläubiger und Gesellschafter regeln will.

Durch Anwendung der verschiedenen Ansatz- und Bewertungsvorschriften (§§ 246 bis 256 HGB) wird ein Gewinn ermittelt, der als Ausschüttungsbemessungsgrundlage dient. Der ausschüttungsfähige Gewinn ist der Reinvermögenszuwachs der abgelaufenen Periode. Der Zuwachs berechnet sich durch Subtraktion des Differenzbetrags von Vermögen und Schulden zweier aufeinander folgender Abschlußstichtage [$G_{(t)} = (V\text{-}Sch)_{(t)} - (V\text{-}Sch)_{(t-1)}$].

Die handelsrechtlichen Ansatzvorschriften legen fest, was in die Bilanz aufgenommen werden darf bzw. muß und was nicht. Auf der Aktivseite sind das Anlagevermögen, das Umlaufvermögen und die aktiven Rechnungsabgrenzungsposten, auf der Passivseite das Eigenkapital, die Rückstellungen, die Verbindlichkeiten und die passiven Rechnungsabgrenzungsposten zu bilanzieren (§ 266 HGB).

---

82 Vgl. Budde/Kunz (1999), § 238 HGB, S. 13, Rn. 66.

83 Vgl. ausführlich Leffson (1987), S. 45 ff.

84 Die Beweisfunktion ist insbesondere im Insolvenzfall von Bedeutung. Vgl. auch die Begründung zu § 283 b StGB in BT-Drs. 7/3441, S. 38.
Ferner soll die Dokumentation verhindern, daß die Unternehmensleitung aufgrund mangelnder Übersicht über den Vermögensstand falsch disponiert und dadurch in finanzielle Schwierigkeiten gerät (Informationsfunktion oder auch Selbstinformationsfunktion). Vgl. Leffson (1987), S. 55.

Die Schutzwirkung der Ansatzvorschriften läßt sich z.B. anhand des für das Anlage- und Umlaufvermögen entscheidenden Begriffs des Vermögensgegenstands zeigen. Handelt es sich bei einem Gegenstand um einen bilanzierungspflichtigen Vermögensgegenstand, müssen drei Kriterien erfüllt sein:

1.) Es muß ein wirtschaftliches Gut vorliegen[85].
2.) Der Gegenstand muß mindestens abstrakt selbständig verkehrsfähig im Sinne von einzelveräußerbar sein[86].
3.) Der Gegenstand muß, falls es sich um einen immateriellen Gegenstand des Anlagevermögens handelt, entgeltlich erworben sein[87].

Sind alle drei Kriterien erfüllt, handelt es sich um einen Vermögensgegenstand im handelsrechtlichen Sinn. Die strengen Anforderungen, die an den Vermögensgegenstand gestellt werden, dienen vor allem dem Schutz der Gläubiger.
Die Aktivierungsbedingung der Einzelveräußerbarkeit der Gegenstände schützt die Gläubiger im Falle der Liquidation des Unternehmens, weil nur bei Einzelveräußerbarkeit garantiert ist, daß die Gegenstände bei der Unternehmenszerschlagung einen Erlös erzielen. Nicht einzelveräußerbare Gegenstände gehören nämlich nur dann zum Schuldendeckungspotential, wenn das Unternehmen als Ganzes verkauft wird[88]. Andernfalls stellen sie reine „Luftposten" dar, die sich nicht versilbern lassen und die daher nicht zum Schuldendeckungspotential gehören[89].
Kriterium drei, der entgeltliche Erwerb von immateriellen Gegenständen des Anlagevermögens, dient der Objektivierung einer Wertobergrenze. Ohne dieses Kriterium würde dem Bilanzierenden ein weiter Bewertungs-

---

85 Dieses Kriterium ist erfüllt, wenn der Gegenstand knapp ist und einen Nutzen stiftet.
86 Abstrakte selbständige Verkehrsfähigkeit bedeutet, daß eine selbständige Übertragung eines wirtschaftlichen Gutes grundsätzlich zwar möglich wäre, dies aber tatsächlich (z.B. durch ein vertraglich vereinbartes Einzelveräußerungsverbot gemäß § 399 BGB) ausgeschlossen ist.
87 Auch unentgeltlich erworbene immaterielle Gegenstände des Anlagevermögens sind Vermögensgegenstände. Für sie besteht aber gemäß § 248 Abs. 2 HGB ein ausdrückliches Aktivierungsverbot.
88 Bei ganz strenger Orientierung am Gläubigerschutzgedanken dürften deshalb eigentlich nur die tatsächlich einzelveräußerbaren Gegenstände, da nur sie der Befriedigung der Gläubigeransprüche dienen, und nicht schon die abstrakt einzelveräußerbaren Gegenstände, aktiviert werden.
89 Vgl. Streim (1988), S. 53.

spielraum zur Gewinnmanipulation eingeräumt werden, den er nach seinem Ermessen ausüben könnte.

Die handelsrechtlichen Bewertungsvorschriften zur Gewinnermittlung sind geprägt durch das Vorsichtsprinzip, das Realisationsprinzip und das Imparitätsprinzip. Das Vorsichtsprinzip[90] umfaßt sowohl das Realisations- als auch das Imparitätsprinzip[91].
Das Vorsichtsprinzip schreibt dem Bilanzierenden vor, Vermögensgegenstände eher niedriger und Schulden eher höher zu bewerten[92].
Das Realisations- oder Gewinnentstehungsprinzip erlaubt dem Bilanzierenden, Gewinne erst dann als solche auszuweisen, wenn ein Umsatzakt stattgefunden hat. Als Realisationszeitpunkt wird der Zeitpunkt der Lieferung und Leistung an Dritte angesehen[93]. Zu diesem Zeitpunkt erwirbt das Unternehmen einen Forderungsanspruch gegenüber der anderen Vertragspartei[94].
Das Imparitäts- oder Verlustvorwegnahmeprinzip verpflichtet den Bilanzierenden zur Antizipation von Risiken und drohenden Verlusten im laufenden Geschäftsjahr[95]. Liegen im laufenden Geschäftsjahr hinreichende Konkretisierungen für drohende Verluste vor, müssen sie bereits im Jahresabschluß des laufenden Jahres berücksichtigt werden[96].
Den genannten Bewertungsprinzipien ist gemeinsam, daß sie alle darauf abzielen, das Vermögen eher zu niedrig und die Schulden eher zu hoch auszuweisen und damit den ausschüttungsfähigen Gewinn möglichst ge-

---

90 Streim vertritt die Ansicht, daß das Vorsichtsprinzip kein übergeordnetes Prinzip der Rechnungslegung ist. Nach seiner Meinung findet es nur bei der Ermittlung von Schätzwerten (z.B. bei Rückstellungen oder dubiosen Forderungen) Anwendung. Vgl. Streim (1988), S. 85.

91 Vgl. z.B. Schneider (1997 a), S. 105.

92 Hierdurch besteht in erheblichem Umfang die Möglichkeit zur Bildung stiller Reserven. Stille Reserven bieten dem Bilanzierenden die Möglichkeit zur Manipulation. Es werden Gewinne versteckt, die später zum Ausgleich von Verlusten durch geräuschloses Auflösen wieder aufgedeckt werden.

93 Vgl. z.B. Ballwieser (1999), B 105, Rn. 25; Moxter (1986 a), S. 38 f.
Der Zeitpunkt des Vertragsabschlusses wird als Realisationszeitpunkt abgelehnt, da zu diesem Zeitpunkt die tatsächliche Realisierung des Gewinns wegen der fehlenden Vertragserfüllung durch das Unternehmen als zu ungewiß angesehen wird. Vgl. Streim (1988), S. 84.

94 Vgl. Streim (1988), S. 84.

95 Drohende Verluste sind Verluste, für die es hinreichend Konkretisierungen gibt, daß sie in einem späteren Geschäftsjahr eintreten.

96 Vgl. Moxter (1986 a), S. 17.

ring zu halten. Hierdurch werden vor allem die Interessen der Gläubiger geschützt.
Aber auch die Interessen der Gesellschafter werden durch die Gewinnermittlungsregeln geschützt. Bei der Differenzbildung zur Ermittlung der Vermögensänderung zwischen den Abschlußstichtagen werden Geld- und Sachwertänderungen nicht berücksichtigt. Durch diese nominale Kapitalerhaltung wird ein Gewinn ermittelt, der tendenziell höher ist als bei realer oder substantieller Kapitalerhaltung. Dies bedeutet eine Bevorzugung der Gesellschafterinteressen, ohne daß es zu einer Schädigung der Gläubiger kommt[97].

1.2.2.4. Weitere Indizien

Ein weiteres Indiz dafür, daß es dem Gesetzgeber vornehmlich darum geht, die Interessen der Kapitalgeber zu schützen, ergibt sich aus dem in § 264 Abs. 2 HGB kodifizierten Gebot zur wahren und fairen Berichterstattung (auch true and fair view, Generalnorm oder Einblicksgebot). Das Einblicksgebot soll in erster Linie die Interessen der Gesellschafter von Kapitalgesellschaften schützen[98]. Im Gegensatz zu Personengesellschaften, bei denen regelmäßig die Geschäftsführung persönlich haftet, verwaltet die Geschäftsführung von Kapitalgesellschaften fremdes Kapital, ohne persönlich zu haften. Für diese Rechtswohltat des haftungsfreien Umgangs mit Fremdvermögen, haben sie die Rechtslast des unbeschränkten Einblicks zu tragen[99]. Das Einblicksgebot verlangt vom Bilanzierenden, daß er ein den tatsächlichen Verhältnissen entsprechendes Bild der Vermögens-, Ertrags- und Finanzlage der Gesellschaft vermittelt[100]. Die Forderung einer wahren und fairen Berichterstattung steht im Konflikt mit dem Vorsichtsprinzip, wonach der Bilanzierende sich eher ärmer zu rechnen hat, als er in Wirklichkeit ist. Das Einblicksgebot schützt somit hauptsächlich die Interessen der Gesellschafter[101]. Aber auch die Interessen der Gläubiger werden durch das Einblicksgebot geschützt[102].

97 Vgl. Streim (1998), S. 330.
98 Vgl. Claussen (1997), S. 442.
99 Vgl. Claussen (1989), § 264 HGB, S. 291, Rn. 13.
100 Zur Problematik des Einblicksgebots, ein den tatsächlichen Verhältnissen entsprechendes Bild zu vermitteln, vgl. z.B. Schildbach (1987), S. 6 ff.
101 Vgl. Claussen (1997), S. 442.
102 Vgl. Claussen (1989), § 264 HGB, S. 292, Rn. 16.

Eine Bestätigung des Zwecks „Kapitalgeberschutz" läßt sich des weiteren aus der Präambel der 4. EG-Richtlinie (Bilanzrichtlinie)[103] ableiten[104]. Gemäß der Präambel stützt sich die 4. EG-Richtlinie auf den Vertrag zur Gründung der Europäischen Wirtschaftsgemeinschaft, insbesondere auf Artikel 54 Abs. 3, Buchstabe g. Nach diesem Artikel sind die Schutzbestimmungen, die in den Mitgliedsstaaten den Gesellschaften im Interesse der Gesellschafter sowie Dritter vorgeschrieben sind, zu koordinieren. Der Artikel betont demnach auch ausdrücklich den Gesellschafterschutz[105].

1.2.2.5. Resümee

Ob primär die Eigenkapitalgeber oder primär die Fremdkapitalgeber durch die handelsrechtliche Rechnungslegung geschützt werden sollen, ist nicht eindeutig zu ermitteln. Während früher (vor AktG 1965) eindeutig der Schutz der Fremdkapitalgeber im Vordergrund stand, hat sich der Schutzgedanke immer weiter auf die Eigenkapitalgeber ausgedehnt[106]. In der weiteren Betrachtung wird deshalb keine Rangfolge vorgenommen und Eigenkapital- und Fremdkapitalgeberschutz als gleichwertig angenommen.

Oberster Zweck der handelsrechtlichen Rechnungslegung ist somit der Kapitalgeberschutz. Bewertungen von Gesetzesregelungen, -änderungen oder -erweiterungen sind demnach unter dem Gesichtspunkt vorzunehmen, welchen Beitrag sie zum Kapitalgeberschutz leisten. Bei positiven Beiträgen handelt es sich um eine zweckmäßige Regelung, bei negativen

---

103 Die am 25. Juli 1978 verabschiedete 4. EG-Richtlinie war das Ergebnis jahrelanger Diskussionen zur Harmonisierung der nationalen Rechnungslegungsvorschriften der einzelnen EG-Mitgliedsstaaten. Vgl. BT-Drs. 10/4268, S. 1 ff.; BT-Drs. 10/317 S. I f.
Durch Vereinheitlichung der nationalen Rechnungslegungsvorschriften sollte eine bessere Vergleichbarkeit der Jahresabschlüsse von Unternehmen unterschiedlicher europäischer Staaten erreicht werden, um dem Ziel eines gemeinsamen EG-Wirtschaftsmarktes näherzukommen. Vgl. Coenenberg (2001), S. 47.

104 Ausführliche Darstellung unter Berücksichtigung der Vorfassungen mit amtlichen Begründungen der 4. EG-Richtlinie siehe Schruff (1986); Biener/ Berneke (1986).

105 Vgl. Troberg (1997), Art. 54, S. 1366, Rn. 24.

106 So schränkte, um den Einblick der Eigenkapitalgeber zu verbessern, AktG 1965 die Bildung stiller Reserven durch gesetzlich festgelegte Bewertungsansätze, von denen weder nach oben noch nach unten abgewichen werden durfte, ein. Vgl. Claussen (1989), § 264 HGB, S. 292, Rn. 15.

Beiträgen um eine zweckwidrige Regelung, die mindestens noch einmal überdacht werden sollte.

Der Kapitalgeberschutz wird im folgenden verstanden als Schutz vor Risiken, die

1.) für die Kapitalgeber nicht erkennbar sind,
2.) durch absichtliches Fehlverhalten des Managements ausgelöst werden und
3.) ihren Interessen entgegenlaufen.

Die konkrete Ausgestaltung des Zwecks der Rechnungslegung wird auf mittelgroße und große Kapitalgesellschaften in der Form der Aktiengesellschaft (AG) beschränkt. Der Grund liegt darin, daß die AG typischerweise diejenige Gesellschaftsform verkörpert, auf die die Anforderungen für eine mindestens mittelgroße Kapitalgesellschaft am häufigsten zutreffen und die damit verpflichtet ist, einen Lagebericht aufzustellen.

1.2.3. Kapitalgeberschutz

1.2.3.1. Begründung aus rechtlicher Sicht

Aus rechtlicher Sicht ist ein Eingreifen des Gesetzgebers unter dem Gesichtspunkt der Idee der Gerechtigkeit zu untersuchen[107]. Wird das menschliche Zusammenleben gerechter gestaltet, ist das Eingreifen des Gesetzgebers positiv zu bewerten.

Sowohl Gläubiger als auch Aktionäre haben mit ihrer Kapitalüberlassung Ansprüche bzw. Rechte gegenüber der Gesellschaft erworben. Der Anspruch der Gläubiger besteht in der vereinbarten festen Zinszahlung und dem Anspruch auf Rückzahlung des Kapitals. Das Recht der Aktionäre wird unterteilt in Vermögensrechte (Dividendenrecht, Recht auf den Liquidationserlös und Bezugsrecht) und Herrschaftsrechte (Stimmrecht, Recht auf Teilnahme an der Hauptversammlung und Auskunftsrecht)[108]. Die Rechte der Gläubiger und Aktionäre sind Risiken unterworfen[109].

---

107 Vgl. Kap. 2, Glp. 1.
108 Vgl. Henn (1998), S. 14, Anm. 21.
109 Vgl. Kap. 2, Glp. 2.4.

In unserer heutigen Gesellschaft existieren unterschiedlich einflußreiche und mächtige Personen und Institutionen. Es ist mit der Idee der Gerechtigkeit nicht vereinbar, daß es nur aufgrund unterschiedlicher Machtpositionen gegenüber dem Unternehmen zu unterschiedlichen Absicherungsmöglichkeiten kommen kann und als Folge davon zu unterschiedlichen Risikopositionen.
Auf der einen Seite sind diejenigen Aktionäre und Gläubiger, die sich selbst vor Risiken schützen können, weil sie sich gegenüber dem Unternehmen in einer starken Verhandlungsposition befinden[110]. Ihnen gegenüber ist es nicht notwendig, daß sich der Gesetzgeber in das Verhältnis zwischen ihnen und den Kapitalnehmern „einmischt". Es kommt automatisch zu einem gerechten Austausch von Leistung und Gegenleistung. Auf der anderen Seite stehen die verhandlungsschwachen Aktionäre und Gläubiger, die nicht die Möglichkeit haben, sich Absicherungen zu verschaffen und sich damit nicht selbst vor Risiken schützen können. Schwache Kapitalgeber sind ausbeutungsoffen. Ihre Ausbeutungsoffenheit ist die Folge der ausgeprägten Schutzmöglichkeiten der verhandlungsstarken Kapitalgeber. Die Ausbeutungsoffenheit bzw. schwache Verhandlungsposition gegenüber der Gesellschaft berührt ihre sämtlichen Rechte. Im Falle einer Insolvenz der Gesellschaft kann beispielsweise der Selbstschutz der verhandlungsstarken Kapitalgeber so weit gegangen sein, daß ihre Risiken durch Sicherungsrechte voll abgesichert sind. Für die verhandlungsschwachen Kapitalgeber würde dann nichts mehr übrigbleiben, was sich versilbern läßt, und ihre berechtigten Ansprüche gegenüber der Gesellschaft würden sich mangels liquidationsfähiger Masse nicht durchsetzen lassen. Ähnliches ist auch für die anderen Rechte der verhandlungsschwachen Kapitalgeber denkbar. Für sie ist es daher notwendig, daß eine übergeordnete Institution wie der Staat dafür sorgt, daß ihre Ansprüche durchgesetzt werden und der Rahmen für einen gerechten Austausch von Leistung und Gegenleistung besteht. Ist kein Schutz gegeben, kann es zum Machtmißbrauch kommen. Dies werden die Kapitalgeber antizipieren, und es ist anzunehmen, daß die grundsätzlich für beide Seiten, d.h. Kapitalgeber und Kapitalnehmer, vorteilhafte Finanzierungsbeziehung nicht zu Stande kommen wird. Kapitalgeberschutz im

110 Gläubigersicherungsrechte können Abtretungen von Forderungen, Bürgschaften und Garantien, Eigentumsvorbehalte, Hypotheken, Sicherungsübereignungen und Pfandrechte sowie Patronatserklärungen sein. Vgl. Jantschek (1993), S. 93.

Sinne eines Mindestschutzes für verhandlungsschwache Kapitalgeber ist aus Gerechtigkeitsgründen notwendig.

Das Aktienrecht verbietet sogar explizit die Ungleichbehandlung der Aktionäre. Gemäß § 53 a AktG sind die Aktionäre unter gleichen Voraussetzungen gleich zu behandeln. Das Gleichheitsgebot bedeutet folgendes: „Die Aktiengesellschaft muß unter dem Vorbehalt der gesetzlichen sowie satzungsmäßiger, sachlich begründeter Differenzierungen alle ihre Aktionäre ungeachtet der Höhe ihrer Beteiligung den konkreten Umständen entsprechend gleich behandeln"[111].

Bezogen auf die rechtlichen Regelungen zur Rechnungslegung kann Gerechtigkeit aufgefaßt werden als Gleichbehandlung der Schutzbedürfnisse der finanziell mit einem Unternehmen in Verbindung stehenden Gesellschafter und Gläubiger. Insbesondere dürfen die den verhandlungsstarken Kapitalgebern eingeräumten Sicherungs- und Informationsrechte nicht so weit gehen, daß die Rechte der verhandlungsschwachen Kapitalgeber dadurch ausgehöhlt werden.

1.2.3.2. Begründung aus ökonomischer Sicht

Aus ökonomischer Sicht ist ein Eingreifen des Gesetzgebers am Kriterium der Allokationseffizienz zu untersuchen[112]. Wird ein Beitrag zur Steigerung der gesamtgesellschaftlichen Wohlfahrt geleistet, ist das Eingreifen des Gesetzgebers positiv zu bewerten. Der Beitrag zur Allokationseffizienz ist schwer zu beurteilen, da er nicht meßbar ist. Ganz allgemein muß es zu einem Abbau von Ineffizienzen kommen, deren Abbau weniger Kosten verursacht als Nutzen anfällt. Nur dann ist es aus ökonomischer Sicht gerechtfertigt, daß ein Gesetzgeber durch ein Schutzinstrument wie die handelsrechtliche Rechnungslegung regulierend eingreift und das Verhältnis zwischen den Kapitalnehmern und den Kapitalgebern nicht der Selbststeuerung überlassen wird. Es stellt sich die Frage, welche Art von Ineffizienzen durch die handelsrechtliche Rechnungslegung abgebaut werden können. Dazu muß zuerst geklärt werden, welchen Nutzen sie stiften kann.
Die handelsrechtliche Rechnungslegung verlangt ein Abbild der finanziellen Situation des Unternehmens in Zahlen. Durch die Produktion solcher

---

111 Vgl. Henn (1998), S. 22, Anm. 42.
112 Vgl. Kap. 2, Glp. 1.

Zahlen werden Ressourcen wie Arbeitszeit oder Material benötigt. Es entstehen Kosten. Sollten diese Zahlen niemandem nützen, würde die handelsrechtliche Rechnungslegung nicht zu einer Wohlfahrtssteigerung, sondern zu einer Wohlfahrtsminderung beitragen.
Einen Nutzen an derartigen Zahlen könnten in erster Linie die externen Kapitalgeber haben, denen der Zugang zu internen Informationen verwehrt ist[113]. Dazu müßten die Zahlen in der Lage sein, vorhandene Wissenslücken bei den Kapitalgebern zu schließen. Die Zahlen müßten eine Information enthalten, mit der die Kapitalgeber ihre verfolgten Interessen besser erreichen können[114]. Die handelsrechtliche Rechnungslegung versucht, dieses Informationsbedürfnis zu befriedigen. Die Information, die externen Kapitalgebern mittels des handelsrechtlichen Jahresabschlusses vermittelt werden kann, beschränkt sich auf die Rechenschaft über die Vermögens-, Finanz- und Ertragslage. Notwendig wird Rechenschaft immer dann, wenn Geld anderen anvertraut wird und die Verwendung des Geldes in der Hand des anderen liegt[115]. Finanzierungsbeziehungen zwischen Kapitalgeber und Unternehmen (Kapitalnehmer) stellen eine solche Situation dar. Sie sind dadurch gekennzeichnet, daß die Kapitalgeber eine finanzielle Vorleistung tätigen, für die sie in der Folgezeit eine Gegenleistung erwarten. Grundsätzlich sind solche Finanzierungsbeziehungen sowohl für den Kapitalgeber als auch für den Kapitalnehmer vorteilhaft: für den Kapitalgeber, weil er zwar das nötige Kapital hat, aber nicht über das Wissen verfügt, das Kapital in rentabler Weise einzusetzen, und für den Kapitalnehmer, weil er zwar das nötige Wissen, aber nicht das Kapital hat, sein Wissen umzusetzen. Eine Finanzierungsbeziehung zwischen beiden kann also beide Seiten besserstellen und somit zu einer Steigerung der gesamtwirtschaftlichen Wohlfahrt beitragen. Deshalb muß aus Allokationseffizienzgesichtspunkten von höherer Stelle dafür gesorgt werden, daß ein reibungsloser Austausch des Einsatzfaktors Kapital zwischen Kapitalgebern und Kapitalnehmern stattfinden kann.
Asymmetrische Informationsverteilung zwischen Kapitalnehmer und Kapitalgeber kann die Finanzierungsbeziehung belasten und zu Ineffizienzen führen. Ineffizienzen in derartigen Finanzierungsbeziehungen führen zu Störungen zwischen den Parteien und verringern die gesamtwirtschaftliche Wohlfahrt. Sie treten auf, wenn der Kapitalnehmer die Möglichkeit hat, seinen Wissensvorsprung zu seinem Vorteil und damit auch zum

---

113 Vgl. Leffson (1971), S. 5 ff.
114 Vgl. Streim (1988), S. 3.
115 Vgl. Lück (1999), S. 1; Schneider (1997 b), S. 10.

Nachteil des Kapitalgebers auszunutzen. Zum Nachteil des Kapitalgebers bedeutet, daß die mit dem Kapitalnehmer vereinbarte finanzielle Gegenleistung geringer als vereinbart oder ganz ausfällt. Der Anreiz zu einem solchen Verhalten liegt vor, wenn die Interessen von Kapitalgeber und Kapitalnehmer unterschiedlich sind[116]. Aufgrund der asymmetrischen Informationsverteilung ist der Kapitalgeber weder in der Lage, dem Kapitalnehmer alle Handlungen vorzuschreiben, noch kann er die Handlungen des Kapitalnehmers beobachten[117]. Dies führt zu Handlungsspielräumen, die der Kapitalnehmer zu seinem Vorteil bzw. zum Nachteil des Kapitalnehmers ausnutzen kann.
Daraus ergibt sich eine Dilemma-Situation. Finanzierungsbeziehungen, die eigentlich zu Wohlfahrtssteigerungen führen sollen, führen zu neuen Ineffizienzen oder entstehen erst gar nicht, weil Kapitalgeber diese Risiken antizipieren und die Finanzierungsbeziehung nicht eingehen. Die mit der handelsrechtlichen Rechnungslegung verfolgte Pflicht zur Rechenschaft versucht, den Handlungsspielraum der Kapitalnehmer zur Ausnutzung der eigenen Interessen durch Schutz der Kapitalgeberinteressen zu verringern.

Abschließend seien einige konkrete Argumente aufgeführt, die dafür sprechen, daß durch gesetzliche Regelungen ein Abbau von Ineffizienzen erzielt wird:

1.) Hätte der Gesetzgeber keine Vorschriften zur Rechnungslegung vorgegeben, müßten sich bei jeder Unternehmensgründung oder -änderung die Gesellschafter auf neue Regelungen, wie z.B. der Gewinn verteilt werden soll oder welche Informationsrechte ihnen zustehen sollen, einigen[118]. Hierdurch entstehen Verhandlungskosten, die um so höher ausfallen, je heterogener und größer der Gesellschafterkreis ist. Sind die Regelungen gesetzlich vorgegeben, entfallen diese Such-, Beratungs- und Einigungskosten.
2.) Des weiteren kann man davon ausgehen, daß ohne gesetzliche Vorgabe die Gewinnermittlungs- und Informationsregelungen recht unter-

---

116 Vgl. Kap. 2, Glp. 2.2.

117 Ein Vorschreiben der Handlungen durch den Kapitalgeber würde die Anstellung des Managers sinnlos machen. Denn die Finanzierungsbeziehung wird ja gerade eingegangen, weil der Manager über einen Wissensvorsprung verfügt.

118 Vgl. Streim (1988), S. 24.

schiedlich sein werden[119]. Dies hätte zur Folge, daß die Rechnungslegung der Unternehmen nur schwer vergleichbar wäre oder auf Seite der Kapitalgeber zu sehr hohen Analyse- und Interpretationskosten führen würde, um Vergleichbarkeit herzustellen. Durch gesetzliche Standardisierung werden diese Kosten reduziert bzw. ausgeschaltet.

3.) Ein drittes Argument, das für eine Steigerung der gesamtgesellschaftlichen Wohlfahrt spricht, ist das größere Vertrauen der Kapitalgeber in die Wirksamkeit gesetzlicher Schutznormen als in privatautonom ausgehandelte Schutzverträge[120]. Als Folge des empfundenen größeren Schutzes werden die Kapitalgeber eher bereit sein, Risikokapital bereitzustellen. Hierdurch wird die Funktionsfähigkeit der Kapitalmärkte gesteigert, welche die Grundlage für einen reibungslosen Austausch von Kapital ist. Ob die Allokationseffizienz wirklich verbessert wird, kann wegen der schweren intersubjektiven Nachprüfbarkeit nicht ohne weiteres gesagt werden. Sie wird nur dann verbessert, wenn zur Lenkung des Kapitals in die rentabelste Verwendung gesetzliche Regelungen die Marktteilnehmer mit besseren Informationen versorgen als vertragliche Regeln[121].

Bezogen auf die Rechnungslegung sind die knappen Ressourcen das Kapital, das dem Unternehmen von Gesellschaftern und Gläubigern zur Verfügung gestellt wird. In einer allokationseffizienten Situation ist das Kapital der Kapitalgeber dorthin gelenkt, wo es die höchste Rendite erwirtschaftet[122]. Das Ziel der handelsrechtlichen Rechnungslegung liegt darin, einen positiven Beitrag zu dieser Idealsituation durch den Schutz der Kapitalgeber zu leisten.

1.2.3.3. Durchsetzung des Kapitalgeberschutzes

Oberster Zweck der handelsrechtlichen Rechnungslegung ist es, die Risiken der Kapitalgeber zu reduzieren[123]. Dies geschieht zum einen durch Gewinnermittlung zur Ausschüttungsbemessung und zum anderen durch Informationsvermittlung.

Den beiden Instrumenten der handelsrechtlichen Rechnungslegung (Jahresabschluß und Lagebericht) kommt bei der Erfüllung der Aufgaben Ge-

119 Vgl. Streim (1988), S. 24.
120 Vgl. Streim (1988), S. 24.
121 Vgl. Streim (1988), S. 24.
122 Vgl. ausführlich Leffson (1971), S. 3 ff.
123 Vgl. Streim (2000 b), S. 113.

winnermittlung zur Ausschüttungsbemessung und Informationsvermittlung eine unterschiedliche Bedeutung zu.
Aufgabe des Jahresabschlusses ist primär die Gewinnermittlung zur Ausschüttungsbemessung[124]. Darüber hinaus wird versucht, die Bilanz und die GuV-Rechnung durch Gliederungs- und Ausweisvorschriften sowie durch die Erstellung eines Anhangs, der zusätzliche Informationen und Erklärungen zur Bilanz und GuV-Rechnung enthält, den Jahresabschluß informativ zu gestalten[125]. Bei der Informationsvermittlung muß unterschieden werden zwischen Informationen, die die Vergangenheit betreffen und Informationen, die in die Zukunft gerichtet sind. Der erste Informationstyp wird auch als Rechenschaftslegung bezeichnet und kann durch den handelsrechtlichen Jahresabschluß erfüllt werden. Der Fähigkeit des Jahresabschlusses, einen Beitrag zur Vermittlung von in die Zukunft gerichteten Informationen zu leisten, läßt Zweifel aufkommen, wenn man bedenkt, worüber Bilanz und GuV-Rechnung berichten. Die Bilanz gibt Aufschluß über die Art der Finanzierung, die Struktur des Vermögens, bestimmte Beziehungen zu verbundenen Unternehmen sowie bestimmte Haftungsverhältnisse[126]. Die GuV-Rechnung berichtet über die Höhe und Struktur der Erträge und Aufwendungen sowie über den Jahresüberschuß oder den Jahresfehlbetrag. Die Darstellung der wirtschaftlichen Lage der Unternehmen durch Bilanz und GuV-Rechnung zu einem bestimmten Zeitpunkt X beruht ausschließlich auf Geschäftsvorfällen der Vergangenheit und ist deshalb nicht geeignet, Aufschluß über die zukünftige Entwicklung des Unternehmens zu geben.
Die Aufgabe, Unternehmensexternen Informationen zukommen zu lassen, die für ihre Entscheidungsfindung nützlich sind, d.h. die ihr zukünftiges Handeln positiv oder negativ beeinflussen, muß folglich durch ein anderes Rechnungslegungsinstrument erreicht werden. Da von der zukünftigen Lage der Gesellschaft der Wert der Beteiligung der Kapitalgeber abhängt, gilt das Interesse der Kapitalgeber den Informationen über die Zukunft. Ein hierfür geeignetes Instrument ist der Lagebericht.

---

124 Vgl. Moxter (1986 a), S. 17.

125 Bei der Informationsfunktion des handelsrechtlichen Jahresabschlusses handelt es sich um eine Sekundäraufgabe. Sekundär ist in dem Sinne zu verstehen, daß die Informationsfunktion hinter die Primäraufgabe, der Ermittlung eines ausschüttungsfähigen Betrags, zurücktritt. Vgl. Moxter (1986 a), S. 18.

126 Falls die Haftungsverhältnisse bilanziert oder vermerkt werden und kein Ausweis im Anhang gewählt wird. Vgl. Hinz (1997), B 100, Rn. 54.

1.3. Beitrag des Lageberichts zum Zweck der Rechnungslegung

1.3.1. Kritik am Jahresabschluß

Das Problem des handelsrechtlichen Jahresabschlusses liegt darin, daß er niemals informativ im Sinne der Bereitstellung entscheidungsnützlicher Informationen, die Aufschluß über den zukünftigen Zahlungsstrom geben, sein kann[127]. Eine Informationsfunktion wird vor allem dem durch die GuV-Rechnung ermittelten Gewinn zugestanden. Der ermittelte Gewinn gibt aber keinerlei Auskunft über die Zukunft[128]. Der Grund liegt in der Gewinnkonzeption, auf der die Ermittlung des ausschüttungsfähigen Gewinns basiert. Der ermittelte Gewinn ist das Resultat des abgelaufenen Geschäftsjahres, d.h. er berechnet sich aus vergangenen Geschäftsvorfällen. Zusätzlich wird die Informationsvermittlungsfähigkeit gemindert durch die handelsrechtlichen Bewertungsprinzipien, wie das Vorsichts-, Realisations-, und Imparitätsprinzip, die einen, dem Gedanken des Gläubigerschutzes folgend, eher niedrigeren ausschüttungsfähigen Gewinn ermitteln[129]. Eine weitere Einschränkung erfährt die Aussagefähigkeit des ermittelten Gewinns durch zahlreiche Ansatz- und Bewertungswahlrechte, die der Bilanzierende nach seinem Ermessen ausüben kann und durch die der ausgewiesene Gewinn verzerrt werden kann[130]. Aktuelle und po-

---

127 Vgl. Schneider (1997 a), S. 201 ff.

128 Kritisch zur Aussagefähigkeit der handelsrechtlichen GuV-Rechnung über die wirtschaftliche Lage des Unternehmens vgl. z.B. Clemm (1987), S. 106 ff.

129 Beispielsweise verbieten die drei Prinzipien den Ansatz selbsterstellter immaterieller Anlagewerte und Bewertungen über den Anschaffungs- oder Herstellungskosten. Dadurch kommt es zum Verbot der Vereinnahmung von Gewinnen entsprechend dem Fertigungsfortschritt. Des weiteren verlangen die Prinzipien die Erfassung drohender Verluste aus schwebenden Geschäften und aus Beständen.

130 Ansatzwahlrechte von bilanzpolitischer Bedeutung sind insbesondere die Bildung von Rückstellungen gemäß § 249 Abs. 1 HGB (Rückstellungen für unterlassene Instandhaltungen, die im folgenden Geschäftsjahr nach Ablauf von drei Monaten nachgeholt werden) und gemäß § 249 Abs. 2 HGB (sog. Aufwandsrückstellungen).
Bewertungswahlrechte sind vor allem in § 253 HGB zu finden. Sie werden durch §§ 279, 280 HGB für Kapitalgesellschaften eingeschränkt.
§ 253 Abs. 2, Satz 3 HGB erlaubt den Ansatz des niedrigeren beizulegenden Wertes auch bei vorübergehender Wertminderung von Vermögensgegenständen des Anlagevermögens. Bei Kapitalgesellschaften ist dieses Wahlrecht auf das Finanzanlagevermögen beschränkt (§ 279 Abs. 1, Satz 2 HGB). Ebenso erlauben § 253 Abs. 3, Satz 3 (Abschreibungen auf den nahen Zukunftswert), § 253 Abs. 4 (Abschreibungen im Rahmen vernünftiger kaufmännischer Beurteilung) und § 254 HGB (Steuerrechtliche Abschrei-

tentielle Eigen- und Fremdkapitalgeber sind aber vor allem an Informationen interessiert, die Auskunft darüber geben, inwieweit das Unternehmen zukünftig in der Lage sein wird, die vertraglich vereinbarten Zins- und Tilgungszahlungen fristgerecht zu leisten (Fremdkapitalgeber) bzw. welche Höhe ihre Dividendenauszahlung haben wird und wie die Entwicklung des Aktienkurses sein wird (Eigenkapitalgeber).

1.3.2. Informationsvermittlung

1.3.2.1. Allgemeines

Wie schon den gesetzlichen Regelungen zum Jahresabschluß ist auch den Regelungen zum Lagebericht kein expliziter Zweck zu entnehmen. Deshalb muß wiederum der „im Gesetz objektivierte" Wille des Gesetzgebers gefunden werden[131].

Der Gesetzgeber fordert vom Lagebericht gemäß § 289 Abs. 1 HGB die Darstellung des Geschäftsverlaufs und der Lage der Gesellschaft, daß ein den tatsächlichen Verhältnissen entsprechendes Bild der Kapitalgesellschaft vermittelt wird. Diese Anforderung findet sich bereits in der Generalnorm für den Jahresabschluß von Kapitalgesellschaften (§ 264 Abs. 2, Satz 1 HGB). Nach dieser Forderung hat der Jahresabschluß ein den tatsächlichen Verhältnissen entsprechendes Bild der Vermögens-, Finanz- und Ertragslage zu vermitteln. Die Generalnorm beinhaltet die Rechenschaftsfunktion des Jahresabschlusses[132]. Aus den fast wortgleichen Formulierungen kann gefolgert werden, daß auch der Lagebericht

---

bungen) Abschreibungen. § 253 Abs. 4 HGB gilt für Kapitalgesellschaften gemäß § 279 Abs. 1, Satz 1 HGB nicht. Abschreibungen nach § 254 HGB dürfen von Kapitalgesellschaften gemäß § 279 Abs. 2 HGB nur dann vorgenommen werden, wenn das Steuerrecht ihre Anerkennung bei der steuerrechtlichen Gewinnermittlung davon abhängig macht, daß sie sich aus der Bilanz ergeben (umgekehrte Maßgeblichkeit).
Die Wertminderungen dürfen gemäß § 253 Abs. 5 HGB auch dann beibehalten werden, wenn die Gründe für die Abschreibungen entfallen sind. Kapitalgesellschaften müssen, wenn die Gründe für die Abschreibung entfallen sind, im Umfang der Werterhöhung unter Berücksichtigung etwaiger inzwischen vorzunehmender Abschreibungen zuschreiben (§ 280 Abs. 1 HGB). Sie dürfen den niedrigeren Wert nur dann beibehalten, wenn die Voraussetzungen nach § 280 Abs. 2 HGB erfüllt sind (faktisches Wahlrecht).

131 Vgl. Leffson (1987), S. 41.

132 Vgl. Schneider (1997 b), S. 10.

der Erfüllung der Rechenschaftsfunktion dient[133]. Rechenschaftslegung ist Informationsvermittlung über Vergangenes. Informationen, die die Zukunft der Gesellschaft betreffen, werden durch Rechenschaftslegung nicht bereitgestellt.
Die Vorschriften zum Lagebericht verlangen aber auch Angaben zu den Risiken der künftigen Entwicklung (§ 289 Abs. 1, 2. Halbsatz HGB) sowie Angaben zur voraussichtlichen Entwicklung (§ 289 Abs. 2, Nr. 2 HGB). Das bedeutet, daß die Rechenschaftsfunktion nicht ausreichend die Aufgabe des Lageberichts widerspiegelt. Über die Rechenschaft hinaus werden Informationen über Zukünftiges verlangt. Die zweite Art von Informationen, die durch den Lagebericht bereitgestellt werden sollen, betreffen also die Zukunft.

1.3.2.2. Art der Informationsvermittlung

Ob die Informationsvermittlung durch die Berichterstattung im Lagebericht schwerpunktmäßig der Rechenschaftsfunktion dienen sollte oder ob die Berichterstattung Informationen über die Zukunft liefern sollte, ist an den Interessen der Lageberichtsadressaten zu beurteilen.

Es ist zwischen Interessenten und Adressaten des Lageberichts zu unterscheiden[134]. Der Kreis der Interessenten ist weiter gefaßt als der Kreis der Adressaten. Ein gesetzlicher Schutz wird nur den Lageberichtsadressaten gewährt. Dies sind diejenigen Lageberichtsinteressenten, deren finanziellen Entscheidungen wesentlich von der Lage der Gesellschaft abhängen und denen zusätzlich keine andere, bessere Informationsquelle zugänglich ist[135].

Als mögliche Adressaten des Lageberichts kommen die Öffentlichkeit, die Arbeitnehmer und die Kapitalgeber in Frage.
Die Öffentlichkeit umfaßt diejenigen natürlichen oder juristischen Personen, die sich, obwohl sie in keiner ökonomischen oder sonstigen Beziehung zum Unternehmen stehen und eine solche Beziehung auch nicht anstreben, für den Lagebericht interessieren. Eine Berücksichtigung der Interessen der Öffentlichkeit würde die berichterstattende Gesellschaft überfordern, weil dann die Informationsinteressen von jedermann bei der

133 Vgl. Lück (1995), § 289 HGB, S. 2011, Rn. 13.
134 Vgl. Moxter (1976), S. 95 f.
135 Vgl. Baetge/Fischer/Paskert (1989), S. 11.

Lageberichterstattung zu berücksichtigen wären[136]. Die Öffentlichkeit scheidet somit als Lageberichtsadressat aus.
Arbeitnehmer haben ein erhebliches Interesse an Informationen über den Geschäftsverlauf und die Lage der Gesellschaft, da hiervon ihre berufliche und damit vielfach auch wirtschaftliche Existenz abhängen kann. Ihr Interesse richtet sich im wesentlichen auf die Arbeitsplatzsicherheit, die Einkommenssicherung und die Arbeitsbedingungen[137]. Anhand dieser Informationen treffen sie Entscheidungen hinsichtlich eines möglichen Arbeitsplatzwechsels, sowie der Angemessenheit ihrer Lohn- bzw. Gehaltszahlungen. Sie werden aber trotzdem nicht zum Adressatenkreis des Lageberichts gezählt. Der Grund hierfür liegt darin, daß sie sich auf anderen Wegen, z.B. mittels eines Sozial- oder Personalberichts, Informationen beschaffen können, die ihre Interessen befriedigen[138]. Der Lagebericht ist zwar eine nützliche Zusatzinformationsquelle, aber kein notwendiges Instrument zur Befriedigung ihrer schutzwürdigen Interessen.
Es verbleibt die Gruppe der Kapitalgeber als möglicher Adressat des Lageberichts. Kapitalgeber verfolgen mit ihrer Kapitalüberlassung primär ein finanzielles Interesse. Ihre finanziellen Entscheidungen hängen zum einen wesentlich von der wirtschaftlichen Lage des Unternehmens ab, und zum anderen haben sie im Regelfall keine andere, bessere Informationsquelle[139]. Da beide Kriterien auf die Gruppe der Kapitalgeber zutreffen, gelten sie als die Adressaten des Lageberichts. Dementsprechend sollte die Berichterstattung an ihren Informationsinteressen ausgerichtet werden.

Das Interesse der aktuellen und potentiellen Gläubiger gilt solchen Informationen, die Aufschluß darüber geben, ob das Unternehmen zukünftig fähig sein wird, seinen Tilgungs- und Zinsverpflichtungen nachzukommen. Der Zukunftsbezug verdeutlicht, daß es vor allem Informationen zur zukünftigen Entscheidungsfindung sind und nicht Informationen, die der Rechenschaftsfunktion dienen, für die sie sich interessieren.
Aktuelle und potentielle Aktionäre der berichterstattenden Gesellschaft sind an Informationen interessiert, die darüber Aufschluß geben, ob es für sie vorteilhaft ist, sich weiterhin am Unternehmen zu beteiligen oder den Aktienbesitz zu verkaufen und in rentablere Geldanlagen zu investieren

136 Vgl. Sprenger (1976), S. 71; Stobbe (1988), S. 305.
137 Vgl. Clemm (1989), S. 359.
138 Vgl. Stobbe (1988), S. 304.
139 Dies gilt zumindest für Kleingläubiger und -aktionäre.

(aktuelle Aktionäre) bzw. sich überhaupt am Unternehmen zu beteiligen oder direkt in andere, rentablere Geldanlagen zu investieren (potentielle Aktionäre). Auch sie haben damit vor allem ein Interesse an Informationen, die zur zukünftigen Entscheidungsfindung hilfreich sind.

Das Interesse an Informationen zur zukünftigen Entscheidungsfindung überwiegt, weil die Grundlage für fristgerechte Zins- und Tilgungszahlungen bzw. Dividendenzahlungen und Kurssteigerungen der zukünftige - und nicht der vergangene - Gewinn der Gesellschaft ist. Die hierfür notwendigen Informationen können durch Rechenschaft nicht befriedigt werden, da Rechenschaft nur Vergangenes betrifft. Außerdem ist Rechenschaft schon durch den handelsrechtlichen Jahresabschluß abgelegt worden. Der handelsrechtliche Jahresabschluß vermittelt über die Rechenschaft hinaus keine weiteren Informationen. Dies liegt vor allem an den handelsrechtlichen Ansatz- und Bewertungsvorschriften, mit denen aufgrund vorsichtiger, vergangenheitsorientierter Gewinnermittlung eine Größe ausgewiesen wird, die über die zukünftige Entwicklung nichts aussagt[140]. Die Aufgabe, Informationen zur zukünftigen Entscheidungsfindung bereit zu stellen, obliegt deshalb dem Lagebericht.

2. Historische Entwicklung des Lageberichts

Der heutige Lagebericht (§ 289 HGB) fand seinen Vorläufer in einem Teil des früheren Geschäftsberichts (§ 160 Abs. 1 AktG 1965). Die Vorschriften in § 160 Abs. 1 AktG 1965 wiederum entsprachen wörtlich § 128 Abs. 1 AktG 1937[141].

Bereits nach dem AktG 1965 mußten die AG, die KGaA und bestimmte Unternehmen, die besondere Voraussetzungen hinsichtlich Branche oder Größe erfüllten, neben dem Jahresabschluß einen Geschäftsbericht aufstellen (§ 148 AktG 1965). Gemäß § 160 Abs. 1 AktG 1965 waren im Geschäftsbericht der Geschäftsverlauf und die Lage der Gesellschaft darzulegen (sog. Wirtschaftsbericht). Außerdem verlangte § 160 Abs. 1 AktG, daß über Vorgänge von besonderer Bedeutung, die nach dem Schluß des Geschäftsjahres eingetreten sind, zu berichten ist (sog. Nachtragsbericht). Daneben mußte gemäß § 160 Abs. 2 und 3 AktG 1965

140 Vgl. Kap. 3, Glp. 1.3.1.

141 Zu noch früheren historischen Vorläufern des Lageberichts (bis ins Jahr 1673) vgl. Kuhn (1992), S. 5 ff.

der Jahresabschluß erläutert werden und Angaben über im Gesetz aufgeführte Sachverhalte gemacht werden. Die Berichterstattung nach Abs. 1 wurde „Lagebericht“, die nach Abs. 2 und 3 „Erläuterungsbericht“ genannt.

Mit Umsetzung der Vierten Richtlinie des Rates der Europäischen Gemeinschaft durch das Bilanzrichtlinien-Gesetz vom 19. Dezember 1985 wurde der Lagebericht in § 289 des HGB aufgenommen. Hierdurch wurde der Lagebericht rechtsformunabhängig für alle Kapitalgesellschaften gemäß § 264 Abs. 1 HGB zur Pflicht. Der Erläuterungsbericht wurde unter dem neuen Namen „Anhang“ in den §§ 284 bis 288 HGB geregelt[142]. Während der Anhang mit Umsetzung der Richtlinie ein Teil des Jahresabschlusses der Kapitalgesellschaft geworden ist, ist der Lagebericht ein selbständiger Teil der handelsrechtlichen Rechnungslegung neben dem Jahresabschluß geworden[143].
Die inhaltlichen Anforderungen nach dem HGB in der Fassung des BiRiLiG verlangen vom Lagebericht weiterhin den Wirtschaftsbericht und den Nachtragsbericht. Darüber hinaus wurde er um zwei Berichtstatbestände erweitert: zum einen um den Prognosebericht, in dem auf Vorgänge nach Schluß des Geschäftsjahres einzugehen ist und zum anderen um den Forschungs- und Entwicklungsbericht.

Verglichen mit AktG 1965 weist der Lagebericht nach dem HGB in der Fassung des BiRiLiG vier Änderungen auf.
Erstens wird anstelle der Beachtung der Grundsätze einer gewissenhaften und getreuen Rechenschaft, wie es AktG 1965 verlangte, auf die Beachtung der Vermittlung eines den tatsächlichen Verhältnissen entsprechenden Bildes verwiesen. Materiell stellt die Änderung in Absatz 1 nach dem HGB keinen Unterschied zum AktG 1965 dar. Es handelt sich lediglich um eine sprachliche Änderung[144].
Die zweite Änderung betrifft die Herausnahme des Nachtragsberichts aus Absatz 1. Der Nachtragsbericht wird nach dem HGB im neuen Absatz 2 gefordert. Absatz 2 ist im Gegensatz zu Absatz 1 als Sollvorschrift formuliert. Daraus könnte der Schluß gezogen werden, daß der Verpflichtungs-

---

142 Im Gegensatz zu den geringen Änderungen und Ergänzungen beim Lagebericht sind beim Anhang die Anzahl und der Umfang der notwendigen Angaben erheblich gestiegen. Vgl. Glade (1986), S. 1610, Rn. 5 ff.

143 Vgl. BT-Drs. 10/317, S. 94.

144 Vgl. Lück (1995), § 289 HGB, S. 2011, Rn. 13; Reittinger (1983), S. 7; ADS (1995), § 289 HGB, S. 195, Tz. 38.

gehalt des Nachtragsberichts gesunken ist. Dies ist aber nicht der Fall. Aufgrund der Wichtigkeit der Angaben u.a. für die Gewinnverwendung werden bei einem Verzicht der Berichterstattung besonders hohe Anforderungen an die Rechtfertigung gestellt[145]. Materiell besteht somit ebenfalls kaum ein Unterschied.
Die dritte Änderung ist die Erweiterung der an den Lagebericht gestellten Forderungen in Absatz 2. Absatz 2 verlangt seit Inkrafttreten des BiRiLiG neben dem Nachtragsbericht auch einen Prognosebericht und einen Forschungs- und Entwicklungsbericht. Der zweite Absatz enthält somit die explizite Forderung nach zwei neuen Berichtsgegenständen und stellt damit eine materielle Erweiterung und Konkretisierung dar[146].
Viertens wurde der Kreis der zur Aufstellung verpflichteten Gesellschaften auf die Gesellschaften mit beschränkter Haftung erweitert.

Trotz der weitgehenden Textübereinstimmung mit § 160 Abs. 1 AktG erlangte der Lagebericht durch das BiRiLiG eine neue Bedeutung. Dies galt sowohl für die Einordnung des Lageberichts im Verhältnis zum Jahresabschluß als auch für die sachlichen Inhalte des Lageberichts[147]. Es kam somit durch das HGB zu einer ersten Aufwertung der Bedeutung des Lageberichts.

Zu einer abermaligen Erweiterung der Lageberichtsvorschriften kam es durch das Gesetz vom 22. Juli 1993, das am 1. November 1993 in Kraft trat. Diese Änderung transformierte die am 21. Dezember 1989 vom Rat der EG verabschiedete 11. gesellschaftsrechtliche Richtlinie über die Offenlegung von Zweigstellen in deutsches Recht[148]. Ziel dieser Richtlinie war die Annäherung der Offenlegungspflichten von Zweigniederlassungen an diejenigen von Tochtergesellschaften[149]. Geregelt ist die Anforderung in § 289 Abs. 2, Nr. 4 HGB.

Die sog. (EG-) Mittelstandsrichtlinie, deren Transformation in Deutschland durch das Gesetz zur Änderung des D-Markbilanzgesetzes und anderer handelsrechtlicher Bestimmungen vom 25. Juli 1994 erfolgte, regelte die Größenschwellen kleiner, mittelgroßer und großer Kapitalgesellschaften

---

145 Vgl. Emmerich/Künnemann (1986), S. 341.
146 Vgl. Reittinger (1983), S. 7.
147 Vgl. Müller (1986 a), B 500, S. 3, Rn. 8; Selch (2000), S. 359.
148 Vgl. Hahnefeld (1993), S. 1596 ff.
149 Vgl. Fey (1994), S. 485.

neu[150]. Zusätzlich wurden kleine Kapitalgesellschaften nun auch von der Erstellung des Lageberichts befreit[151].

Eine weitere Änderung erfuhr § 289 HGB durch das Gesetz zur Kontrolle und Transparenz im Unternehmensbereich (KonTraG) vom 27. April 1998. Auslöser für das KonTraG waren spektakuläre Unternehmenskrisen Anfang der 90er Jahre (z.B. Balsam, Schneider oder Holzmann), durch die vor allem der Aufsichtsrat und die Abschlußprüfer ins Kreuzfeuer der Kritik gerieten. Das KonTraG erweiterte Absatz 1 um die Berichtspflicht über „Risiken der künftigen Entwicklung".

Die vorerst letzte Änderung der Vorschriften zum Lagebericht erfolgte durch Umsetzung der sog. Ergänzungs- oder GmbH & Co.-Richtlinie von 1990 in deutsches Recht. Die Umsetzung der Richtlinie hat eine Ausdehnung des Anwendungsbereichs der Vorschriften für Kapitalgesellschaften auf Personengesellschaften zur Folge, bei denen ausschließlich Kapitalgesellschaften Komplementäre sind. Außerdem wurden durch das KapCoRiLiG die Schwellenwerte für die Größenklassen des § 267 HGB um 25 % erhöht. Das Gesetz trat am 24. Februar 2000 in Kraft und galt zwingend erstmals für Geschäftsjahre, die nach dem 31. Dezember 2000 begonnen haben[152].

3. Grundsätze ordnungsmäßiger Lageberichterstattung

3.1. Allgemeines

Die rechtliche Grundlage des Lageberichts (§ 289 HGB) enthält mehrere unbestimmte Rechtsbegriffe. Aufgrund unterschiedlicher Interpretationsmöglichkeiten kann hierdurch der subjektive Einfluß der Unternehmensleitung auf den Inhalt des Lageberichts erhöht werden. Daher ist es notwendig, allgemeingültige Kriterien zur Auslegung des § 289 HGB heranzuziehen, die einen objektiven Maßstab für die in den Lagebericht einzubeziehenden Informationen bilden. Diese allgemeingültigen Kriterien sind in Anlehnung an die „Grundsätze ordnungsmäßiger Buchführung" (GoB) die „Grundsätze ordnungsmäßiger Lageberichterstattung" (GoL). Die GoL

150 Vgl. BGBl. I (1994), S. 1682 ff.

151 Bis dahin waren kleine Kapitalgesellschaften nur von der Prüfungs- und Offenlegungspflicht befreit.

152 Vgl. BGBl. I (2000), S. 154.

bauen auf den für jede Art der Informationsvermittlung geltenden Bedingungen auf und stellen spezifizierte Anforderungen an den Lagebericht.
Die Grundsätze ordnungsmäßiger Lageberichterstattung dienen nicht nur den zur Aufstellung verpflichteten Unternehmen als Leitlinie für ihre Berichterstattung, sondern sind auch für die Prüfung des Lageberichts von Bedeutung. Ohne GoL hätten die Abschlußprüfer bei der Überprüfung der Ordnungsmäßigkeit des Lageberichts keine allgemeingültigen Kriterien, an denen sie ihre Prüfung ausrichten könnten. Es wäre zu befürchten, daß keine einheitliche Prüfung stattfinden würde und die Aussagefähigkeit des Lageberichts wegen fehlender Vergleichbarkeit sehr beschränkt wäre.

3.2. GoL im Einzelnen

3.2.1. Grundsatz der Vollständigkeit

Die Berichterstattung im Lagebericht hat vollständig zu sein. Entscheidendes Kriterium der Vollständigkeit ist, daß alle Angaben, die zur Gesamtbeurteilung der wirtschaftlichen Lage und des Geschäftsverlaufs der Gesellschaft nötig sind, im Lagebericht enthalten sind[153]. Es muß folglich nicht über alle Geschäftsvorfälle lückenlos und umfassend berichtet werden[154].
Im Gegensatz zum Anhang ist der Lagebericht nicht abschließend geregelt. Die gesetzlichen Anforderungen sind als Mindestanforderungen zu interpretieren. Wann die Mindestanforderungen zur Vermittlung des Geschäftsverlaufs und der wirtschaftlichen Lage erfüllt sind, liegt im Ermessen der Unternehmensleitung. Die Unternehmensleitung kann somit in einem gewissen Rahmen über den Umfang der Berichterstattung entscheiden[155]. Diese Einschränkung des Grundsatzes der Vollständigkeit richtet sich nach dem Grundsatz der Wesentlichkeit[156].
Die Beurteilung der Wesentlichkeit hat die Geschäftsleitung an den Informationsbedürfnissen der Berichtsadressaten zu orientieren. Genauso wie ein Unterlassen von wesentlichen Informationen das Informationsinteresse der Berichtsadressaten nicht befriedigt, kann ein zu großer Um-

153 Vgl. Ellrott (1999), § 289 HGB, S. 1252, Rn. 7.
154 Vgl. Lück (1995), § 289 HGB, S. 2011, Rn. 18.
155 Vgl. ADS (1995), § 289 HGB, S. 196, Tz. 40.
156 Vgl. Ellrott (1999), § 289 HGB, S. 1252, Rn. 7; Claussen (1989), § 289 HGB, S. 616, Rn. 12; ADS (1995), § 289 HGB, S. 194, Tz. 36.

fang an unwesentlichen Angaben dazu führen, daß der Berichtsleser, anstatt informiert zu werden, verwirrt wird[157].
Entscheidend für die Berichterstattung ist die qualitative und quantitative Bedeutung des Sachverhalts für die wirtschaftlichen Verhältnisse der Kapitalgesellschaft[158]. Die Bedeutung des Sachverhalts schwankt mit der Größe, Struktur, Branche und insbesondere mit der wirtschaftlichen Lage der Gesellschaft[159]. So ist z.B. anzunehmen, daß das Interesse der Adressaten bei einem Bauunternehmen anderen Sachverhalten gilt als bei einem Unternehmen der Energiewirtschaft[160]. Eine umfangreichere Berichterstattung ist vor allem in Zeiten, in denen die allgemeine wirtschaftliche Lage angespannt ist, sowie in Krisenzeiten einer bestimmten Kapitalgesellschaft geboten[161].
Genau wie beim Jahresabschluß Posten der Aktivseite nicht mit Posten der Passivseite und Erträge nicht mit Aufwendungen verrechnet werden dürfen (§ 246 Abs. 2 HGB), verbietet der Grundsatz der Vollständigkeit ein Aufrechnen von negativen mit positiven Angaben bei der Berichterstattung[162].
Auch wenn der Gesetzgeber in § 289 HGB keine Schutzklausel aufgenommen hat, enthält die Berichterstattungspflicht eine Grenze, wenn berechtigte Interessen der AG einer Berichtspflicht entgegenstehen[163]. Insbesondere ist hierbei an Forschungs- und Entwicklungsvorhaben zu denken, die aus Konkurrenzgründen besser geheimzuhalten sind. Eine Berichterstattung darf nicht unterbleiben, weil die jeweiligen Tatsachen bereits durch andere Bekanntmachungen wie Presse, § 44 b BörsenG oder § 15 WpHG veröffentlicht wurden[164].
Der Grundsatz der Vollständigkeit sagt über die Art und Weise der Berichterstattung im Lagebericht nichts aus. Dies bedeutet, daß es dem Ermessen der Geschäftsleitung obliegt, die Berichterstattung anhand exakter Zahlenangaben, durch verbale Umschreibung, durch Verwendung von Kennzahlen oder mit Hilfe von Schaubildern vorzunehmen[165].

---

157 Vgl. Claussen (1989), § 289 HGB, S. 616, Rn. 12.
158 Vgl. Reittinger (1983), S. 37.
159 Vgl. Lück (1995), § 289 HGB, S. 2012, Rn. 19.
160 Vgl. Reittinger (1983), S. 37.
161 Vgl. Ellrott (1999), § 289 HGB, S. 1252, Rn. 7; Lück (1995), § 289 HGB, S. 2012, Rn. 19.
162 Vgl. Baetge/Fischer/Paskert (1989), S. 19.
163 Vgl. Claussen (1989), § 289 HGB, S. 616, Rn. 12.
164 Vgl. IDW (1998 a), S. 654, Rn. 11.
165 Vgl. Lück (1995), § 289 HGB, S. 2012, Rn. 21; Ellrott (1999), § 289 HGB, S. 1252, Rn. 7.

3.2.2. Grundsatz der Richtigkeit

Der Grundsatz der Richtigkeit oder Wahrheit spielt in der gesamten Rechnungslegung eine entscheidende Rolle[166]. Richtigkeit bedeutet, daß die Angaben mit der Realität übereinstimmen müssen. Nur bei richtiger Darstellung der Lage der Gesellschaft kann das den tatsächlichen Verhältnissen entsprechende Bild vermittelt werden, und nur hieran können die Berichtsadressaten ein Interesse haben.

Objektiv falsche Angaben, die im einzelnen oder als Gesamtheit dazu führen, daß kein zutreffendes Bild entsteht, dürfen nicht gemacht werden[167]. Dies gilt auch dann, wenn sich das Unternehmen in der Krise befindet. In Krisensituationen kann eine negative Angabe zusätzlich zur Schwächung der Gesellschaft beitragen und so dem Interesse der Gesellschaft bzw. dem Interesse aktueller Gesellschafter und Gläubiger entgegenlaufen[168]. Trotzdem erfordert der Grundsatz der Richtigkeit die Angabe negativer Sachverhalte. Im Gegensatz zu den aktuellen Gesellschaftern und Gläubigern werden potentielle Gesellschafter und Gläubiger an derartigen Angaben ein besonderes Interesse haben.

Wenn es möglich ist, ist die Darstellung der Lage an objektiven Kriterien vorzunehmen. Dies wird als Grundsatz der Objektivität bezeichnet[169]. Objektive Kriterien ermöglichen intersubjektive Nachprüfbarkeit. Aufgrund der Nachprüfbarkeit ist es nicht möglich, Tatsachen zu verfälschen oder zu unterdrücken, um einen günstigeren Eindruck von der Lage der Gesellschaft zu vermitteln[170]. Die Einhaltung des Grundsatzes der Richtigkeit läßt sich wegen der Objektivität bei Verlaufs- und Zustandsangaben gut umsetzen.

Schwieriger ist die Beurteilung der Richtigkeit bei der Berichterstattung über Angaben, für deren Richtigkeit es keine objektiven Kriterien gibt. Hierzu zählen Beurteilungen, Wertungen oder Prognosen über die voraussichtliche Entwicklung der Gesellschaft seitens der Unternehmensleitung. Solche Angaben beinhalten eine subjektive Komponente, die die Gefahr unrichtiger Angaben in sich bergen[171]. Unrichtige Angaben müssen nicht unbedingt in der Absicht geschehen, die Lage der Gesellschaft

166 Vgl. Lück (1995), § 289 HGB, S. 2011, Rn. 15.
167 Vgl. Ellrott (1999), § 289 HGB, S. 1252, Rn. 8.
168 Vgl. Lück (1995), § 289 HGB, S. 2011, Rn. 16.
169 Vgl. Baetge/Fischer/Paskert (1989), S. 17.
170 Vgl. ADS (1995), § 289 HGB, S. 197, Tz. 43.
171 Unrichtige Angaben können beispielsweise dann im Interesse der Geschäftsleitung liegen, wenn hierdurch eigenes Unvermögen oder Fehlverhalten verdeckt wird, das ansonsten erst in weiter Zukunft ans Licht kommt.

besser darzustellen, als sie ist. Die subjektive Einschätzung gewisser Sachverhalte kann auch deshalb falsch sein, weil eine gewisse Blindheit für die Situation eingetreten ist. Um die subjektive Komponente nicht zu einer Art Willkürfreiheit ausufern zu lassen, müssen derartige Angaben auf plausiblen Annahmen basieren[172]. Dies bezeichnet man auch als Grundsatz der Willkürfreiheit[173]. Die Annahmen sind plausibel, wenn sie intern dokumentiert werden und nicht im Widerspruch zu anderen Unterlagen der Gesellschaft oder zu allgemein bekannten Tatsachen stehen[174]. Angaben über Prognosen oder Wertungen müssen entweder das Ergebnis logisch hergeleiteter Schlußfolgerungen sein oder auf Erfahrungswissen basieren[175]. Sie dürfen nicht das Ergebnis von Hoffnungen oder Wunschvorstellungen sein[176]. Beurteilungen müssen mit der Überzeugung der Unternehmensleitung übereinstimmen[177].
Bei Angaben, die nicht an objektiven Kriterien meßbar sind, hat die Unternehmensleitung mit der Sorgfalt eines gewissenhaften und ordentlichen Geschäftsführers[178] für die Willkürfreiheit der Angaben zu sorgen.

3.2.3. Grundsatz der Klarheit

Die dritte grundlegende Anforderung an die Berichterstattung ist der Grundsatz der Klarheit. Trotz richtiger und vollständiger Berichterstattung kann bei Verletzung des Grundsatzes der Klarheit ein falscher Eindruck von der Lage der Gesellschaft entstehen[179].
Der Grundsatz der Klarheit und Übersichtlichkeit läßt sich in mehrere Teilforderungen zerlegen.
Erstens muß die Berichterstattung verständlich sein. Verständlichkeit bedeutet, daß der Lagebericht am Wissensstand und an der Aufnahmefähigkeit der Adressaten ausgerichtet sein muß[180]. Maßstab hierfür ist nicht

---

172 Vgl. ADS (1995), § 289 HGB, S. 197, Tz. 43.
173 Vgl. Baetge/Fischer/Paskert (1989), S. 17.
174 Vgl. ADS (1995), § 289 HGB, S. 197, Tz. 43.
175 Vgl. Ellrott (1999), § 289 HGB, S. 1253, Rn. 8.
176 Vgl. ADS (1995), § 289 HGB, S. 197, Tz. 43.
177 Vgl. Claussen (1989), § 289 HGB, S. 615, Rn. 10; Ellrott (1999), § 289 HGB, S. 1253, Rn. 8.
178 Die Sorgfalt eines gewissenhaften und ordentlichen Geschäftsführers ist diejenige, mit der ein ordentlicher und gewissenhafter Mann geschäftliche Unternehmen der betreffenden Art für eigene Rechnung zu tun pflegt. Vgl. Wilhelmi (1971), § 93 AktG, S. 496, Anm. 4.
179 Vgl. Ellrott (1999), § 289 HGB, S. 1253, Rn. 9.
180 Vgl. Moxter (1986 a), S. 107.

ein akademisch vorgebildeter Wirtschaftsfachmann, sondern eine mit normalem Verstand und durchschnittlicher Bildung ausgestattete Person. Darüber hinaus ist eine natürliche Sprache, eine klare, eindeutige Ausdrucksweise und eine Beschränkung im Gebrauch von Fremdwörtern notwendig[181]. Um die Verständlichkeit zu erhöhen, sollten die Ausführungen durch Schaubilder oder Übersichten ergänzt werden.

Zweitens muß die Berichterstattung genau sein. Genauigkeit verlangt Formulierungen, die den angesprochenen Sachverhalt eindeutig beurteilen lassen und keine mehrdeutigen Interpretationen zulassen[182]. Dies bedeutet auch, daß eindeutige Angaben nicht an anderer Stelle wieder aufgehoben oder relativiert werden. Die Berichterstattung muß in sich geschlossen sein. Durch die Formulierung oder den Umfang der Angabe darf die tatsächliche Bedeutung nicht verschleiert oder verharmlost werden[183].

Drittens muß die Berichterstattung übersichtlich sein. Übersichtlichkeit bedeutet, daß die Berichterstattung logisch aufgebaut und strukturiert sein muß. Hierzu sind sinnvolle Gruppierungen, deutliche Abgrenzungen verschiedener Posten, markante Überschriften sowie die Hervorhebung bedeutsamer Sachverhalte vorzunehmen. Die Angaben des Lageberichts sollten unter der expliziten Bezeichnung „Lagebericht" ausgewiesen werden[184]. Des weiteren sind die vom Gesetzgeber geforderten Pflichtangaben deutlich von den freiwilligen Angaben zu trennen[185]. Auf eine werbewirksame Aufmachung und Darstellung der Sachverhalte sollte im Lagebericht verzichtet werden, da hierdurch das eigentliche Ziel der Berichterstattung verwässert werden kann[186].

Viertens muß die Berichterstattung vergleichbar sein. Vergleichbarkeit muß in zweierlei Hinsicht erfüllt sein. Zum einen muß ein zwischenbetrieblicher Vergleich möglich sein. Hierzu sollten einheitliche Kennzahlen verwendet werden[187]. Zum anderen muß ein innerbetrieblicher Vergleich über mehrere Jahre hinweg möglich sein. Für den Lagebericht gilt somit

181 Vgl. Ellrott (1999), § 289 HGB, S. 1253, Rn. 9.

182 Vgl. Moxter (1976), S. 93.

183 Vgl. Ellrott (1999), § 289 HGB, S. 1253, Rn. 9.

184 Vgl. Baetge/Fischer/Paskert (1989), S. 20.

185 Vgl. Claussen (1989), § 289 HGB, S. 616, Rn. 11.

186 Vgl. ADS (1995), § 289 HGB, S. 196, Tz. 42; Ellrott (1999), § 289 HGB, S. 1253, Rn. 9.

187 Vgl. z.B. die Empfehlungen des Arbeitskreises „Externe Unternehmensrechnung" der Schmalenbach-Gesellschaft (1996), S. 1989 ff.

ebenfalls der Grundsatz der Stetigkeit. Zur Erfüllung des Grundsatzes der Vergleichbarkeit müssen die Gliederung, der Gebrauch von Begriffen und die Darstellungsform beibehalten werden[188].

---

188 Vgl. Reittinger (1983), S. 42.

4. Kapitel: Prüfung des Lageberichts

1. Allgemeines

1.1. Begriff

Die „Prüfung" oder „Revision" ist wie die „Kontrolle" ein Unterbegriff der Überwachung. Überwachung bezeichnet einen mehrstufigen, von einer natürlichen Person durchzuführenden Informations- und Entscheidungsprozeß, bei dem ein Urteil darüber abgegeben werden soll, ob Zustände einer Norm entsprechen oder Vorgänge normgerecht durchgeführt werden[189]. Der Unterschied der Prüfung zur Kontrolle liegt darin, daß die Prüfung von prozeßunabhängigen Personen vorgenommen wird, während die Kontrolle von prozeßabhängigen Personen durchgeführt wird[190]. Je nachdem ob die Prüfung von betriebszugehörigen oder betriebsfremden Personen durchgeführt wird, spricht man von interner oder externer Prüfung[191].

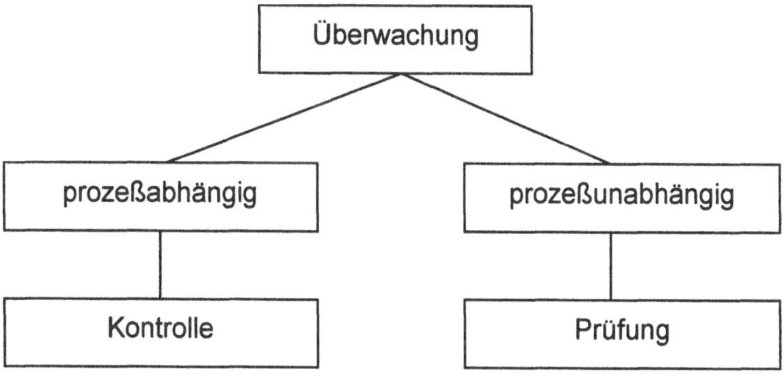

Abbildung 1: Überwachung

189 Vgl. z.B. Egner (1992), S. 541.
190 Vgl. v.Wysocki (1988), S. 6 f.
191 Vgl. Lück (1998), S. 612.

Jeder Überwachungsprozeß läßt sich in die folgenden Teilprozesse aufspalten[192]:

1.) Feststellung der Ist-Merkmalsausprägung des Prüfungsobjektes,
2.) Feststellung der aus Normen abgeleiteten Soll-Merkmalsausprägung des Prüfungsobjektes,
3.) Vergleich der Ist- mit der Soll-Merkmalsausprägung des Prüfungsobjektes,
4.) Beurteilung der Schwere und Tolerierbarkeit der eventuell festgestellten Abweichung zwischen der Ist- und der Soll-Merkmalsausprägung,
5.) Mitteilung des Prüfungsergebnisses an den Auftraggeber der Prüfung.

Bezogen auf die Prüfung der Rechnungslegung, d.h. auf die Prüfung von Jahresabschluß und Lagebericht (Prüfungsobjekt), bedeutet dies:

1.) Aushändigung des von den gesetzlichen Vertretern der Gesellschaft aufgestellten Prüfungsobjekts an den Abschlußprüfer,
2.) eigene Konstruktion von Jahresabschluß und Lagebericht durch den Abschlußprüfer[193],
3.) Vergleich der von den gesetzlichen Vertretern ausgehändigten Aufstellung mit der „eigenen" Aufstellung,
4.) Beurteilung der Schwere und Tolerierbarkeit der eventuell festgestellten Abweichungen zwischen dem von den gesetzlichen Vertretern aufgestellten Prüfungsobjekt und der „eigenen" Aufstellung des Abschlußprüfers,
5.) Verfassung des Prüfungsberichts sowie eines uneingeschränkten Bestätigungsvermerks, eines eingeschränkten Bestätigungsvermerks oder eines Versagungsvermerks und Übergabe an den Auftraggeber.

1.2. Zweck der Rechnungslegungsprüfung

Die handelsrechtliche Rechnungslegung (Jahresabschluß und Lagebericht) beinhaltet mehrere Funktionen: Dokumentationsfunktion, Rechen-

---

192 Vgl. v.Wysocki (1988), S. 1 f.

193 Punkt 2 ist die Haupttätigkeit des Abschlußprüfers. Die „eigene" Konstruktion soll bedeuten, daß der Abschlußprüfer die Bilanzierung und Bewertung der Jahresabschlußpositionen bzw. des Lageberichtsinhalts nach den gesetzlichen Normen selbst vornimmt. Aus Zeitgründen ist es ihm nicht möglich, alles nachzuvollziehen. Deshalb muß er Prüfungsschwerpunkte setzen.

schaftsfunktion, Sicherungsfunktion, Beweisfunktion, Informationsfunktion[194].
Zur Sicherung dieser Funktionen muß die Richtigkeit der von den gesetzlichen Vertretern der Gesellschaft mittels der handelsrechtlichen Rechnungslegung gegebenen Informationen sicher gestellt sein. Andernfalls wären die bereitgestellten Informationen wertlos, da die Informationen durch Nicht- bzw. Falschanwendung der gesetzlichen Vorschriften schöngefärbt (Bilanzmanipulation) oder falsch sein könnten (Bilanzfälschung)[195]. Die Richtigkeit läßt sich am besten mit Hilfe einer objektiven Prüfung durch einen unabhängigen Dritten gewährleisten[196].

Der Zweck der Rechnungslegung ist der Kapitalgeberschutz[197]. Mittels der Rechnungslegung soll den Kapitalgebern ein Schutz durch die Ermittlung eines ausschüttungsfähigen Gewinns und durch die Vermittlung entscheidungsrelevanter Informationen gewährt werden.
Auch die Prüfung der Rechnungslegung leistet hierzu einen Beitrag. Durch die Prüfung werden zwar keine neuen Informationen zur Verfügung gestellt, es wird aber ein Urteil über die Richtigkeit der durch die Rechnungslegung bereitgestellten Informationen abgegeben. Die Informationen, die durch die Rechnungslegung gegeben werden, werden somit zuverlässiger; sie erhalten einen Wert. Die Prüfung verifiziert die entscheidungsrelevanten Informationen der Rechnungslegung. Da durch die Prüfung aber keine neuen Informationen bereitgestellt werden, muß der Zweck der Prüfung der Rechnungslegung mit dem Zweck der Rechnungslegung übereinstimmen. Auch die Prüfung hat somit als obersten Zweck den Schutz der Kapitalgeber. Dies geschieht durch die Abgabe eines Urteils über die Richtigkeit der durch die Rechnungslegung bereitgestellten Informationen.

Was als richtig festgestellt werden soll, ergibt sich aus der Beschreibung von Gegenstand und Umfang der Prüfung. Dies ist in § 317 HGB geregelt.

---

194 Vgl. Kap. 3, Glp. 1.2.2.2.

195 Man kann davon ausgehen, daß die Manager im allgemeinen ein Interesse daran haben dürften, die Situation des Unternehmens so günstig wie möglich darzustellen, zumindest aber ungünstige Informationen so weit wie möglich zu unterdrücken. Vgl. Ewert (1990), S. 338.

196 Vgl. Lück (1999), S. 2.

197 Vgl. Kap. 3, Glp. 1.2.2.

Die Prüfung des Jahresabschlusses erstreckt sich darauf, ob die gesetzlichen Vorschriften und die sie ergänzenden Bestimmungen des Gesellschaftsvertrags und der Satzung beachtet worden sind (§ 317 Abs. 1, Satz 2 HGB).
Der Lagebericht ist gemäß § 317 Abs. 2, Satz 1 HGB darauf zu prüfen, ob er mit dem Jahresabschluß sowie mit den bei der Prüfung gewonnenen Erkenntnissen des Abschlußprüfers in Einklang steht und ob er insgesamt eine zutreffende Vorstellung von der Lage des Unternehmens vermittelt. Dabei ist auch zu prüfen, ob die Risiken der künftigen Entwicklung zutreffend dargestellt sind (§ 317 Abs. 2, Satz 2 HGB).
Außerdem hat der Abschlußprüfer gemäß § 317 Abs. 3 HGB die im Konzernabschluß zusammengefaßten Jahresabschlüsse, insbesondere die konsolidierungsbedingten Anpassungen, in entsprechender Anwendung des Absatzes 1 zu prüfen.
Ferner ist gemäß § 317 Abs. 4 HGB bei Aktiengesellschaften, die Aktien mit amtlicher Notierung ausgegeben haben, im Rahmen der Prüfung zu beurteilen, ob der Vorstand die ihm nach § 91 Abs. 2 AktG obliegenden Maßnahmen (Einrichtung eines Überwachungssystems) in einer geeigneten Form getroffen hat und ob diese Maßnahmen ihren Zweck erfüllen.

Der Prüfungszweck liegt somit darin, die Richtigkeit des Jahresabschlusses hinsichtlich seiner Gesetz-, Satzungs- und Ordnungsmäßigkeit festzustellen und die Richtigkeit des Lageberichts dahingehend zu prüfen, ob er eine zutreffende Vorstellung von der Lage der Gesellschaft vermittelt.
Der Zweck der Abschlußprüfung liegt ausdrücklich nicht darin, eine Gewähr für die zukünftige Lebensfähigkeit des Unternehmens zu geben oder eine Beurteilung der Effektivität und Wirtschaftlichkeit der Geschäftsführung vorzunehmen[198].

1.3. Prüfungspflichtige Unternehmen

Zur Sicherung der Richtigkeit der Rechnungslegung hat der Gesetzgeber für bestimmte Unternehmen eine Pflichtprüfung der Rechnungslegung vorgeschrieben[199].

---

198 Vgl. IDW (2000 a), S. 283, Rn. 15.

199 Neben gesetzlich vorgeschriebenen Prüfungen gibt es noch gesetzlich vorgesehene, vertraglich ausbedungene und freie Prüfungen. Im Gegensatz zu gesetzlich vorgeschriebenen Prüfungen existiert bei diesen Prüfungsarten keine Prüfungspflicht. Vgl. zu diesen Prüfungsarten v.Wysocki (1988), S. 46 ff.

Die Prüfung der handelsrechtlichen Rechnungslegung von Kapitalgesellschaften ist in den §§ 316 bis 324 HGB geregelt. § 316 HGB bestimmt den Kreis der prüfungspflichtigen Kapitalgesellschaften sowie wesentliche Prüfungsgegenstände. Konkretisierungen zu Gegenstand und Umfang der Prüfung ergeben sich aus § 317 HGB.
Gemäß § 316 Abs. 1, Satz 1 HGB sind der Jahresabschluß und der Lagebericht von Kapitalgesellschaften, die nicht kleine im Sinne des § 267 Abs. 1 HGB sind, durch einen Abschlußprüfer zu prüfen[200]. Die Prüfungspflicht nach HGB knüpft demnach grundsätzlich an zwei Merkmale an:

1.) an die Rechtsform der Gesellschaft und
2.) an die Größe der Gesellschaft.

Gesellschaften, die zwar nicht die Größenmerkmale des § 267 Abs. 1 HGB überschreiten, gelten gemäß § 267 Abs. 3, Satz 2 HGB trotzdem als groß und sind somit prüfungspflichtig, wenn Aktien oder andere von ihnen ausgegebene Wertpapiere an einer Börse in einem Mitgliedstaat der Europäischen Wirtschaftsgemeinschaft zum amtlichen Handel oder zum geregelten Markt zugelassen sind oder deren Zulassung beantragt ist.
Bei Kapitalgesellschaften liegt der Grund für die Pflichtprüfung in der Anonymität der Gesellschaftsform und in der breiten Streuung der Gesellschaftsanteile. Die Anonymität und breite Streuung der Gesellschaftsanteile führt dazu, daß einzelnen Gesellschaftern oder Gläubigern ein individuelles Überwachungsrecht nicht in jedem Fall eingeräumt werden kann[201]. Die Pflichtprüfung ersetzt das individuelle Überwachungsrecht und gewährt auf diese Weise den Aktionären und Gläubigern einen besonderen Schutz. Ferner handelt es sich bei Kapitalgesellschaften regelmäßig um Unternehmen, die ein relativ großes Gewicht in der Gesamtwirtschaft einnehmen, womit ebenfalls die Prüfungspflicht begründet wird.

Des weiteren gibt es eine gesetzlich vorgeschriebene Prüfungspflicht für Unternehmen bestimmter Wirtschaftszweige (Kreditinstitute, Versicherungsgesellschaften, Versorgungswirtschaft). Die Prüfungspflicht für diese Unternehmen ergibt sich über § 316 HGB hinaus aus Spezialvorschriften für die jeweilige Branche. Die Prüfungspflicht für Kreditinstitute ist in § 340 k HGB, die Prüfungspflicht für Versicherungsunternehmen in

---

200 Zur Abgrenzung vgl. Kap. 3, Glp. 1.1.
201 Vgl. v.Wysocki (1988), S. 28; Lück (1999), S. 5.

§ 341 k HGB geregelt. In beiden Fällen wird, mit Ausnahme des § 319 Abs. 1, Satz 2 HGB, auf die §§ 316 bis 324 HGB verwiesen. Für Kreditinstitute und Versicherungsunternehmen ist die Prüfungspflicht unabhängig von der Rechtsform und der Größe des Unternehmens.
Die Prüfungspflicht wird durch die Schlüsselstellung begründet, die sie innerhalb der Gesamtwirtschaft einnehmen[202].

Darüber hinaus sind Prüfungen für bestimmte andere Unternehmen, die keine Kapitalgesellschaften sind, auch nach anderen Gesetzen als dem HGB gefordert. Zum Teil wird allerdings auf die Prüfungsvorschriften des HGB verwiesen. Hierzu zählen z.B. die Gesellschaften, die unter das PublG fallen. Gemäß § 6 Abs. 1 PublG gelten für sie im wesentlichen die §§ 316 ff. HGB.
Die Prüfungspflicht für Großunternehmen wird wie bei den Kapitalgesellschaften mit dem relativen Gewicht, welches sie innerhalb der Gesamtwirtschaft einnehmen, begründet. Dies scheint eine besondere Überwachung zu rechtfertigen[203].

Die Prüfungspflicht für Genossenschaften ist in §§ 53 bis 64 c GenG geregelt. Gemäß § 53 Abs. 1, Satz 1 GenG sind zwecks Feststellung der wirtschaftlichen Verhältnisse und der Ordnungsmäßigkeit der Geschäftsführung die Einrichtungen, die Vermögenslage sowie die Geschäftsführung der Genossenschaft einschließlich der Führung der Mitgliederliste mindestens in jedem zweiten Geschäftsjahr zu prüfen. Übersteigt die Bilanzsumme einer Genossenschaft zwei Millionen Euro, muß die Prüfung in jedem Geschäftsjahr stattfinden (§ 53 Abs. 1, Satz 2 GenG). Prüfungsgegenstand ist gemäß § 53 Abs. 2, Satz 1 GenG der Jahresabschluß unter Einbeziehung der Buchführung und des Lageberichts. § 53 Abs. 2, Satz 2 GenG verweist auf die entsprechende Anwendung der Prüfungsvorschriften der §§ 316 Abs. 3, 317 Abs. 1, Satz 2 und 3 sowie Abs. 2 HGB.
Die Prüfungspflicht für Genossenschaften wird mit sozialpolitischen Aspekten begründet. Die öffentliche Hand ist bei Genossenschaften an soliden wirtschaftlichen Verhältnissen sowie an der Ordnungsmäßigkeit der Geschäftsführung dieser Unternehmen interessiert[204].

---

202 Vgl. v.Wysocki (1988), S. 28; Lück (1999), S. 5.
203 Vgl. v.Wysocki (1988), S. 30; Lück (1999), S. 5.
204 Vgl. v.Wysocki (1988), S. 30; Lück (1999), S. 5.

Die Abschlußprüfung ist gemäß § 316 Abs. 1, Satz 2 HGB zwingende Voraussetzung für die Feststellung des Jahresabschlusses. Obwohl der Lagebericht dem zur Feststellung zuständigen Organ[205] stets zusammen mit dem Jahresabschluß vorgelegt wird, braucht er nicht festgestellt werden[206].

1.4. Prüfungsberechtigte Personen

Zur Durchführung von Abschlußprüfungen, insbesondere der Jahresabschlußprüfung, sind nur Wirtschaftsprüfer (WP) und Wirtschaftsprüfungsgesellschaften (WPG) sowie vereidigte Buchprüfer (vBP) und Buchprüfungsgesellschaften (BPG) berechtigt (§ 319 Abs. 1 HGB). Vereidigte Buchprüfer und Buchprüfungsgesellschaften sind gemäß § 319 Abs. 1, Satz 2 HGB nur zur Prüfung mittelgroßer GmbH berechtigt. Die Vielfalt der Berufsaufgaben sowie das durch die Öffentlichkeit in den WP gesetzte Vertrauen verlangen eine sorgfältige Auslese der Berufszugänger sowie eine ständige Überwachung der Berufsangehörigen auf berufswürdiges Verhalten[207]. Der Zugang zum Beruf des WP ist an das Bestehen des WP-Examens gebunden. Die Zulassung zum WP-Examen hängt von persönlichen und fachlichen Voraussetzungen des Bewerbers ab. Die Voraussetzungen ergeben sich aus der WPO[208].

2. Historische Entwicklung der Prüfungspflicht unter besonderer Berücksichtigung der Prüfung des Lageberichts

Bis zum Jahr 1931 gab es in Deutschland keine gesetzliche Prüfungspflicht für Kapitalgesellschaften. Hierzu kam es erst nach dem Zusammenbruch großer deutscher Kapitalgesellschaften[209]. Durch die erste Notverordnung[210] des Reichspräsidenten am 19. September 1931 wur-

---

205 Im Normalfall vollzieht sich die Feststellung durch Billigung durch den Aufsichtsrat (§ 172 Abs. 1, Satz 1 AktG). Billigt der Aufsichtsrat den Jahresabschluß nicht, bleibt nur noch die Möglichkeit, daß die Hauptversammlung den Jahresabschluß feststellt (§ 173 Abs. 1 AktG).

206 Die Feststellung kann unterbleiben, da an den Lagebericht keine unmittelbaren Rechtsfolgen wie Gewinnansprüche anknüpfen. Vgl. ADS (1995), § 289 HGB, S. 199, Tz. 51.

207 Im folgenden werden nur die Regelungen für den WP dargestellt.

208 Vgl. §§ 8 ff. WPO.

209 Vgl. Hönle (1978), S. 21.

210 Die Notverordnung schrieb neben der gesetzlichen Abschlußprüfung vor allem ein Gliederungsschema für die Bilanz und GuV vor.

den der AG und der KGaA die Pflicht zur jährlichen Prüfung des Jahresabschlusses unter Einbeziehung der zugrunde liegenden Buchführung und des Geschäftsberichts auferlegt (§ 262 a HGB a.F.).
Unrühmlicher Höhepunkt in dieser Zeit war der Zusammenbruch der „Nordwolle", deren Verluste am 10. Juni 1931 bekannt wurden. Der Zusammenbruch der Nordwolle bedeutete zugleich das Ende für eine der damaligen Großbanken, die Danat-Bank (Darmstädter- und Nationalbank). Sie schloß am 13. Juli 1931[211]. Bilanzverschleierungen, Bilanztäuschungen und Bilanzfälschungen waren den Zusammenbrüchen vorangegangen.
Ohne die Zusammenbrüche der Gesellschaften wäre es vermutlich nicht so schnell zur aktienrechtlichen Pflichtprüfung gekommen. Prüfungen wurden zu jener Zeit als Kränkung der Kaufmannsehre angesehen. So opponierte die Bremer Kaufmannschaft sogar dann noch gegen eine Prüfung der Nordwolle, als bereits bekannt war, daß die Bilanzen der Nordwolle gefälscht waren[212].
Parallel mit der Einführung der aktienrechtlichen Abschlußprüfung in Deutschland wurde 1931 auch der Personenkreis festgelegt, dem man diese schwierige Aufgabe anvertraute. Die Institution des öffentlich bestellten Wirtschaftsprüfers wurde geschaffen. Zu diesem Zeitpunkt gab es bereits den Berufsstand des vereidigten Buchprüfers, welcher Prüfungen ausführte. Dieser schien dem Gesetzgeber aber nicht ausreichend qualifiziert, die aktienrechtliche Jahresabschlußprüfung zu bewältigen[213]. So ist zumindest die Einführung der neuen Institution des Wirtschaftsprüfers zu erklären.

Obwohl die erste Notverordnung eindeutig eine Pflichtprüfung vorsah, herrschte Unsicherheit in der Frage, wie verpflichtend die vorgeschriebene Abschlußprüfung ist. So konnte der Pflichtprüfung anfangs ausgewichen werden, wenn Vorstand, Aufsichtsrat und Hauptversammlung damit einverstanden waren[214]. Abschließend wurde die Frage erst mit dem Aktiengesetz vom 30. Januar 1937 geklärt. Gemäß § 135 Abs. 1, Satz 2 AktG 1937 war der Jahresabschluß nichtig, wenn die Pflichtprüfung unterlassen wurde.

---

211 Vgl. Brönner (1992), S. 670; Leffson (1991), S. 4.
212 Vgl. Leffson (1991), S. 5.
213 Vgl. Leffson (1991), S. 5.
214 Vgl. ADS (1957), § 135 AktG, S. 476, Tz. 1.

Die Prüfung des Jahresabschlusses hatte, wie auch schon § 262 a HGB a.F. vorschrieb, unter Einbeziehung der Buchführung und des Geschäftsberichts[215] zu erfolgen. Der Prüfungsumfang des Geschäftsberichts wurde durch § 135 Abs. 1, Satz 1 AktG 1937 dahingehend eingeschränkt, daß die Pflicht zur Prüfung nur für denjenigen Teil des Geschäftsberichts vorgeschrieben wurde, der den Jahresabschluß erläuterte. Einer Prüfungspflicht unterlag demnach nur der Erläuterungsbericht, nicht hingegen der Lagebericht[216].
Am Grundsatz, daß die jährliche Pflichtprüfung nur von öffentlich bestellten Wirtschaftsprüfern und Wirtschaftsprüfungsgesellschaften durchgeführt werden durfte (§ 137 AktG 1937), wurde festgehalten.

Das Aktiengesetz 1965 veränderte die bewährten Bestimmungen über die Pflichtprüfung nicht wesentlich. Neu war vor allem die genauere Trennung zwischen der Frage, was (Gegenstand der Prüfung, § 162 Abs. 1 AktG) zu prüfen ist und der Frage worauf (Umfang der Prüfung, § 162 Abs. 2 AktG) zu prüfen ist[217]. Außerdem wurde der Aktionärsschutz stärker betont, woraus neue Aufgaben für den Abschlußprüfer resultierten[218].
Die Prüfungsvorschrift (§ 162 Abs. 2, Satz 2 AktG) für den Geschäftsbericht wurde erweitert. Für die Prüfung galten allerdings weiterhin unterschiedliche Maßstäbe. Die Prüfung des Lageberichts erschien aufgrund der Gesetzeskonstruktion wie ein Anhängsel an die Prüfung des Erläuterungsberichts. Der Erläuterungsbericht war darauf zu prüfen, ob er dem Gesetz entspricht (§ 162 Abs. 2, Satz 2 AktG verweist auf § 160 Abs. 2 bis 5 AktG). Beim Lagebericht hingegen war nur zu prüfen, ob die sonstigen Angaben nicht eine falsche Vorstellung von der Lage der Gesellschaft erwecken. In der Begründung zum Regierungsentwurf des Aktiengesetzes 1965 wurde dem Abschlußprüfer unterstellt, daß eine „Prüfung in allen Einzelheiten ... die Abschlußprüfer überfordern" würde[219].

---

215 Der Geschäftsbericht bestand damals aus zwei Teilen, dem Bericht über den Geschäftsverlauf und die Lage der Gesellschaft (dem heutigen Lagebericht) und dem Erläuterungsbericht (dem heutigen Anhang).
216 Vgl. Godin/Wilhelmi (1937), § 135 AktG, S. 463, Anm. 2.
217 Vgl. Kropff (1973), § 162 AktG, S. 385, Rn. 1.
218 Die Bewertungsnormen nach AktG 1965 sind zwar weiterhin vom Prinzip der Vorsicht geprägt und schützen damit vor allem die Gläubiger. Zusätzlich trugen sie nun aber auch durch eine Begrenzung der Bewertungsfreiheit nach unten zum Aktionärsschutz bei. Vgl. Forster (1964), S. 422 ff.
219 Kropff (1965), S. 265.

Der Kreis der prüfungspflichtigen Gesellschaften wurde 1969 durch das PublG erweitert[220]. Es verpflichtete bestimmte Großunternehmen, die nicht schon aufgrund rechtsformspezifischer Vorschriften prüfungspflichtig waren, zur Pflichtprüfung. Von der Prüfungspflicht nach dem PublG waren vor allem die GmbH und Personenhandelsgesellschaften betroffen.

Mit Umsetzung der 4. EG-Richtlinie in deutsches Recht durch das BiRiLiG vom 19. Dezember 1985[221] wurden die bis dahin rechtsformabhängigen Prüfungsvorschriften für alle Kapitalgesellschaften, also nicht nur für die AG und die KGaA, sondern auch für die GmbH in den §§ 316 bis 324 HGB einheitlich zusammengefaßt. Mit dieser Zusammenfassung wurden die Rechtsvereinheitlichung vorangetrieben und Verweise auf Spezialgesetze und Mehrfachregelungen vermieden[222]. Der deutsche Gesetzgeber hat dabei von der Möglichkeit Gebrauch gemacht, kleine Kapitalgesellschaften von der Pflichtprüfung zu befreien. Durch diese Regelung entfiel für kleine AG, deren Prüfungspflicht bislang rechtsformabhängig geregelt war, die Verpflichtung zur Prüfung.
Der Lagebericht ist mit Umsetzung der 4. EG-Richtlinie ein eigenständiger Teil der Rechnungslegung geworden; er ist insbesondere unabhängig vom Erläuterungsbericht geworden. Die Prüfung des Lageberichts wurde nun nach § 317 Abs. 1, Satz 3 HGB explizit verlangt. Seitdem war der Lagebericht darauf zu prüfen, ob er mit dem Jahresabschluß in Einklang steht und ob die sonstigen Angaben keine falsche Vorstellung von der Lage des Unternehmens erwecken. Der Prüfung des Lageberichts wurde somit durch das BiRiLiG eine größere Bedeutung zuteil.

Die letzte Änderung der Bestimmungen der gesetzlichen Abschlußprüfung erfolgte durch das KonTraG vom 27. April 1998[223]. Durch das KonTraG wurden Gegenstand und Umfang der Abschlußprüfung neu bestimmt, der Inhalt des Prüfungsberichts neu geregelt und die Bestimmungen des Bestätigungsvermerks neu gefaßt.
Die Prüfung des Lageberichts wurde in § 317 Abs. 2 HGB völlig neu geregelt. Die Prüfung auf Einklang wurde um den Teilsatz erweitert, ob der Lagebericht auch „mit den bei der Prüfung gewonnen Erkenntnissen des

---

220 Vgl. BGBl. I (1969), S. 1189.
221 Vgl. BGBl. I (1985), S. 2355.
222 Vgl. Claussen (1989), § 316 HGB, S. 628, Rn. 1.
223 Vgl. BGBl. I (1998), S. 786 ff.

Abschlußprüfers“ in Einklang steht. Die Negativfeststellung, ob „die sonstigen Angaben im Lagebericht nicht eine falsche Vorstellung von der Lage des Unternehmens erwecken“, wurde positiv formuliert. Der Lagebericht ist nun darauf zu prüfen, ob er „insgesamt eine zutreffende Vorstellung von der Lage des Unternehmens vermittelt“. Als dritte Neuerung und Pendant zur Neuschaffung des Risikoberichts verlangt die Prüfungsvorschrift explizit die Prüfung, ob „die Risiken der künftigen Entwicklung zutreffend dargestellt sind“. Durch das KonTraG wurde die Prüfungspflicht des Lageberichts somit sowohl vom Umfang als auch von der Prüfungsintensität erheblich ausgeweitet.

3. Grundsätze ordnungsmäßiger Abschlußprüfung

Die Abschlußprüfung stellt einen Sonderfall der Prüfung dar. Deshalb sind die „Grundsätze ordnungsmäßiger Abschlußprüfung“ (GoA) ein Unterfall der „Grundsätze ordnungsmäßiger Prüfung“ bzw. „Grundsätze ordnungsmäßiger Wirtschaftsprüfung“ (GoW). Während die GoW allgemeine Prüfungs- und Begutachtungsgrundsätze vorgeben, sind die GoA Grundsätze, die speziell Abschlußprüfungen betreffen[224]. Nach Rückle bezeichnen GoA ein „System überindividueller Normen, die das Verhalten von Abschlußprüfern steuern sollen“[225]. Sie sind demnach eine Art Handlungsanweisung, die ein bestimmtes Prüf-Verhalten oder zumindest Mindest-Standards vorgeben.

Im Gegensatz zu den Grundsätzen ordnungsmäßiger Buchführung sind die Grundsätze ordnungsmäßiger Abschlußprüfung an keiner Stelle im Gesetz erwähnt. Der Gesetzgeber hat den Vorschlag, den Begriff ins AktG 1965 aufzunehmen, sogar ausdrücklich abgelehnt[226]. Trotz dieser unterschiedlichen gesetzlichen Behandlung besteht zwischen GoB und GoA hinsichtlich ihrer Rechtsnatur und Rechtsgeltung kein Unterschied[227]. Beide Grundsätze sind Auslegungsregeln für unbestimmte Rechtsbegriffe[228].

Da das HGB zwar Gegenstand und Umfang der Abschlußprüfung benennt, aber nichts über die Durchführung der Abschlußprüfung sagt, muß

224 Vgl. Leffson (1991), S. 101.
225 Rückle (1992), Sp. 752.
226 Vgl. Rückle (1996), S. 115.
227 Vgl. Leffson (1991), S. 101.
228 Zum Begriff der unbestimmten Rechtsbegriffe vgl. Tipke (1986), S. 1 ff.

der Abschlußprüfer Art und Umfang der Abschlußprüfung selbst bestimmen. Die grundsätzliche Eigenverantwortlichkeit des Abschlußprüfers für die Bestimmung von Art und Umfang der Abschlußprüfung ist notwendig, da ihm andernfalls der Spielraum genommen wäre, sich an die nicht vollständig vorhersehbaren Gegebenheiten seines Prüfgebiets anzupassen[229]. Das IDW hat drei Fachgutachten („Grundsätze ordnungsmäßiger Durchführung von Abschlußprüfungen“[230], Grundsätze ordnungsmäßiger Berichterstattung bei Abschlußprüfungen“[231] und „Grundsätze für die Erteilung von Bestätigungsvermerken bei Abschlußprüfungen“[232]) herausgegeben, die dem Abschlußprüfer bei der Bestimmung von Art und Umfang der Abschlußprüfung helfen sollen[233]. Die Fachgutachten sowie auch die Stellungnahmen und Verlautbarungen (nach der Umbenennung die IDW Standards und Hinweise) geben die Meinung des Berufsstands zu wichtigen Aspekten der Abschlußprüfung wieder und müssen von den Abschlußprüfern beachtet werden[234].
Folgende Aspekte sind laut IDW, soll die Abschlußprüfung den Grundsätzen ordnungsmäßiger Abschlußprüfung entsprechen, zu beachten[235]:

- Prüfung der Einhaltung von Gesetz und Gesellschaftsvertrag bzw. Satzung,
- Prüfung der Einhaltung der GoB,
- Beachtung der fachlichen Grundsätze, insbesondere der vom IDW herausgegebenen Prüfungsstandards und -hinweise,
- Beachtung der Berufsgrundsätze[236],

229 Vgl. v.Wysocki (1988), S. 24.

230 Vgl. IDW (1989 a), S. 9 ff., teilweise ersetzt durch IDW (2000 a), S. 280 ff. und IDW (2000 b), S. 285 ff.

231 Vgl. IDW (1989 b), S. 20 ff., ersetzt durch IDW (1999 a), S. 241 ff.

232 Vgl. IDW (1989 c), S. 27 ff., teilweise ersetzt durch IDW (1999 b), S. 325 ff.

233 Die bisherigen Fachgutachten und Stellungnahmen sind so lange gültig, bis sie teilweise oder vollständig durch entsprechende IDW Standards oder Hinweise ersetzt werden. Vgl. IDW (1998 a), S. 652.

234 Falls die Grundsätze ordnungsmäßiger Abschlußprüfung nach Meinung des Abschlußprüfers in bestimmten Fällen nicht anwendbar sind, darf er von ihnen abweichen. Allerdings besteht dann die Gefahr, daß in Regreßfällen die Nichtanwendung zu seinem Nachteil ausgelegt wird. Vgl. IDW (2000 b), S. 289, Rn. 29.

235 Vgl. IDW (1989 a), S. 10 ff. sowie IDW (2000 a und b), S. 280 ff.

236 Von den Grundsätzen ordnungsmäßiger Abschlußprüfung sind die Berufsgrundsätze zu unterscheiden. Die Berufsgrundsätze des WP, der WPG, des vBP und der BPG ergeben sich zum Teil aus dem HGB (§ 319 Abs. 2 und 3, § 323 Abs. 1 HGB), der WPO (§§ 43 bis 54 WPO) und aus der Berufssat-

- Kritische Planung und Durchführung der Abschlußprüfung,
- Gewährleistung einer hinreichenden Urteilssicherheit,
- Prüfung des internen Kontrollsystems,
- Prüfung von Bestandsnachweisen,
- Einholung der Vollständigkeitserklärung,
- Nachweis der Prüfungsdurchführung.

Die vom IDW herausgegebenen Fachgutachten, Stellungnahmen und Verlautbarungen sind Normen, die den Mindeststandard der Abschlußprüfung über das gesetzlich gebotene Minimum erhöhen[237]. Das IDW, dem etwa 85 % der deutschen Wirtschaftsprüfer angehören, versteht sich als Qualitätsgemeinschaft, deren Mitglieder sich freiwillig zur Einhaltung von Normen, die zum Teil über die normierten Mindestanforderungen für die Berufsausübung hinausgehen, verpflichten. Hierzu zählt die Verpflichtung, die Grundsätze zur Gewährleistung der Prüfungsqualität einzuhalten sowie die vom IDW herausgegebenen Fachgutachten und Stellungnahmen bzw. Standards und Hinweise zur Rechnungslegung und Prüfung zu beachten[238].

---

zung der WP und vBP, die die WPK aufgrund entsprechender Ermächtigung (§ 57 Abs. 4 WPO) erlassen hat. Die Regelungen des HGB, der WPO und der Berufssatzung haben Rechtsnormcharakter.
In der WPO sind die wesentlichen Rechte und Pflichten aufgeführt. Darüber hinaus sind in der Berufssatzung einzelne dieser Berufspflichten konkretisiert. Die Berufssatzung differenziert zwischen allgemeinen und besonderen Berufspflichten. Wesentliche Berufspflichten sind der
- Grundsatz der Unabhängigkeit und Unbefangenheit,
- Grundsatz der Unparteilichkeit,
- Grundsatz der Verschwiegenheit,
- Grundsatz der Gewissenhaftigkeit,
- Grundsatz der Eigenverantwortlichkeit,
- Grundsatz des berufswürdigen Verhaltens und der
- Grundsatz des Verzichts auf berufswidrige Werbung.

Eine ausführliche Darstellung findet sich z.B. im WP-Handbuch 2000. Vgl. Kaminski (2000 a), S. 59 ff., Tz. 228 ff.

237 Solche freiwilligen zusätzlichen Normen werden teilweise auch von den großen WPG erstellt. Sie haben auf die Öffentlichkeit eine große akquisitorische Wirkung. Vgl. Rückle (1996), S. 113 m.w.N.

238 Vgl. Dörner (1993), S. 701; Kaminski (2000 b), S. 143, Tz. 10 ff.

4. Prüfung des Lageberichts nach altem Recht

Die alte Vorschrift für die Prüfung des Lageberichts verpflichtete den Abschlußprüfer gemäß § 317 Abs. 1, Satz 3 HGB zum einen zu der Prüfung, ob der Lagebericht mit dem Jahresabschluß in Einklang steht, und zum anderen zur Prüfung, ob die sonstigen Angaben des Lageberichts nicht eine falsche Vorstellung von der Lage des Unternehmens erwecken.

4.1. Prüfung des Lageberichts auf Einklang mit dem Jahresabschluß

„In Einklang stehen" setzt voraus, daß das Prüfungsobjekt sowohl in inhaltlicher als auch in zeitlicher Hinsicht vergleichbar ist. Da der Lagebericht schon nach altem Recht prospektive Berichtselemente enthielt, für die es konzeptionsbedingt kein Pendant im Jahresabschluß gibt, war die Umsetzung dieser Prüfungsanforderung bereits nach altem Recht mit Problemen behaftet.

Für die Einklangsprüfung von Lagebericht und Jahresabschluß wurde in Einklang stehen so gedeutet, daß der Lagebericht kein Bild vermitteln darf, das von dem abweicht, welches durch den Jahresabschluß gezeichnet wird[239]. Diese Interpretation, die eine enge inhaltliche Bindung der Berichterstattung an den Jahresabschluß impliziert, steht allerdings im Widerspruch zur Eigenständigkeit des Lageberichts, die mit Umsetzung der 4. EG-Richtlinie ausdrücklich betont wurde[240]. Der Lagebericht war bei einer derartigen Interpretation eher als ein Anhängsel des Jahresabschlusses anzusehen.

Aufgrund der zumindest in Teilen zeitlich unterschiedlichen Ausrichtung von Jahresabschluß und Lagebericht war nicht für alle Angaben des Lageberichts eine Einklangsprüfung mit dem Jahresabschluß möglich. Da für die Prüfung auf Einklang eine höhere Prüfungsintensität als für die Prüfung der sonstigen Angaben unterstellt wurde[241], stellte sich die Frage, welche Angaben des Lageberichts einer Einklangsprüfung unterlagen und welche zu den sonstigen Angaben zählten. Nur für die Angaben, die einer Einklangsprüfung unterlagen, wurde eine Übereinstimmungsprüfung

---

239 Vgl. Havermann (1996), S. 1426.
240 Vgl. BT-Drs. 10/317, S. 94.
241 Vgl. Havermann (1996), S. 1427.

verlangt, bei den sonstigen Angaben wurde die Prüfung, ob die Darstellung willkürfrei erfolgt ist, als ausreichend angesehen[242].

In der Literatur wurde die Verpflichtung zur Prüfung auf Einklang von Jahresabschluß und Lagebericht so ausgelegt, daß die Einklangsprüfung nur für diejenigen Teile des Lageberichts vorzunehmen war, für die ein Pendant im Jahresabschluß existierte[243]. Da der Jahresabschluß vergangenheitsbezogen ist, war ein Einklang nur mit demjenigen Teil des Lageberichts möglich, der ebenfalls vergangenheitsbezogen ist. Hauptsächlich handelte es sich hierbei um Angaben zum Geschäftsverlauf und zur Lage der Gesellschaft[244]. Die Einklangsprüfung mit den Angaben zur Lage beschränkte sich aber auf verbale Ausführungen der Angaben zur Vermögens-, Finanz- und Ertragslage, wie sie zahlenmäßig in Bilanz und GuV-Rechnung ihren Niederschlag gefunden hatten. Dieser Ansicht lag eine statische oder bilanzielle Interpretation des Begriffs „Lage“ zugrunde. Vereinzelt unterlagen auch Angaben nach § 289 Abs. 2 HGB einer Prüfung auf Einklang mit dem Jahresabschluß. Zum Beispiel spiegeln sich die Erwartungen über die voraussichtliche Entwicklung der Kapitalgesellschaft auch in den Rückstellungen oder den Wertberichtigungen auf Forderungen wider[245]. Außerdem ließen sich teilweise die Angaben aus dem Bereich Forschung und Entwicklung aus dem Jahresabschluß ableiten[246].
Als sonstige Angaben galten dementsprechend alle übrigen Angaben des Lageberichts, die noch keinen Niederschlag im Jahresabschluß gefunden hatten[247].

An dieser engen Auslegung wurde kritisiert, daß die Prüfung zu streng am Jahresabschluß ausgerichtet sei. Die Prüfung des Geschäftsverlaufs

---

242 Vgl. Claussen (1991), § 317 HGB, S. 648, Rn. 27.

243 Vgl. z.B. Baetge/Fischer/Paskert (1989), S. 54; ADS (1992), § 317 HGB, S. 48, Tz. 105; Selchert (1985), S. 984, Lück (1990), § 317 HGB, S. 1879, Rn. 14.

244 Zum Beispiel können Angaben über das Investitionsvolumen durch Rückgriff auf die Erkenntnisse der Prüfung des Anlagevermögens geprüft werden.

245 Werden z.B. im Jahresabschluß Abschreibungen auf Auslandsforderungen gemäß § 253 Abs. 3, Satz 3 HGB vorgenommen, so darf die Berichterstattung im Lagebericht nicht einen stabilen Wechselkurs für die nächste Zeit unterstellen. Vgl. Sieben (1987), S. 597 m.w.N.

246 Vgl. ADS (1992), § 317 HGB, S. 49, Tz. 105.

247 Vgl. Selchert (1985), S. 984.

verlange zum Beispiel, daß auch solche Angaben geprüft würden, die noch keinen Niederschlag im Jahresabschluß gefunden haben. Zu diesen Angaben zählt die Änderung des Auftragsbestandes des abgelaufenen Geschäftsjahres oder die Entwicklung des Marktanteils.
Nach dieser weiteren Auslegung sollten unter die Prüfungspflicht deshalb alle Angaben fallen, die die Vermögens-, Finanz- und Ertragslage berührten und sich auf das abgelaufene Geschäftsjahr bezogen, auch wenn sie sich bilanziell noch nicht ausgewirkt hatten[248]. Dementsprechend verblieben als sonstige Angaben die Ausführungen zum Nachtragsbericht, zum Prognosebericht und zum Forschungs- und Entwicklungsbericht, die noch keinen Niederschlag im Jahresabschluß gefunden hatten.

4.2. Gesamteindrucksprüfung

Als weitere Prüfungsanforderung hatte der Abschlußprüfer den Lagebericht darauf zu prüfen, ob die sonstigen Angaben im Lagebericht nicht eine falsche Vorstellung von der Lage des Unternehmens erwecken (§ 317 Abs. 1, Satz 3 HGB). Diese Prüfung wurde auch als Gesamteindrucksprüfung bezeichnet. In die Prüfung des Gesamteindrucks gingen alle Berichtsteile des Lageberichts ein. Schwerpunktmäßig lag die Prüfung allerdings bei den Angaben, die nicht der Einklangsprüfung unterlagen[249]. Dies waren vor allem der Nachtragsbericht und der Prognosebericht sowie der Forschungs- und Entwicklungsbericht.

Die alte Prüfungsnorm des Lageberichts wurde teilweise so interpretiert, daß für den Lagebericht und insbesondere für die sonstigen Angaben des Lageberichts nur eine eingeschränkte Prüfungspflicht besteht[250]. Dies wurde damit begründet, daß die Prüfung nur auf ihre Nicht-Falschheit zu erfolgen hatte. Es ist zwar richtig, daß die Prüfungsnorm negativ ausgelegt war, denn sie verlangte die Prüfung, ob nicht eine falsche Vorstellung von der Lage der Gesellschaft erweckt wird. Die Attribute „richtig“ und „falsch“ schließen sich aber gegenseitig aus und schöpfen zugleich den

---

248 Vgl. Wenzler (1994), S. 35.
249 Vgl. Kohl (2001), S. 60.
250 So bemerkte Kropff: „Eine Prüfung des Lageberichts in allen Einzelheiten würde den Abschlußprüfer überfordern und außerdem in den Verantwortungsbereich des Vorstands übergreifen, da der Lagebericht notwendigerweise ein stark persönlich geprägtes Urteil des Vorstands über die Lage der Gesellschaft enthalten wird“. Kropff (1965), S. 265.

Möglichkeitsraum des Urteils vollständig aus[251]. Deshalb war es eigentlich schon nach der bisherigen Prüfungsnorm unerheblich, ob durch die Prüfung die Nicht-Falschheit oder die Richtigkeit der Darstellung der Lage festgestellt werden sollte.

Trotzdem wurde überwiegend die Ansicht vertreten, daß eine Prüfung der inhaltlichen Übereinstimmung der einzelnen Angaben aus dieser Vorschrift nicht abgeleitet werden konnte[252].
Neben der Negativformulierung der Prüfungsnorm wurde die eingeschränkte Prüfungspflicht außerdem damit begründet, daß aufgrund der Prüfung prognostischer, subjektiver Angaben des Vorstands, insbesondere zur voraussichtlichen Entwicklung der Gesellschaft, lediglich eine eingeschränkte Prüfungspflicht resultieren kann und nur ein offensichtliches Mißverhältnis zwischen Wirklichkeit und Darstellung zu beanstanden wäre[253]. Allerdings sei es nicht zulässig, eine Prüfung der Prognosen völlig zu unterlassen. Zwar können die Prognoseergebnisse nicht objektiv, d.h. intersubjektiv nachprüfbar, geprüft werden, anhand der den Prognosen zugrunde liegenden Prämissen sei aber ihre Plausibilität zu überprüfen. Eine eingeschränkte Prüfungspflicht damit zu begründen, daß Prognosen nicht auf ihre objektive Richtigkeit überprüft werden können, ist ebenfalls kritisch zu betrachten. Subjektive Wertungen sind der Abschlußprüfung nämlich immanent, da auch die Schätzung von Nutzungsdauern, außerordentlichen Wertminderungen oder Gewährleistungsrisiken auf subjektiven Einschätzungen des Vorstands basieren[254].

Die nur eingeschränkte Prüfungspflicht, insbesondere der prognostischen Angaben, verdeutlicht die früher vorherrschende Interpretation des Begriffs der Lage. Dieser wurde vorwiegend statisch, bilanzorientiert interpretiert.
Selchert bringt diese Ansicht sehr deutlich zum Ausdruck[255]. Er schloß die Prüfung der Angaben zur voraussichtlichen Entwicklung hinsichtlich des Erweckens einer falschen Vorstellung von der Lage völlig aus. Dies begründete er damit, daß die Angaben zur voraussichtlichen Entwicklung die Lage am Abschlußstichtag nicht beeinflussen würden und insofern

---

251 Vgl. Bretzke (1979), S. 345; Reittinger (1983), S. 85.
252 Vgl. z.B. Clemm/Reittinger (1992), Sp. 1187 f.; Krawitz (1988), S. 232.
253 Vgl. Herrmann (1989), § 317 HGB, S. 768, Rn. 5 m.w.N.
254 Vgl. Claussen (1989), § 317 HGB, S. 648, Rn. 27.
255 Vgl. Selchert (1985), S. 984.

auch nicht dazu geeignet seien, eine falsche Vorstellung von der Lage zu erwecken.
Die etwas seltsam anmutende Ansicht findet ihre Begründung in dem statischen, zeitpunktbezogenen Verständnis von der Lage des Unternehmens, wie sie durch die Bilanz vorgegeben wird. Hiernach ist die Lage eine Bestandsaufnahme der wirtschaftlichen Verhältnisse am Abschlußstichtag, die den Adressaten des Lageberichts zeigen soll, welche Mittel dem Unternehmen zur Verfügung stehen, um das Unternehmensziel im nächsten Geschäftsjahr zu erreichen[256]. Da in die Zukunft gerichtete Informationen die Lage, wie sie durch die Bilanz und GuV-Rechnung dargestellt werden, grundsätzlich nicht beeinflussen[257], konnten die Angaben zur voraussichtlichen Entwicklung eine so interpretierte Lage nicht falsch darstellen und somit aus der Prüfungspflicht herausfallen.

4.3. Berichterstattung in Prüfungsbericht und Bestätigungsvermerk

Im Prüfungsbericht nach altem Recht war gemäß § 321 Abs. 1, Satz 2 HGB darüber zu berichten, ob der Lagebericht den gesetzlichen Vorschriften entspricht. Dies bedeutete, daß der Abschlußprüfer ein Urteil darüber abgeben mußte, ob der Lagebericht alle in § 289 HGB aufgeführten Berichtsgegenstände enthält. Die Forderung impliziert eine Beurteilung, ob der Lagebericht mit dem Jahresabschluß in Einklang steht und ob die sonstigen Angaben nicht eine falsche Vorstellung von der Lage des Unternehmens erwecken.

Der uneingeschränkte Bestätigungsvermerk beinhaltete, daß der Lagebericht sämtliche in § 289 HGB aufgeführten Berichtsteile enthielt[258]. Ausdrücklich war, falls der Bestätigungsvermerk uneingeschränkt erteilt werden sollte, im sog. Formeltestat der Einklang mit dem Jahresabschluß zu bestätigen. Weitere Aussagen zur Prüfung des Lageberichts waren nicht vorgeschrieben.
In der alten Norm des Bestätigungsvermerks zeigte sich der, verglichen mit dem Jahresabschluß, niedrige Stellenwert des Lageberichts. Gemäß § 322 Abs. 1, Satz 1 HGB war nämlich nur zu bestätigen, ob die Buchführung und der Jahresabschluß den gesetzlichen Vorschriften entsprechen. Der Lagebericht wurde nicht erwähnt.

---

256 Vgl. Baetge/Fischer/Paskert (1989), S. 32.
257 Zu den Ausnahmen siehe die Ausführungen zur Einklangsprüfung.
258 Vgl. Claussen (1989), § 322 HGB, S. 751, Rn. 11.

Weder aus der alten Norm des Prüfungsberichts noch aus der alten Norm des Bestätigungsvermerks ließen sich weitere Prüfungspflichten für die Prüfung des Lageberichts ableiten.

5. Prüfungsrelevante Änderungen durch das KonTraG

5.1. Begriff und Zweck des KonTraG

Das Gesetz zur Kontrolle und Transparenz im Unternehmensbereich (KonTraG) wurde am 6. März 1998 vom Deutschen Bundestag verabschiedet[259]. Es trat am 27. April 1998 in Kraft. Art. 46 Abs. 1, Satz 1 EGHGB sieht für die vom KonTraG betroffenen Vorschriften eine Übergangsregelung vor. Unternehmen und Prüfern soll dadurch ein ausreichender zeitlicher Vorlauf gewährt werden, sich auf die neuen Anforderungen einzustellen. Daher waren die Gesetzesänderungen und -erweiterungen spätestens für nach dem 31. Dezember 1998 beginnende Geschäftsjahre anzuwenden. Freiwillig konnten sie schon eher angewendet werden[260].

Das KonTraG betrifft sowohl Änderungen des AktG als auch Änderungen des HGB. Die Änderungen des HGB betreffen vor allem Änderungen des Rechts der gesetzlichen Abschlußprüfung. Mit den Änderungen sollen in erster Linie zwei Ziele verfolgt werden[261]:

1.) Schwächen und Verhaltensfehlsteuerungen im deutschen Unternehmenskontrollsystem des Aktienrechts und Mitbestimmungsrechts sollen korrigiert werden. Insgesamt betrachtet der Gesetzgeber das Kontrollsystem des deutschen Aktienrechts zwar als ausgewogen und ausreichend, überraschende und spektakuläre Unternehmenskrisen oder -zusammenbrüche (Balsam, Holzmann, Schneider) haben jedoch in den vergangenen Jahren Schwächen und Verhaltensfehlsteuerungen in diesem System aufgezeigt. Diese sollen durch das KonTraG gezielt behoben werden.
2.) Das Gesellschaftsrecht soll an die zunehmende Internationalisierung der Kapitalmärkte angepaßt werden. Dies ist die Folge der zunehmenden Bedeutung ausländischer Investoren für die großen deutschen Publikumsgesellschaften. International tätige Investoren for-

---

259 Vgl. BGBl. I (1998), S. 786 ff.
260 Vgl. BT-Drs. 13/10038, S. 29.
261 Vgl. BR-Drs. 872/97, S. 24.

dern von der Verwaltung eine intensivere Kommunikation bzgl. der Unternehmenspolitik und -entwicklung sowie mehr Transparenz und Publizität in allen Bereichen.

Um die beiden Ziele zu erreichen, sind u.a. die Vorschriften über den Inhalt des Lageberichts erweitert, die Vorschriften über die Prüfung des Lageberichts grundlegend geändert und die Vorschriften über die interne und externe Prüfungsberichterstattung neu gefaßt worden[262].
Von den neuen Regelungen verspricht sich der Gesetzgeber, daß die Prüfung in der Zukunft stärker risikoorientiert durchgeführt werden wird. Dem Aufsichtsrat sollen zusätzliche Informationen insbesondere hinsichtlich bestehender und drohender Risiken für das Unternehmen vom Abschlußprüfer zur Verfügung gestellt werden. Dadurch soll es zu einer Verbesserung der Kontrollmöglichkeiten des Aufsichtsrats kommen. Weiterhin sollen die neuen Vorschriften in Verbindung mit dem neu gefaßten Bestätigungsvermerk dazu führen, daß den Interessen der Gesellschafter und Gläubiger stärker Rechnung getragen wird.

Die explizite Verpflichtung, im Rahmen der Berichterstattung über die Lage der Gesellschaft auf die Risiken der künftigen Entwicklung einzugehen, sowie die neu gefaßten Vorschriften zum Prüfungsbericht und Bestätigungsvermerk beinhalten Indizien, die den Schluß nahe legen, daß der Gesetzgeber durch die Neuregelungen ein geändertes Verständnis des Begriffs der Lage, und zwar weg vom bilanziellen und hin zum effektiven Verständnis[263], durchsetzen will. Falls der Gesetzgeber dies tatsächlich bezwecken wollte, ergeben sich hieraus grundlegende Änderungen für die Prüfung des Lageberichts. Gemäß der Neufassung geht es nämlich vor allem darum zu prüfen, ob der Lagebericht insgesamt, d.h. mit all seinen einzelnen Berichtsteilen, die Lage des Unternehmens zutreffend darstellt. Die Prüfung der zutreffenden Darstellung der Lage bildet demnach eine der Kernaufgaben der neuen Vorschrift. Es bedarf daher zunächst der Klärung, was sich hinter dem Begriff der Lage verbirgt.

262 Vgl. BR-Drs. 872/97, S. 25.
263 Vgl. die Ausführungen in Kap. 4, Glp. 5.3.

5.2. Wirtschaftliche Lage

5.2.1. Begriff

Im allgemein verwendeten Sprachgebrauch wird unter dem Begriff „Lage" ein bestimmter Zustand verstanden[264]. Es handelt sich allerdings um einen sehr weiten Begriff. Eine inhaltliche Konkretisierung ist erst mit der Bestimmung eines Bereiches, auf den der Begriff Bezug nehmen soll, möglich[265]. Dies sind zum Beispiel die Verkehrslage, die Wetterlage oder auch die wirtschaftliche Lage. Die verschiedenen Gesamtlagen setzen sich ihrerseits aus diversen Einzellagen zusammen. Für die Wetterlage könnten diese Einzellagen zum Beispiel aus der Temperaturlage, der Luftdrucklage und der Luftfeuchtigkeitslage bestehen. Hieraus wird dann die Wetterlage abgeleitet. Ebenso umfaßt die wirtschaftliche Lage verschiedene Einzellagen, die zusammen die wirtschaftliche Lage bestimmen[266]. Die jeweilige Einzellage wird durch die Ausprägung eines ausgewählten Merkmals umschrieben. Ist das ausgewählte Merkmal der finanzielle Aspekt, spricht man dementsprechend von der Finanzlage. Ebenso sind die Vermögenslage, die Ertragslage, die Absatzlage oder die Auftragslage Einzellagen, die zusammen mit weiteren Einzellagen die wirtschaftliche Lage des Unternehmens bestimmen.

Eine erste Auseinandersetzung mit dem Inhalt der wirtschaftlichen Lage bei der Abschlußprüfung wurde von Ludewig vorgenommen. Danach umfaßte die wirtschaftliche Lage neben dem Zustand des Unternehmens - einschließlich der Faktoren, die zu diesem Zustand geführt haben - die voraussichtliche weitere Entwicklung des Unternehmens[267].
Käfer setzte die wirtschaftliche Lage eines Unternehmens mit dem Erfolg der Unternehmenstätigkeit gleich. Ausgangspunkt seiner Überlegungen war die Feststellung, daß der Erfolg der Unternehmenstätigkeit nur an der Erfüllung der für das Unternehmen bestimmten Zielsetzungen zu messen sei. Die wirtschaftliche Lage entsprach somit dem Ausmaß der Erreichung der gesetzten Ziele[268].
Leffson entwickelte diese Überlegungen weiter. Die wirtschaftliche Lage bezeichnete er als die Fähigkeit des Unternehmens, zukünftig die gesetzten Ziele zu erreichen[269].

---

264 Vgl. Brockhaus (1985 a), S. 308.
265 Vgl. Olbrich (1991), S. 18 f.
266 Vgl. Streim (2000 a), § 264 HGB, S. 23, Rn. 31.
267 Vgl. Ludewig (1955), S. 34 f.
268 Vgl. Käfer (1967), S. 34.
269 Vgl. Leffson (1968), S. 1.

Die heute herrschende Meinung lehnt sich eng an die Definition von Leffson an. Sie versteht unter dem Begriff der wirtschaftlichen Lage den Grad der Zielerreichung bzw. die Fähigkeit, die gesetzten Unternehmensziele in der Zukunft zu realisieren[270].

Vergleicht man diese Definition mit den Interessen der Kapitalgeber, zeigen sich deutliche Parallelen.
Sowohl die Gläubiger als auch die Gesellschafter verfolgen mit ihrer Kapitalüberlassung primär ein finanzielles Interesse. Zur Durchsetzung ihrer Interessen benötigen aktuelle und potentielle Gläubiger Informationen, inwieweit das Unternehmen zukünftig in der Lage sein wird, ihre vertraglich vereinbarten Zins- und Tilgungsforderungen fristgerecht zu erfüllen. Aktuelle und potentielle Gesellschafter benötigen Informationen über die Breite, zeitliche Struktur und Unsicherheit zukünftiger Ausschüttungen sowie über zukünftige Kursentwicklungen, um gegebenenfalls auf aus ihrer Sicht unerfreuliche Umstände reagieren zu können[271].
Das gemeinsame Gesamtinteresse von Gläubigern und Gesellschaftern gilt somit Informationen, die darüber Aufschluß geben, inwieweit das Unternehmen in der Zukunft ihren finanziellen Interessen gerecht werden kann. Unterstellt man, daß es zumindest ein Nebenziel des Unternehmens ist, dauerhaft Einzahlungsüberschüsse zu erwirtschaften, dann läßt sich das Informationsinteresse der Kapitalgeber durch Informationen über die wirtschaftliche Lage des Unternehmens befriedigen.

5.2.2. Komponenten der wirtschaftlichen Lage

Da die Unternehmensziele verschiedener Unternehmen voneinander abweichen können, ergeben sich Probleme mit der Vergleichbarkeit der Unternehmensziele. Um eine Vergleichbarkeit der wirtschaftlichen Lage bei unterschiedlichen Unternehmen und ihre Unabhängigkeit von den subjektiven Zielsetzungen der Unternehmensleitung zu erreichen, ist der kleinste gemeinsame Nenner der unterschiedlichen Unternehmensziele heranzuziehen. Dieser besteht in der nachhaltigen Existenzsicherung[272].
Die nachhaltige Existenzsicherung ist gewährleistet, wenn das Unternehmen zu jedem Zeitpunkt seinen Zahlungsverpflichtungen nachkommen

270 Vgl. Baetge/Feidicker (1992), Sp. 2089; Olbrich (1991), S. 46; Plendl (1990), S. 38; Jung (1996), S. 19 m.w.N.
271 Vgl. Moxter (1966), S. 38.
272 Vgl. Lutter (1986), S. 186.

kann und sowohl über eine ausreichende Ertragskraft als auch über eine ausreichende Kapitalausstattung verfügt[273]. Coenenberg leitete hieraus folgende drei betriebswirtschaftlichen Teilziele ab[274]:

- Liquidität, d.h. die Aufrechterhaltung der Zahlungsfähigkeit zu jedem Zeitpunkt,
- (positiven) Erfolg, d.h. den Überschuß der Erträge über die Aufwendungen und
- Sicherung des Fortbestandes des Unternehmens, d.h. die Generierung von Erfolgspotentialen.

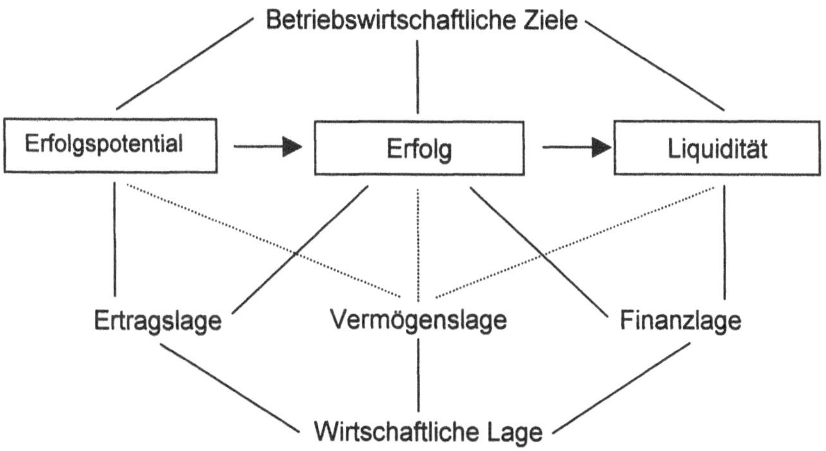

Abbildung 2: Wirtschaftliche Lage[275]

Zwischen den drei Teilzielen bestehen Interdependenzen. So ist der Erfolg die notwendige Voraussetzung für die Liquidität, das Erfolgspotential die notwendige Voraussetzung für den Erfolg und die Liquidität die notwendige Voraussetzung für den Aufbau von Erfolgspotentialen.

Die drei betriebswirtschaftlichen Teilziele schlagen sich in der Vermögens-, Finanz- und Ertragslage als Abbildung der wirtschaftlichen Lage eines Unternehmens nieder. Der Einblick in die Vermögens-, Finanz- und

---

273 Vgl. Kupsch (1984), S. 235.

274 Vgl. Coenenberg (1986), S. 156 f.

275 Quelle: Coenenberg (1986), S. 158.

Ertragslage als Determinanten der wirtschaftlichen Lage kann daher als das Derivat der drei betriebswirtschaftlichen Zielgrößen Liquidität, Erfolg und Erfolgspotential bezeichnet werden[276]. Ihre Darstellung soll darüber Auskunft geben, inwieweit das Unternehmen seine gesteckten Ziele erreicht hat bzw. zukünftig erreichen wird. Die folgende Abbildung verdeutlicht den Zusammenhang zwischen den betriebswirtschaftlichen Zielen und dem Einblick in die Vermögens-, Finanz- und Ertragslage.

5.2.3. Darstellung der wirtschaftlichen Lage durch Jahresabschluß und Lagebericht

Die Abbildung der wirtschaftlichen Lage ist eine der Aufgaben von Jahresabschluß und Lagebericht. Dies verdeutlichen die jeweiligen Generalnormen.

Der Jahresabschluß hat gemäß § 264 Abs. 2 HGB unter Beachtung der Grundsätze ordnungsmäßiger Buchführung ein den tatsächlichen Verhältnissen entsprechendes Bild der Vermögens-, Finanz- und Ertragslage zu vermitteln. Im Lagebericht ist nach § 289 Abs. 1 HGB zumindest der Geschäftsverlauf und die Lage so darzustellen, daß ein den tatsächlichen Verhältnissen entsprechendes Bild vermittelt wird.

In beiden Generalnormen taucht der Begriff „tatsächliche Verhältnisse“ auf. Dieser Begriff soll den aus dem angelsächsischen kommenden Begriff des „true and fair“ auf Deutsch ausdrücken. Vereinfacht bedeutet die Forderung, daß die Darstellung der wirtschaftlichen Lage in Jahresabschluß und Lagebericht nicht derart erfolgen darf, daß die Adressaten in die Irre geführt werden und eine falsche Vorstellung von der Lage des Unternehmens erhalten[277].

5.2.3.1. Beschränkte Fähigkeit der Darstellung durch den Jahresabschluß

Akzeptiert man als primäre Adressaten des Jahresabschlusses die Kapitalgeber, dann muß der Inhalt der Vermögens-, Finanz- und Ertragslage an deren Interessen bestimmt werden. Kapitalgeber haben vor allem ein finanzielles Interesse an einem Unternehmen[278]. Daher sind die Vermö-

276 Vgl. Coenenberg (1986), S. 157.
277 Vgl. Leffson (1986), S. 96 f.
278 Vgl. Kap. 2, Glp. 2.2.2.

gens-, Finanz- und Ertragslage so darzustellen, daß sie den Kapitalgebern Informationen zur Befriedigung ihrer finanziellen Interessen liefern.

Aus der Generalnorm (§ 264 Abs. 2 HGB) gehen zwei Einschränkungen hervor, die die Fähigkeit des Jahresabschlusses, die wirtschaftliche Lage des Unternehmens in der Weise abzubilden, wie es den Interessen der Kapitalgeber entspricht, zweifelhaft erscheinen lassen:

1.) Der Gesetzgeber verpflichtet den Rechnungslegenden nur zur Darstellung der Vermögens-, Finanz- und Ertragslage. Auch wenn die drei geforderten Einzellagen die wirtschaftliche Lage des Unternehmens entscheidend prägen, handelt es sich um eine Einschränkung, die dazu führt, daß die wirtschaftliche Lage nicht so umfassend dargestellt werden kann, als wenn zusätzlich weitere Einzellagen wie die Auftrags- oder Beschäftigungslage dargestellt werden würden.
2.) Der Gesetzgeber schränkt die Darstellung der wirtschaftlichen Lage durch den expliziten Verweis auf die Grundsätze ordnungsmäßiger Buchführung ein. Bei den GoB handelt es sich um ein Normensystem, das die Gesamtheit an Regeln zur formalen und materiellen Ausgestaltung der Rechnungslegung umfaßt[279]. Diese Regeln sind von jedem bilanzierungspflichtigen Kaufmann zu beachten. Ein Abweichen von den GoB ist nur zulässig, wenn ausnahmsweise § 252 Abs. 2 HGB greift.
   Die Verknüpfung des „true and fair view" Gedanken mit den GoB in § 264 Abs. 2 HGB wurde u.a. in einer gemeinsamen Stellungnahme der WPK und des IDW gefordert. Sie begründeten ihre Forderung damit, daß es einen objektiv absolut wahren Jahresabschluß nicht gebe und daher ein Einblick in die tatsächlichen Verhältnisse der Vermögens-, Finanz- und Ertragslage immer nur im Rahmen bestimmter Konventionen möglich sei[280]. Dies überzeugte den deutschen Gesetzgeber. Die Aufnahme der Forderung in den Gesetzestext verdeutlicht somit, daß sich der Gesetzgeber darüber bewußt war, daß der Jahresabschluß die wirtschaftliche Lage des Unternehmens nur unzureichend darstellen kann.

279 Vgl. Lang (1986), S. 222.
280 Vgl. Gemeinsame Stellungnahme (1980), S. 504, Lang (1986), S. 225 m.w.N.

Aus der zwingenden Verpflichtung, die GoB zu beachten, folgt, daß die wirtschaftliche Lage nur verzerrt wiedergegeben werden kann. Unter anderem beinhalten die GoB nämlich Regeln, mit denen ein Gewinn ermittelt wird, der als Ausschüttungsbemessungsgrundlage dient. Der Gewinn ergibt sich durch Subtraktion des Reinvermögens zweier aufeinander folgender Perioden. Das Reinvermögen ist die Differenz zwischen dem Vermögen und den Schulden. Die Bilanzierung des Vermögens und der Schulden werden durch die handelsrechtlichen Ansatz- und Bewertungsvorschriften bestimmt. Die Vorschriften dienen vor allem dem Gläubigerschutz, da durch ihre Anwendung ein vorsichtiger Gewinn ermittelt wird. Sie sind nicht darauf ausgelegt, über die wirtschaftliche Lage zu informieren[281]. Zu diesen vorsichtigen Gewinnermittlungsregeln zählen das Vorsichtsprinzip (§ 252 Abs. 1, Nr. 4 HGB), das Imparitätsprinzip (§ 252 Abs. 1, Nr. 4 HGB), das Realisationsprinzip (§ 252 Abs.1, Nr. 4 HGB) und das Anschaffungskostenprinzip (§ 253 Abs. 1 HGB). Wegen der vorsichtigen Gewinnermittlung vermittelt der Jahresabschluß mit seinen Instrumenten Bilanz und GuV-Rechnung ein Bild, welches die Darstellung der wirtschaftlichen Lage unzureichend wiedergibt. Entscheidungsrelevante Informationen über die wirtschaftliche Lage kann der Jahresabschluß nicht vermitteln.

Eine weitere Einschränkung bei der Darstellung der wirtschaftlichen Lage des Unternehmens ergibt sich daraus, daß der Jahresabschluß nur monetär quantifizierbare Größen enthält[282]. Durch den Jahresabschluß kann daher lediglich ein zahlenmäßiges Abbild der wirtschaftlichen Lage gegeben werden. Sachverhalte, die sich nicht durch Zahlen abbilden lassen, finden keine Berücksichtigung. Maßnahmen, die im abgelaufenen Geschäftsjahr vorgenommen wurden, wie Änderungen in der Personal- oder Organisationsstruktur oder der Aufbau neuer Kundenbeziehungen etc., gehen aus dem Zahlenwerk des Jahresabschlusses nicht hervor. Die mangelnde Fähigkeit des Jahresabschlusses, qualitative Sachverhalte zu

---

281 Vgl. Streim (1994), S. 398 ff.

282 Vgl. Olbrich (1991), S. 67.
Diese Aussage trifft allerdings nur für den Jahresabschluß von Unternehmen zu, die keinen Anhang aufstellen müssen. Der Anhang vermittelt nämlich neben Erläuterungen zur Bilanz und GuV-Rechnung zusätzlich Informationen, die keinen unmittelbaren Zusammenhang mit dem Jahresabschluß haben. Diese Informationen sind auch qualitativer Natur. Vgl. Ellrott (1999), § 284 HGB, S. 1147, Rn. 6.

berücksichtigen, schränkt die Darstellung der wirtschaftlichen Lage des Unternehmens weiter ein.

Die begrenzte Fähigkeit des Jahresabschlusses, ein den tatsächlichen Verhältnissen entsprechendes Bild der wirtschaftlichen Lage zu vermitteln, sei am Beispiel zweier Unternehmen gezeigt, deren Hauptaufgabenfeld in der Herstellung von Großanlagen liegt[283].
Kennzeichen von Unternehmen, die Großanlagen herstellen, ist die langfristige Fertigung. Langfristige Fertigung bedeutet, daß sich die Herstellung und Lieferung der Anlagegüter über einen oder mehrere Abschlußstichtage hinaus erstreckt[284]. Nach dem HGB wird dieser Fertigungstyp grundsätzlich nach der sog. Completed-Contract-Methode bilanziert. Diese Methode erlaubt Gewinne erst dann auszuweisen, wenn der Auftrag endgültig abgenommen wird. Im Jahr der Abnahme ist der Gewinn deshalb übermäßig hoch. In den Jahren der Fertigung dagegen ist er, da das Realisationsprinzip eine Aktivierung über die Herstellungskosten hinaus verbietet, verhältnismäßig niedriger.

Angenommen seien zwei Unternehmen, die sich hinsichtlich ihrer Größe und Marktmacht nicht unterscheiden.
Unternehmen A hat in den beiden vergangenen Perioden 00 und 01 jeweils zwei Großanlagen fertigstellen können. Aufgrund dieser Geschäftsvorfälle konnte in beiden Perioden ein hoher Gewinn ausgewiesen werden. Da die Großaufträge aber sehr umfangreich waren, ist beinahe die gesamte Kapazität mit der Fertigung und Abwicklung der Aufträge beschäftigt gewesen. Daher bestand wenig Zeit für die Beschaffung neuer Aufträge. Als Folge ist es nicht gelungen, für 02 einen neuen Großauftrag zu akquirieren.
Unternehmen B hingegen hat in den vergangenen zwei Perioden lediglich jeweils einen Großauftrag fertigstellen können. Dafür ist es Unternehmen B gelungen, mehrere neue Großaufträge zu akquirieren, die auch über das Geschäftsjahr 02 hinausgehen.
Die Bilanz oder genauer die GuV-Rechnung weist für die beiden betrachteten Perioden 00 und 01 für Unternehmen A einen höheren Jahresüberschuß aus als für Unternehmen B. Aufgrund der beiden abgelaufenen Perioden zu sagen, die wirtschaftliche Lage von Unternehmen A sei

283 Zur mangelnden Fähigkeit des Jahresabschlusses, entscheidungsnützliche Informationen zu vermitteln, vgl. auch Streim (2000 b), S. 125 f.
284 Vgl. Richter (1998), S. 504.

besser als die von Unternehmen B, ist bei einer Betrachtung, die über 01 hinausgeht, nicht haltbar. Unternehmen A verfügt nämlich über keine neuen Aufträge, während die Auftragsbücher von Unternehmen B voll sind. Zukünftig kann Unternehmen B somit weiter mit Gewinnen rechnen, während Unternehmen A dies nicht kann.
Das Beispiel verdeutlicht, daß für die Darstellung der wirtschaftlichen Lage weitere zukunftsorientierte Informationen nötig sind, die der Jahresabschluß aus konzeptionellen Gründen nicht enthält.

5.2.3.2. Darstellung durch den Lagebericht

5.2.3.2.1. Allgemeines

Der Zweck des Lageberichts liegt darin, Informationen zur Verfügung zu stellen, die darüber Auskunft geben, inwieweit das Unternehmen in der Zukunft fähig sein wird, seinen finanziellen Verpflichtungen gegenüber den Kapitalgebern nachzukommen[285].
Im Gegensatz zum Jahresabschluß wird die Darstellung der Lage in § 289 Abs. 1 HGB nicht eingeschränkt. Die Vorschrift enthält weder einen Verweis, daß die Grundsätze ordnungsmäßiger Buchführung zu beachten sind, noch wird die Darstellung der Lage auf die Vermögens-, Finanz- und Ertragslage beschränkt. Da der Gesetzgeber in § 289 HGB keine näheren Vorgaben über den Inhalt der Lage macht, bedarf es der Interpretation, den unbestimmten Begriff der Lage inhaltlich zu füllen. Es ist zweckmäßig, die Lage des Unternehmens so zu interpretieren, daß ein Beitrag zur Erfüllung des Lageberichtszwecks geleistet wird. Dies bedeutet, daß die Darstellung der Lage Informationen beinhalten sollte, die den Kapitalgebern Informationen zur zukünftigen Entscheidungsfindung vermitteln.

Trotzdem herrschten in der Vergangenheit Diskussionen darüber, ob im Lagebericht die wirtschaftliche Lage so wie im Jahresabschluß, d.h. vergangenheits- und zeitpunktbezogen, wiedergegeben werden sollte oder ob Informationen zur künftigen Entscheidungsfindung bereitgestellt werden sollten[286]. In Anlehnung an die Elemente des Jahresabschlusses

---

285 Vgl. Kap. 3, Glp. 1.3.2.

286 Für einen Lagebegriff, der sich am Jahresabschluß orientiert, sprechen sich u.a. Baetge/Fischer/Paskert (1989), S. 32 aus; ebenso Stobbe (1988), S. 307 und, sogar noch nach der Erweiterung der Berichterstattung um die Risiken der künftigen Entwicklung, Ellrott (1999), § 289 HGB, S. 1254, Rn. 15. Für einen zukunftsorientierten Lagebegriff vgl. z.B. ADS (1995), § 289 HGB, S. 211, Tz. 83 ff.; Krawitz (1999), § 289 HGB, S. 18, Rn. 52 ff.; Lück (1995),

spricht man in erstem Falle von der bilanziellen Lage. Die zweite, an den Interessen der Adressaten orientierte Interpretation der Lage wird als die effektive Lage bezeichnet.

5.2.3.2.2. Bilanzielle Lage

Von den traditionellen Jahresabschlußinstrumenten dient die Bilanz zur Darstellung der Vermögenslage. Unterstellt man, daß das Unternehmen seine Geschäftstätigkeit aufrecht erhält, dann stellt die mit Hilfe der Bilanz dargestellte Vermögenslage das (bilanzielle) Fortführungsvermögen dar[287]. Angaben im Lagebericht zu einer so interpretierten Vermögenslage beinhalten keine neuen Informationen. Es ist sogar eher davon auszugehen, daß die Unternehmensleitung durch geschickte Weglassungen oder Zusammenfassungen versuchen wird, die Vermögenslage besser aussehen zu lassen als in der Bilanz, wo die einzelnen Bilanzposten einem vorgeschriebenen Schema unterliegen. Insofern würden die Angaben zur Vermögenslage nicht nur keine Informationen enthalten, die den Interessen der Lageberichtsadressaten entsprechen, sondern es besteht darüber hinaus die Gefahr, daß die Vermögenslage vom subjektiven Ermessen der Unternehmensleitung verzerrt dargestellt ist.
Zur Darstellung der Finanzlage dient ebenfalls die Bilanz. Dementsprechend handelt es sich um die (bilanzielle) Finanzlage. Sie läßt sich durch die Vermögens- und Kapitalstruktur ausdrücken[288]. Für die Art und Weise der Darstellung gilt dieselbe Problematik wie für die Darstellung der Vermögenslage.
Die in § 264 Abs. 2 HGB geforderte Darstellung der Ertragslage[289] wird mittels der GuV-Rechnung vorgenommen. Die GuV-Rechnung weist den an die Gesellschafter ausschüttungsfähigen Gewinn aus. Dem Gewinn wird, vorausgesetzt daß er zweckentsprechend ermittelt sowie aufgegliedert und erläutert wird, eine besonders wichtige Informationsfunktion zugesprochen[290]. Werden sämtliche nicht der normalen Geschäftstätigkeit

---

§ 289 HGB, S. 2016, Rn. 37 ff.; Claussen (1989), § 289 HGB, S. 619, Rn. 18 f.; Schildbach (1995), S. 382; Schloen (1988 a), S. 123.

287 Vgl. Streim (2000 a), § 264 HGB, S. 24, Rn. 34.

288 Vgl. Streim (2000 a), § 264 HGB, S. 26, Rn. 41.

289 Sprachlich präziser wäre es, anstatt von Ertragslage von Erfolgslage zu sprechen, da nach einhelliger Meinung in der Literatur nicht nur die Erträge, sondern auch die Aufwendungen zu erfassen sind. Vgl. Coenenberg (1986), S. 160.

290 Vgl. Moxter (1996), S. 677.

zuzuordnenden Aufwendungen und Erträge eliminiert, wird unterstellt, daß der Geschäftsjahresgewinn Aussagen darüber zuläßt, mit welchen künftigen durchschnittlichen Gewinnen gerechnet werden kann. Diese Aussage beschränkt sich allerdings auf den Fall, daß sich die Zukunft als getreues Spiegelbild des abgelaufenen Geschäftsjahres erweist[291]. In einer sich immer schneller wandelnden Umwelt dürfte die Aussage daher eher zufällig eintreffen und ist insofern als unrealistisch zu qualifizieren.

Wegen ihrer Anschaulichkeit erfreuen sich Kennzahlen[292] und Kennzahlensysteme[293] zur Darstellung der Vermögens-, Finanz- und Ertragslage besonderer Beliebtheit. Eine Pflicht zur Bereitstellung von Kennzahlen besteht aber nicht.
Häufig veröffentlichte Kennzahlen sind z.B.:

- für die Vermögenslage[294]:

$$\text{Anlagenintensität} = \frac{\text{Anlagevermögen}}{\text{Gesamtvermögen}} * 100$$

oder

$$\text{Abschreibungsquote} = \frac{\text{Jahresabschreibungen auf Sachanlagen}}{\text{Sachanlagevermögen zu historischen AHK}} * 100$$

291 Zur mangelnden Fähigkeit des mit Hilfe eines Jahresabschlusses ermittelten Gewinns auf accrual-Basis, entscheidungsnützliche Informationen zu liefern, vgl. Streim (2000 b), S. 120 ff.

292 Kennzahlen sind hochverdichtete Maßgrößen, die als Verhältniszahlen oder absolute Zahlen in einer konzentrierten Form über einen zahlenmäßigen Sachverhalt berichten. Mit ihrer Hilfe sollen die Datenmengen des Jahresabschlusses zu wenigen, aber aussagekräftigen Größen verdichtet werden, um auf relativ einfache Weise komplizierte, betriebliche Strukturen und Prozesse abzubilden. Vgl. z.B. Reichmann (1997), S. 19 f.

293 Um die Zusammenhanglosigkeit einzelner Kennzahlen aufzuheben, werden Kennzahlensysteme verwendet. In Kennzahlensystemen werden die Interdependenzen der Teilbereiche einer Gesellschaft dadurch berücksichtigt, daß einzelne Kennzahlen funktional verbunden werden. Vgl. Lachnit (1976), S. 216.

294 Vgl. Küting/Weber (2000), S. 88 ff.

- für die Finanzlage[295]:

$$\text{Verschuldungsgrad} = \frac{\text{Fremdkapital}}{\text{Eigenkapital}} * 100$$

oder

$$\text{Liquidität 1. Grades} = \frac{\text{Flüssige Mittel}}{\text{Kurzfristige Verbindlichkeiten}} * 100$$

- für die Ertragslage[296]:

$$\text{Gesamtkapitalrendite} = \frac{\text{Gewinn}}{\text{Gesamtkapital}} * 100$$

oder

$$\text{Umsatzrendite} = \frac{\text{Gewinn}}{\text{Umsatzerlöse}} * 100$$

Durch die Bereitstellung von Kennzahlen wird eine reine Wiederholung der quantitativen Angaben des Jahresabschlusses vermieden. Informationen, die zum Zweck des Lageberichts beitragen, werden aber nicht zur Verfügung gestellt. Dies liegt daran, daß der Berechnung der Kennzahlen Positionen des Jahresabschlusses zugrunde liegen, deren Ansatz und Bewertung durch vergangenheitsbezogene Regeln bestimmt sind[297]. Hinsichtlich des Informationsgehalts bestehen somit die gleichen Probleme wie beim Jahresabschluß. Deshalb enthalten auch Kennzahlen keine Informationen über die zukünftige Fähigkeit des Unternehmens, Einzahlungsüberschüsse zu erwirtschaften. Zum Zweck des Lageberichts tragen sie also nichts bei.
Das Gros der Kennzahlen ist außerdem das Resultat eines simplen mathematischen Divisionsvorgangs, den zumindest diejenigen Empfänger, die im Umgang mit Jahresabschlüssen vertraut sind, selbst vornehmen könnten.

Interpretiert man die Lage in § 289 Abs. 1 HGB im bilanziellen Sinn, setzt sich die Gesamtlage aus den drei Einzellagen Vermögens-, Finanz- und

295 Vgl. Küting/Weber (2000), S. 100 ff.
296 Vgl. Küting/Weber (2000), S. 255 ff.
297 Vgl. zum mangelnden Informationsgehalt von aus Jahresabschlüssen abgeleiteten Kennzahlen Schneider (1989), S. 633 ff.

Ertragslage, wie sie durch den Jahresabschluß dargestellt wird, zusammen. Wegen der Vergangenheitsorientierung wird keinerlei Beitrag zum Zweck des Lageberichts, nämlich der Bereitstellung von entscheidungsnützlichen Informationen, geleistet. Bei einem bilanziellen Lageverständnis ist der Berichtsinhalt über die Lage nichts anderes als eine verbale Aufbereitung des Zahlenmaterials, das der Jahresabschluß vorgibt. Durch die Angabe von Kennzahlen wird der Informationsgehalt nicht verbessert. Darüber hinaus werden keine weiteren Informationen zur Verfügung gestellt. Es stellt sich die Frage, was für einen Zweck eine derartig verstandene Lage erfüllen soll.

In der Kompensation der Schwäche des Jahresabschlusses, Informationen über die wirtschaftliche Lage zu vermitteln, liegt aber gerade die Chance des Lageberichts, da die Darstellung der Lage im Lagebericht nicht an die vergangenheitsbezogenen Ansatz- und Bewertungsvorschriften gebunden ist. Um diese Chance zu nutzen, darf die Lage nicht so verstanden werden wie in 264 Abs. 2 HGB, sondern muß unabhängig davon betrachtet werden.

5.2.3.2.3. Effektive Lage

Da § 289 Abs. 1 HGB den Begriff der Lage nicht näher konkretisiert, ist es, um eine Wiederholung der Angaben des Jahresabschlusses zu vermeiden, zweckmäßig, die Lage anders als im bilanziellen Sinne zu interpretieren. Akzeptiert man als primäre Adressaten der Rechnungslegung die Kapitalgeber, so ist die Interpretation der Lage an deren Interessen vorzunehmen. Ihr Interesse gilt Informationen, die über die zukünftige Fähigkeit des Unternehmens, Einzahlungsüberschüsse zu erzielen, Aufschluß geben. Dieses Informationsinteresse kann durch Informationen über die effektive Lage des Unternehmens bedient werden. Bestandteile der effektiven Gesamtlage sind u.a. die effektive Vermögenslage, die effektive Finanzlage und die effektive Ertragslage.

Das Vermögen ist das Ausmaß an knappen Gütern, über das eine Person oder ein Unternehmen zu einem bestimmten Zeitpunkt verfügt[298]. Grundsätzlich kann das Vermögen durch Einzelbewertung oder durch Gesamtbewertung erfaßt werden. Die Einzelbewertung entspricht der bilanziellen Bewertung, wie sie beim Jahresabschluß angewendet wird. Die Gesamtbewertung bezeichnet man auch als Ertragsbewertung. Mittels

298 Vgl. Moxter (1986 b), S. 346.

der Gesamtbewertung wird das Effektivvermögen des Unternehmens bestimmt[299]. Das Effektivvermögen ist der „Unternehmenswert im Sinne des Barwertes aller im Leistungsbereich des Unternehmens zukünftig erzielbaren Einzahlungsüberschüsse“[300]. Es setzt sich nicht nur aus den zu Marktpreisen bewerteten Vermögensgegenständen wie Gebäuden, maschinellen Anlagen, Vorräten, Forderungen und Zahlungsmittelbeständen zusammen, sondern bezieht zusätzlich die Qualität der Unternehmensleitung und der Belegschaft, das Know-how im Bereich der Beschaffung, der Produktion und des Absatzes etc. in die Bewertung ein[301]. Eine Lage, die das Effektivvermögen darstellen soll, muß somit etwas darüber aussagen, welches Potential dem Unternehmen zur Verfügung steht, in der Zukunft seine Ziele zu realisieren.

Des weiteren ist es nicht die (bilanzielle) Finanzlage, an der die Jahresabschlußadressaten interessiert sind, sondern eine Finanzlage, die „das Ausmaß der Fähigkeit zum künftigen Ausgleich der betrieblichen Ein- und Auszahlungen“[302] verdeutlicht. Die Risiken zur Einhaltung dieses Ausgleichs werden in der Definition mit erfaßt[303]. Das Interesse der Kapitalgeber an einer gesunden effektiven Finanzlage resultiert daraus, daß die zukünftige Zahlungsfähigkeit des Unternehmens eine notwendige Voraussetzung für den Fortbestand des Unternehmens ist[304]. Zur Beurteilung der künftigen Fähigkeit des Unternehmens, die betrieblichen Ein- und Auszahlungen auszugleichen, benötigen die Kapitalgeber Informationen über die Höhe, die zeitliche Verteilung und die Eintrittswahrscheinlichkeiten der zukünftigen Zahlungsverpflichtungen und Zahlungseingänge des Unternehmens[305]. Sollte die Gefahr bestehen, daß es in der Zukunft zu einer finanziellen Schieflage kommt, so richtet sich das Informationsinteresse der Kapitalgeber auf die Möglichkeiten, die dem Unternehmen zum kurzfristigen Ausgleich der Schieflage zur Verfügung stehen[306].

---

299 Das Effektivvermögen des Unternehmens ist regelmäßig höher als das bilanziell erfaßte Vermögen. Die Differenz zwischen beiden Vermögensermittlungsmethoden ist der sog. Geschäftswert.

300 Streim (2000 a), § 264 HGB, S. 24, Rn. 32.

301 Vgl. Moxter (1986 b), S. 347.

302 Rückle (1986), S. 174.

303 Vgl. Rückle (1986), S. 174.

304 Vgl. Moxter (1986 b), S. 350.

305 Vgl. Streim (2000 a), § 264 HGB, S. 26, Rn. 40.

306 Zu den Faktoren, die die kurzfristige Beschaffung neuen Kapitals beeinflussen, vgl. Selchert (1993), S. 757.

Ebenso wie mittels der Bilanz nicht diejenige Vermögenslage wird mit Hilfe der GuV-Rechnung nicht diejenige Ertragslage dargestellt, die die Informationsinteressen der Jahresabschlußadressaten erfüllt. Die GuV-Rechnung kann nur einen Einblick in die Aufwands- und Ertragsstruktur des abgelaufenen Geschäftsjahres vermitteln. Die die Adressaten interessierende Darstellung der Ertragslage muß in der Lage sein, „Auskunft über den Erfolg und über das Erfolgspotential zu geben“[307]. Zur Fundierung ihrer Kapitaldispositionen sind für die Adressaten Informationen entscheidend, die etwas darüber aussagen, ob im abgelaufenen Geschäftsjahr das Erfolgspotential vergrößert, konstant gehalten oder verkleinert wurde[308]. Mit Blick in die Zukunft ist es für die Kapitalgeber wichtig zu erfahren, welche neuen Erfolgspotentiale die Unternehmensleitung aufbauen will, um die Ertragslage zu verbessern[309].

Weitere Darstellungen einzelner Lagen, wie z.B. die Auftragslage, die Beschaffungslage oder die Produktionslage vervollständigen die wirtschaftliche Gesamtlage des Unternehmens. Auch bei diesen Lagen kommt es für die Adressaten vor allem darauf an zu erfahren, wie die Auswirkungen für den zukünftigen Erfolg sind. Letztlich sind es somit Informationen über die Erfolgspotentiallage, die über die effektive Lage des Unternehmens Auskunft geben und damit die von den Kapitalgebern begehrten Informationen liefern[310]. Die Darstellung der verschiedenen Einzellagen, wie der Vermögens-, Finanz-, Ertrags-, Auftrags-, Beschaffungs- oder Produktionslage muß daher darauf ausgerichtet sein, welches Erfolgspotential hieraus für das Unternehmen resultiert.

Erfolgspotentiale werden durch Investitionen in Menschen, Produkte, Verfahren, Techniken etc. aufgebaut bzw. erhöht. Wichtige Investitionsmaßnahmen, die das Potential des Unternehmens erhöhen, finden im Zahlenwerk des Jahresabschlusses keinen Niederschlag. In der Kompensation dieser konzeptionsbedingten Schwäche des Jahresabschlusses liegt die Stärke des Lageberichts, nämlich das Erfolgspotential aufzu-

---

307 Coenenberg (1986), S. 157.

308 Vgl. Streim (2000 a), § 264 HGB, S. 27, Rn. 43.

309 Die Berechnung der Ertragslage wird mittels des Ertragswerts vorgenommen. Als Ertragswert wird der Barwert der an die Eigentümer eines Investitionsobjektes fließenden Ausschüttungen (Zukunftserfolge) bezeichnet. Da der Ertragswert dem effektiven Vermögen entspricht, entspricht auch die Ertragslage der effektiven Vermögenslage.

310 Vgl. Streim (1995), S. 718.

zeigen. Dazu zählen z.B. Informationen, ob und wie in die Fähigkeiten der Mitarbeiter (Qualifikationspotential), in verbraucher- und nachfragegerechte Produkte (Marktpotential) oder in die Forschung und Verfahrensentwicklung (Innovationspotential) investiert wurde[311].
Im laufenden Geschäftsjahr belasten die nicht aktivierungsfähigen Potentialinvestitionen das Ergebnis. Dafür bilden sie die Basis dafür, daß die Gesellschaft in späteren Geschäftsjahren am Markt überlebt und weiterhin den mit der Gesellschaft in Beziehung stehenden Personen als Einnahmequelle dienen kann. Nur der Lagebericht kann diese Informationen zur Verfügung stellen.

Die Bestimmung des Erfolgspotentials der Gesellschaft ist ein wichtiger Teil der strategischen Unternehmensplanung. Die strategische Unternehmensplanung beschäftigt sich mit dem Aufbau von Erfolgspotentialen, die das langfristige Überleben bzw. den Fortschritt des Unternehmens sichern sollen[312]. Dazu werden Analysen angestellt, die Aufschluß darüber geben, welche Probleme und Chancen dem Unternehmen in der Zukunft bevorstehen. Die Ergebnisse der Analysen sind die Basis für die zu treffenden strategischen Entscheidungen. Wenn man unterstellt, daß das oberste Management wichtige strategische Entscheidungen nicht willkürlich, sondern als das Ergebnis solcher Analysen umsetzt, liegt der Unternehmensleitung entsprechendes Informationsmaterial, das Aufschluß über das Erfolgspotential des Unternehmens gibt, vor. Von einer ordentlichen und gewissenhaften Geschäftsleitung wird man dies erwarten dürfen.
Das Ergebnis der strategischen Unternehmensplanung kann auch als interner Lagebericht bezeichnet werden. Die Informationen des internen Lageberichts entsprechen den Informationsinteressen der aktuellen und potentiellen Kapitalgeber. Daher wäre es aus Sicht der Lageberichtsadressaten am besten, wenn der publizierte Lagebericht dieselben Informationen beinhalten würde wie der interne Lagebericht[313]. Die Berichterstattung würde dann den Zweck des Lageberichts, entscheidungsnützliche Informationen zu vermitteln, am besten erfüllen. Um keinen Nachteil gegenüber Konkurrenzunternehmen zu erleiden, könnte dieser Bericht um bestimmte Informationen verringert werden[314].

311 Vgl. Schloen (1988 b), S. 1662.
312 Vgl. Müller-Stewens (1993), S. 3407.
313 Vgl. Streim (1995), S. 719.
314 Für die Lageberichterstattung besteht zwar keine explizite Schutzklausel, die das Unterlassen bestimmter Angaben wie beim Anhang (§ 286 HGB) le-

5.3. Indizien für ein geändertes Verständnis des Begriffs Lage

5.3.1. Inhaltliche Erweiterung des Lageberichts um die Risiken der künftigen Entwicklung

5.3.1.1. Zweck und Stellung der Erweiterung

Neben der alten Verpflichtung, den Geschäftsverlauf und die Lage der Kapitalgesellschaft so darzustellen, daß ein den tatsächlichen Verhältnissen entsprechendes Bild von der Lage der Kapitalgesellschaft vermittelt wird, fordert die Vorschrift des Lageberichts seit Inkrafttreten des KonTraG zusätzlich, daß auf die Risiken der künftigen Entwicklung einzugehen ist. Obwohl Unternehmenskrisen und -zusammenbrüche wie in der jüngeren Vergangenheit auch künftig nie ausgeschlossen werden können, verspricht sich der Gesetzgeber von einer umfassenderen Berichterstattung, daß die wesentlichen unternehmerischen Risiken transparenter gemacht werden[315]. Um diese Vorgabe zu erfüllen, hat die Unternehmensleitung Voraussetzungen zu schaffen, die es ermöglichen, bestandsgefährdende Risiken eher zu erkennen[316].
Die neue Forderung wurde in § 289 Abs. 1 HGB aufgenommen. Darüber hinaus wurden keine weiteren Veränderungen bei der Vorschrift zum Inhalt des Lageberichts vorgenommen.

Der Zusatz wird in Anlehnung an die Berichtsteile von § 289 Abs. 2 HGB auch als Risikobericht bezeichnet[317]. Dies kann aber mißverständlich gedeutet werden, da die Erweiterung - zumindest nach dem Wortlaut des Gesetzes - keinen eigenständigen Berichtsteil darstellt, sondern im Rahmen der Berichterstattung über den Geschäftsverlauf und die Lage der Gesellschaft zu berücksichtigen ist („... dabei ist auch auf die Risiken der künftigen Entwicklung einzugehen".).
Zweifelsfrei fordert eine Berichterstattung über die Risiken der künftigen Entwicklung zukunftsorientierte Informationen. Die Aufnahme des Risikoberichts in Absatz 1, wonach über den Geschäftsverlauf und die Lage zu berichten ist, bedeutet, daß Teile der Berichterstattung nach Absatz 1 zu-

---

gitimiert, trotzdem wird aber überwiegend die Ansicht, daß eine analoge Anwendung zur Vermeidung von Nachteilen für das Unternehmen auch beim Lagebericht gestattet ist. Vgl. z.B. Baetge/Fischer/Paskert (1989), S. 14; Lück (1995), § 289 HGB, S. 2013, Rn. 27.

315 Vgl. BR-Drs. 872/97, S. 25.

316 Als eine der zu schaffenden Voraussetzungen ist die Verpflichtung im KonTraG zur Einrichtung eines sog. Risikofrüherkennungssystems gemäß § 91 Abs. 2 AktG zu betrachten.

317 Vgl. Küting/Hütten (1997), S. 251.

kunftsorientiert sein müssen. Da der Geschäftsverlauf über das abgelaufene Geschäftsjahr berichtet, also vergangenheitsbezogen ist, scheidet die Berichterstattung über den Geschäftsverlauf aus, das neue Berichtselement zu integrieren. Daher muß es die Aufgabe der Berichterstattung über die Lage sein, auf die Risiken der künftigen Entwicklung einzugehen. Ein bilanziell interpretierter Lagebegriff könnte die neue Anforderung nicht erfüllen; ein effektiv interpretierter Lagebegriff dagegen würde das neue, zukunftsorientierte Berichtselement in die Berichterstattung einschließen. Auch die Begründung des Gesetzesentwurfs verdeutlicht, daß der Gesetzgeber es als nicht mehr ausreichend betrachtet, wenn die Berichterstattung über die Lage der Gesellschaft keine zukunftsorientierten Informationen enthält[318]. Dort wird ausgeführt, daß nur mit Hilfe von Aussagen über die Risiken der künftigen Entwicklung eine dem bisherigen Satz 1 entsprechende Darstellung der Lage der Kapitalgesellschaft gegeben werden kann, um das den tatsächlichen Verhältnissen entsprechende Bild auch wirklich zu vermitteln.

Die explizite Verpflichtung, zukunftsorientierte Informationen in die Berichterstattung nach Absatz 1 aufzunehmen, kann somit als ein erstes Indiz dafür gesehen werden, daß die Lage zukunftsorientiert zu interpretieren ist. Dies bedeutet, daß die Lage nach § 289 Abs. 1 HGB nicht weiter in einem bilanziellen, an den Jahresabschluß gekoppelten Sinne interpretiert werden darf, sondern als Effektivlage zu interpretieren ist. Für die Vertreter der dynamischen, effektiven Sichtweise der Lage ist die Erweiterung nur eine Klarstellung der bisherigen Anforderungen. Die Vertreter der statischen, bilanziellen Sichtweise sind zum Umdenken ihrer Ansicht gezwungen[319].

5.3.1.2. Verwunderung über die Stellung der Erweiterung

Die Aufnahme der Erweiterung um Risiken der künftigen Entwicklung in Absatz 1 wurde in der Literatur mit Verwunderung aufgenommen[320]. Nach der herrschenden Meinung wird § 289 Abs. 2 HGB als Ergänzung

318 Vgl. BR-Drs. 872/97, S. 70.

319 Ellrott hält trotzdem an seiner Ansicht fest, die Lage der Gesellschaft statisch zu interpretieren. Vgl. Ellrott (1999), § 289 HGB, S. 1254, Rn. 15.

320 Vgl. Küting/Hütten (1997), S. 254; Gemeinsamer Arbeitsausschuß (1997), S. 498.

zu § 289 Abs. 1 HGB mit klarstellendem Charakter gedeutet[321]. Absatz 2 kommt danach lediglich eine deklaratorische Bedeutung zu. Es werden Berichtsgegenstände aufgelistet, deren Zweck darin liegt, das nach Absatz 1 geforderte Bild der tatsächlichen Verhältnisse hinsichtlich der Lage der Kapitalgesellschaft zu vermitteln. Die Aufnahme der Risikoberichterstattung in § 289 Abs. 1 HGB führt insofern zu einer Durchbrechung der bisherigen Gesetzessystematik, da nun schon in Absatz 1 eine Konkretisierung der Berichterstattung von Geschäftsverlauf und Lage angesprochen ist.
Der Grund dafür, daß der Gesetzgeber die Berichtspflicht über die Risiken in Absatz 1 aufgenommen hat, dürfte zum einen die große Bedeutung der Ergänzung sein, die er dieser für die Berichterstattung über die Lage der Gesellschaft beimißt und die er hiermit unterstreichen will[322]. Zum anderen verdeutlicht der Gesetzgeber durch die Aufnahme der Erweiterung in Absatz 1, daß er es als nicht mehr ausreichend betrachtet, wenn der Lagebegriff bilanziell interpretiert wird. Zwar war bereits nach bisher geltendem Recht eine Berichterstattung über die wahrscheinliche positive und negative Entwicklung sowie über Chancen und Risiken gefordert, doch zeigen empirische Studien über die Publizitätspraxis im Prognosebericht, daß der Forderung eher schleppend nachgekommen wurde[323].

Die Aufnahme der Erweiterung in § 289 Abs. 1 HGB zieht mehrere Konsequenzen nach sich:

1.) Ein Wahlrecht für die Berichterstattung[324], wie in der Literatur zum Teil argumentiert wird, besteht für den Risikobericht nicht.
2.) Zum Teil wird ferner die Meinung vertreten, daß eine Berichterstattung nach Absatz 2 unter bestimmten Umständen unterbleiben kann[325]. Durch die Aufnahme der Ergänzung in Absatz 1 gilt die Einschränkung nicht.
3.) Gemäß § 334 Abs. 1, Nr. 3 HGB gelten ausschließlich Verstöße gegen § 289 Abs. 1 HGB als Ordnungswidrigkeit. Nur wenn ordnungswidriges Handeln vorliegt, kann gemäß § 334 Abs. 3 HGB eine Geld-

321 Vgl. z.B. Stobbe (1988), S. 311; ADS (1995), § 289 HGB, S. 215, Tz. 94. Anderer Ansicht vgl. Maul (1984), S. 188 f.
322 Vgl. Küting/Hütten (1997), S. 254.
323 Vgl. Ballwieser (1997), S. 172 ff.; Dörner (1996), S. 226 ff.
324 Vgl. Maul (1984), S. 190.
325 Vgl. ADS (1995), § 289 HGB, S. 216, Tz. 95; Sieben (1987), S. 586.

buße in Höhe von bis zu 25 Tsd. € verhängt werden. Ein Verstoß gegen die Berichterstattungspflicht im Risikobericht gilt demnach als Ordnungswidrigkeit und kann geahndet werden.

Die Neuregelung wirft vor allem die Frage auf, was unter den Risiken der künftigen Entwicklung zu verstehen ist. Diese Frage wird weder im HGB noch in den Gesetzesbegründungen näher konkretisiert. Jede unternehmerische Tätigkeit unterliegt einem gewissen Risiko. Eine Berichterstattung über jegliches Risiko würde den Umfang der Berichterstattung sprengen. Es bedarf daher zunächst der Klärung, welche Risiken berichterstattungspflichtig im Sinne von § 289 Abs. 1 HGB sind.

5.3.1.3. Eingrenzung des Risikobegriffs

5.3.1.3.1. Erste Eingrenzung

Der Begriff „Risiko“ wird in der betriebswirtschaftlichen Literatur nicht einheitlich verwendet.

Im weiteren Sinne wird unter Risiko das Abweichen von einem erwarteten Wert verstanden. Das Abweichen vom erwarteten Wert ist in zwei Richtungen denkbar. Eine positive Abweichung bezeichnet man auch als Chance, eine negative als Gefahr[326]. Das Risiko im engeren Sinne umfaßt nur die negative Abweichung vom erwarteten Wert, d.h. die Gefahr. Die Gefahr kann sich auf eine negative Abweichung vom erwarteten Ergebnis, auf nicht genau absehbare Verluste oder Schäden und auch auf das Nichteintreten einer positiven Entwicklung beziehen[327].

Außerdem werden, abhängig vom Sicherheitsgrad der Erwartungen, drei Formen von Risiken im weiteren Sinne unterschieden[328]. Die erste Form bezeichnet man als Ungewißheit. Sie kennzeichnet eine Situation, in der völlige Unkenntnis über das Eintreten künftiger Umweltzustände herrscht. Die beiden anderen Formen sind das objektive und das subjektive Risiko. Im Unterschied zur Ungewißheit werden hier Wahrscheinlichkeiten für

---

326 Diese weitere Auslegung des „Risiko“ findet sich vor allem im Investitions- und Investmentbereich. Risiko drückt hier die Möglichkeit aus, daß es anders laufen kann, als erwartet.

327 Vgl. Krawitz (1999), § 289 HGB, S. 21, Rn. 70.

328 Vgl. Knight (1921), S. 224 f.
In der Literatur werden die Begriffe Ungewißheit und Unsicherheit teilweise auch in einem anderen Sinne verwendet. Vgl. Schneider (1997 b), S. 39 ff.

den Eintritt künftiger Umweltzustände zugeordnet[329]. Dem objektiven Risiko ist eine Wahrscheinlichkeit zugeordnet, die intersubjektiv nachvollziehbar ist[330]. In vielen Problemstellungen, wie z.B. bei allen in die Zukunft gerichteten ökonomischen Planungen, kann man keine objektiven Wahrscheinlichkeiten ermitteln. In solchen Situationen werden Wahrscheinlichkeiten zugeordnet, die der subjektiven Einschätzung sachkundiger Personen entspringen. Dementsprechend nennt man sie subjektive Wahrscheinlichkeiten[331]. Der Lagebericht, dessen Zweck die Vermittlung entscheidungsnützlicher Informationen ist, ist geprägt von subjektiven Einschätzungen über die zukünftige wirtschaftliche Lage des Unternehmens.

Da der Lagebericht, anders als der Jahresabschluß, weder an das Vorsichts- noch an das Imparitätsprinzip gebunden ist, könnte man die weite Auslegung des Risikobegriffs befürworten. Für eine weite Auslegung spricht auch, daß die Funktion des Lageberichts ausschließlich die Informationsvermittlung ist[332]. Trotz dieser beiden Argumente, die für eine weite Auslegung sprechen, geht die einhellige Meinung dahin, das Risiko eng auszulegen[333].

Der Grund dürfte darin zu sehen sein, daß der Oberzweck der Rechnungslegung der Kapitalgeberschutz ist. Hierzu hat der Lagebericht einen Beitrag zu leisten. Dies soll durch die Vermittlung von Informationen, die zur Entscheidungsfindung nützlich sind, geschehen. Die Vermittlung entscheidungsnützlicher Informationen ist aber nur ein Teilzweck zur Erfüllung des vorrangigen Oberzwecks. Zum Schutz vor Vermögensverlusten sind für aktuelle und potentielle Kapitalgeber vor allem die negativen Abweichungen vom erwarteten Wert von Bedeutung. Fänden auch die posi-

329 Vgl. Bamberg/Baur (1993), S. 91 f.

330 Die Wahrscheinlichkeit beim Würfelspiel mit einem Würfel ist z.B. für den Eintritt jeder Zahl 1 zu 6.

331 Liegen subjektive Wahrscheinlichkeiten vor, kann es durchaus vorkommen, daß zwei verschiedene Personen dem Eintreten eines bestimmten Ereignisses desselben Zufallsvorgangs unterschiedliche Wahrscheinlichkeiten beimessen.

332 Vgl. Dörner/Bischof (1999), S. 446.

333 Vgl. Moxter (1997), S. 722 f.; Baetge/Schulze (1998), S. 940; Küting/Hütten (1997), S. 446; Dörner/Bischof (1999), S. 446; Krawitz (1999), § 289 HGB, S. 22, Rn. 72; Kromschröder/Lück (1998), S. 1573; Lange (2001), S. 136, Rn. 18.

tiven Abweichungen vom erwarteten Wert ihren Niederschlag im Risikobericht, würde außerdem der Prognosebericht überflüssig werden.

Für eine enge Auslegung des Begriffs „Risiko" wird in der Literatur auch die Interpretation des Risikobegriffs, wie er im Jahresabschluß, insbesondere in § 252 Abs. 1, Nr. 4 HGB, verwendet wird, angeführt[334]. Diesem Argument ist allerdings nur bedingt zuzustimmen, da aufgrund der unterschiedlichen Subzwecke von Jahresabschluß und Lagebericht eine einheitliche Verwendung des Risikobegriffs nicht zwingend notwendig ist. Gemäß § 252 Abs. 1, Nr. 4 HGB wird Risiko im Jahresabschluß nur im engeren Sinne erfaßt, d.h. es wird auf mögliche Gefahren abgestellt. Diese sind, wenn sie bis zum Abschlußstichtag entstanden sind, im Jahresabschluß zu erfassen[335]. Gewinne sind nur zu berücksichtigen, wenn sie am Abschlußstichtag realisiert sind. Mögliche Gewinne oder - um bei den Begriffen des weiten Risikobegriffs zu bleiben - Chancen dürfen dagegen nicht berücksichtigt werden.

Bezogen auf das einzelne Unternehmen, bedeutet somit Risiko die Möglichkeit, daß eine wirtschaftliche Tätigkeit oder ihre Unterlassung zur Verminderung des Gesellschaftsvermögens, zu Verlusten oder zu anderen wirtschaftlichen Nachteilen führt[336].

5.3.1.3.2. Zweite Eingrenzung

Unternehmen sind mit zahlreichen Risiken konfrontiert[337]. Es würde zu einer sehr umfangreichen Berichterstattung führen, wenn über alles berichtet werden müßte, was zu negativen Abweichungen von einem erwarteten Wert führen könnte. Es ist augenscheinlich, daß dies nicht der beabsichtigte Zweck des Gesetzgebers sein kann[338]. Eine derartige Berichterstattung wäre weder praktisch durchführbar noch mit dem Grundsatz der Klarheit der Lageberichterstattung vereinbar[339]. Es wäre zu befürchten, daß bedeutenden Risiken neben unbedeutenden oder unwahr-

---

334 Vgl. Dörner/Bischof (1999), S. 446; Küting/Hütten (1997), S. 252.

335 Die Möglichkeit einer Gefahr bzw. eines zukünftigen Verlustes ist entscheidend für die Erfassung im Jahresabschluß. Im nachhinein kann sie sich als harmlos entpuppen.

336 Vgl. Küting/Hütten (1997), S. 252.

337 Zu den verschiedenen Risiken vgl. Kap. 2, Glp. 2.4.

338 Vgl. Ellrott (1999), § 289 HGB, S. 1256, Rn. 26.

339 Vgl. Dörner/Bischof (1999), S. 447.

scheinlichen Risiken keine ausreichende Würdigung zu Teil werden würde oder sie sogar untergehen würden. Der Risikobegriff muß deshalb enger gefaßt werden. Auf die allgemeinen unternehmerischen Risiken muß daher nicht eingegangen werden, sondern nur auf die speziellen oder besonderen Risiken der Kapitalgesellschaft[340].
Besondere Risiken sind, im Unterschied zu den allgemeinen Risiken, solche Risiken, von denen erstens vor allem die berichterstattende Gesellschaft betroffen ist und zweitens deren Eintritt die Gesellschaft besonders schwer trifft.

5.3.1.4. Inhaltliche Ausgestaltung des Risikobegriffs

Auch wenn der Gesetzgeber keine Einschränkung hinsichtlich der Risiken, über die zu berichten ist, vorgenommen hat, ist es sinnvoll, die Eingrenzung auf die besonderen Risiken der Kapitalgesellschaft noch weiter zu konkretisieren. Dies erscheint notwendig, wenn man den Zweck des Lageberichts, nämlich die Vermittlung entscheidungsnützlicher Informationen, berücksichtigt.

Maßstab für den Umfang der Berichterstattung über die besonderen Risiken sollten daher die Interessen der Lageberichtsadressaten sein. Somit ist nur über entscheidungsrelevante Risiken zu berichten. Als entscheidungsrelevante Risiken werden zum einen bestandsgefährdende Risiken und zum anderen Risiken, die einen wesentlichen Einfluß auf die Vermögens-, Finanz- und Ertragslage haben, angesehen[341]. Letztere Risiken können auch als Vorstufe der bestandsgefährdenden Risiken bezeichnet werden.

1.) Bestandsgefährdende Risiken

Bestandsgefährdende Risiken sind Risiken, die die Unternehmensfortführung bedrohen[342].
Die Darstellung bestandsgefährdender Risiken ist daher eng mit der Frage der Unternehmensfortführung verbunden[343]. Grundsätzlich ist gemäß § 252 Abs. 1, Nr. 2 HGB bei der Bilanzierung und Bewertung von der Fortführung der Unternehmenstätigkeit auszugehen (sog. going-concern-

---

340 Vgl. Ellrott (1999), § 289 HGB, S. 1256, Rn. 26.

341 Vgl. IDW (1998 a), S. 657, Rn. 29; Baetge/Schulze (1998), S. 942; Krawitz (1999), § 289 HGB, S. 23, Rn. 78; Dörner/Bischof (1999), S. 448 ff.

342 Vgl. z.B. ADS (1994), § 252 HGB, S. 33, Tz. 23.

343 Vgl. IDW (1998 a), S. 657, Rn. 30; Dörner/Bischof (1999), S. 448.

Prinzip). Geht die Unternehmensleitung aufgrund der wirtschaftlichen Verhältnisse hiervon aus, braucht darauf im Lagebericht nicht gesondert hingewiesen zu werden[344]. Die Annahme der Unternehmensfortführung muß aus den Ausführungen allerdings hervorgehen. Kann die Unternehmensleitung dagegen nicht von der Fortführung der Unternehmenstätigkeit ausgehen, ist dies in der Lageberichterstattung deutlich und unter Nennung der Gründe bzw. Anhaltspunkte darzustellen[345]. Als Gründe bzw. Anhaltspunkte für eine Gefährdung der Unternehmensfortführung kommen erhebliche dauerhafte Verluste, drohender Kreditentzug, Kürzung von Kreditlinien, Wegfall von Absatzmärkten, riskante Spekulationsgeschäfte oder eine falsche Produktauswahl in Frage[346]. Auf bestandsgefährdende Tatsachen, die der Annahme der Unternehmensfortführung zwar nicht widersprechen, deren Gefahr aber existent ist, muß durch eine abwägende Berichterstattung hingewiesen werden[347].
Der innere Zusammenhang zwischen der Beurteilung über die Fortführung des Unternehmens und der Angabepflicht von bestandsgefährdenden Risiken verlangt, daß beiden Sachverhalten ein identischer Beobachtungszeitraum zugrunde gelegt wird[348]. Da die Einschätzung der Fortführungsprämisse materielle Konsequenzen nach sich zieht, muß die Richtigkeit der Einschätzung durch eine sehr hohe Eintrittswahrscheinlichkeit abgesichert sein[349]. Deshalb wird, wenn keine fundierten Anhaltspunkte dafür vorliegen, daß die Annahme der Unternehmensfortführung zu einem danach liegenden Zeitpunkt nicht mehr gesichert ist, ein Zeitraum von 12 Monaten, gerechnet vom Abschlußstichtag, zugrunde gelegt[350]. Für Unternehmen mit längeren Produktionszyklen kann gegebenenfalls eine längere Berichtsperiode, z.B. ein voller Produktionszyklus, zweckmäßiger sein.

2.) Risiken mit einem wesentlichen Einfluß auf die Vermögens-, Finanz- und Ertragslage

Risiken mit einem wesentlichen Einfluß auf die Vermögens-, Finanz- und Ertragslage sind Risiken, die sich im Falle des Eintritts in wesentlichem Umfang nachteilig auf den Geschäftsverlauf bzw. auf die Lage auswirken

---

344 Vgl. IDW (1998 a), S. 657, Rn. 31.
345 Vgl. Dörner/Bischof (1999), S. 449.
346 Vgl. Ellrott (1999), § 289 HGB, S. 1257, Rn. 29.
347 Vgl. IDW (1998 a), S. 657, Rn. 32.
348 Vgl. IDW (1998 a), S. 657, Rn. 33; Dörner/Bischof (1999), S. 449.
349 Vgl. IDW (1998 a), S. 657, Rn. 33.
350 Vgl. ADS (1994), § 252 HGB, S. 34, Tz. 24.

und somit die künftige Entwicklung des Unternehmens beeinträchtigen können[351].

In Frage kommen Darstellungen über negative Abweichungen der möglichen Ergebnisse von den erwarteten Ergebnissen, die sich aufgrund von Preisentwicklungen, Mengenabweichungen, Wechselkurs- und Zinsentwicklungen oder Lohnforderungen ergeben können. Weiter ist über Risiken wichtiger Geschäftsführungsmaßnahmen, Risiken im operativen Bereich oder branchenbezogene Risiken wie Marktveränderungen, Wettbewerbs- oder Verbrauchsverschiebungen zu berichten. Ferner ist auf Risiken aufgrund von Störereignissen, gefährdeten Bereichen, Engpässen, Schwachstellen oder Abhängigkeiten im Produktions-, Absatz-, Beschaffungs-, Personal-, Finanzierungs- und Investitionsbereich einzugehen[352].

Der Berichtszeitraum über die Risiken, die sich wesentlich auf die Vermögens-, Finanz- und Ertragslage auswirken, sollte überschaubar sein. Wie beim Prognosebericht wird ein Zeitraum von 24 Monaten als angemessen betrachtet[353].

Ob bestimmte Risiken für das Unternehmen bestandsgefährdend werden können oder zumindest einen wesentlichen Einfluß auf die Vermögens-, Finanz- und Ertragslage haben, hängt entscheidend von der Bestandskraft des Unternehmens ab. Die Bestandskraft bezeichnet die Fähigkeit eines Unternehmens auch bei ungünstiger zukünftiger Entwicklung weiterhin am Markt zu bestehen. Erwirbt ein Unternehmen z.B. eine Lizenz und beinhaltet diese Lizenz neben einer großen Chance auch ein großes Risiko, ist zunächst zu klären, ob bei einer ungünstigen zukünftigen Entwicklung der Fortbestand des Unternehmens gefährdet ist[354]. Liegt eine

---

351 Vgl. IDW (1998 a), S. 658, Rn. 34.

352 Vgl. Ellrott (1999), § 289 HGB, S. 1257, Rn. 28.

353 Vgl. IDW (1998 a), S. 658, Rn. 36.

354 Zu denken ist z.B. an die Versteigerung der UMTS-Lizenzen. Der enorm hohe Preis für die einzelne Lizenz von über 8 Mrd. € läßt mittlerweile Zweifel aufkommen, ob es jemals zu einer Amortisation kommen wird. Dies scheint zumindest die Meinung der Finanzexperten zu sein, die die an der Versteigerung beteiligten Unternehmen abgestraft haben. So pendelt z.B. der Kurs der Deutschen Telekom, der noch im März 2000 über 100 € notierte, mittlerweile um 10 € (Stand: August 2002). Auch die Erwerber der Lizenz scheinen mittlerweile eingesehen zu haben, daß die Lizenz sehr teuer, vielleicht sogar zu teuer war. So zumindest ist die Klage der Mobilcom AG gegen das Versteigerungsverfahren zu verstehen. Ferner spricht hierfür das Zugeständnis der Deutschen Telekom, dem wirtschaftlichen Wahnsinn bei der Versteigerung der Lizenzen ein Ende bereiten zu wollen. Zuvor waren es

entsprechende Bestandskraft vor, so daß eintretende Risiken abgefedert werden können, ist in der Risikoberichterstattung nur auf eine mögliche negative Beeinflussung der wirtschaftlichen Lage durch die künftige Orientierung auf riskante Geschäftszweige hinzuweisen. Kann eine ungünstige Entwicklung hingegen nicht ausreichend abgefedert werden, wird eine ausführliche Berichterstattung notwendig. Ohne eine genaue Kenntnis der Bestandskraft ist eine fundierte Beurteilung der Risiken aus eingeleiteten künftigen Geschäften und aus den geplanten wirtschaftlichen Aktivitäten nicht möglich[355].

Die Berichterstattung darf sich nicht nur auf die bloße Darstellung der zukünftigen Risiken beschränken[356]. Es müssen auch die möglichen Folgen eines Eintritts des Risikos erläutert werden. Dies ergibt sich aus dem Zweck des Lageberichts, den Adressaten entscheidungsnützliche Informationen zur Verfügung zu stellen. Insbesondere für diejenigen Lageberichtsadressaten, die wenig Erfahrung im Umgang mit Lageberichten haben, ist dies aus Schutzgründen notwendig.
Die Berichterstattung über die Risiken der künftigen Entwicklung ist eine einseitige Risikendarstellung. Das bedeutet, daß keine Saldierung der Risiken mit eventuellen in der zukünftigen Entwicklung liegenden Chancen vorgenommen werden darf[357]. Neben die Darstellung der einzelnen Risiken sollte auch eine Gesamtbeurteilung des Risikos treten[358]. Zur Steigerung des Informationsgehalts sollten den Risiken objektive oder zumindest subjektive Wahrscheinlichkeiten zugeordnet werden. Erfolgt keine Quantifizierung des Risikos, besteht für den Lageberichtsadressaten nämlich der unbefriedigende Zustand der Ungewißheit[359]. Eine Beurtei-

---

der Bonner Konzern und Mannesmann Mobilfunk, die den Preis von 5,25 Mrd. € (bei dieser Höhe war der siebte Bewerber, debitel, ausgestiegen) auf 8 Mrd. € getrieben hatten, um einen weiteren Mitbewerber zum Aussteigen zu bewegen und einen dritten Frequenzblock zu erwerben. Da dies nicht gelang, lenkten sie letztendlich ein. Die Differenz von 2,75 Mrd. € hätten die Unternehmen sparen können.

355 Vgl. Baetge/Schulze (1998), S. 945.

356 Vgl. Küting/Hütten (1997), S. 252 f.

357 Siehe hierzu die analoge Verpflichtung zur Einzelbewertung im handelsrechtlichen Jahresabschluß. Gemäß § 252 Abs. 1, Nr. 3 HGB ist es verboten, Wertausgleiche zwischen Vermögensgegenständen und Schulden vorzunehmen.

358 Vgl. Krawitz (1999), § 289 HGB, S. 23, Rn. 83; Baetge/Schulze (1998), S. 943.

359 Vgl. Kap. 4, Glp. 5.3.1.3.1.

lung der Risikosituation der Gesellschaft und eine sich hieran anschließende Anlageentscheidung wäre dann nicht möglich.

Risiken, die auf Dritte wie z.B. Versicherungsgesellschaften, abgewälzt sind, brauchen dagegen nicht dargestellt zu werden[360]. Sie stellen für die Gesellschaft keine Gefahr dar, weil bei Eintritt des Risikos eine Kompensation des erlittenen Schaden vorgenommen wird. Deshalb resultiert hieraus im Eintrittsfall auch weder eine Bestandsgefährdung noch eine wesentliche Beeinträchtigung der Vermögens- Finanz- und Ertragslage. Es reicht aus, über den nicht abgesicherten Teil zu berichten[361]. Dies entspricht auch dem Grundsatz der Klarheit. Eine Berichterstattung über abgesicherte Risiken hätte für den Lageberichtsadressaten keinen Informationswert. Lediglich der Umfang der Berichterstattung würde unnötig ausgeweitet.

Risiken, die aufgrund des Vorsichts- und Imparitätsprinzips nach § 252 Abs. 1, Nr. 4 HGB (z.B. durch Rückstellungen, Wertberichtigungen oder außerplanmäßige Abschreibungen) bereits im Jahresabschluß der Berichtsperiode abgebildet worden sind, sollten ebenfalls im Lagebericht dargestellt werden[362]. In der Regel sind die Risiken durch die Abbildung im Jahresabschluß nicht ersichtlich. Die Ergänzungsaufgabe des Lageberichts erfordert es, daß über derartige Risiken berichtet wird. Gerade die schwierige Ermittlung von ungewissen Verbindlichkeiten kann durch entsprechende verbale Erläuterungen (Value-at-risk-Betrachtung) dargestellt werden, die zu einem besseren Verständnis der Lage der Gesellschaft beitragen.

Eine empirische Analyse der Risikopublizität der im DAX 100 notierten Unternehmen hat gezeigt, daß der Pflicht zur Risikoberichterstattung bisher nur sehr zögerlich nachgekommen wurde[363]. Der Deutsche Standardisierungsrat (DSR) hat dies erkannt und mit dem Deutschen Rechnungslegungs Standard Nr. 5 (DRS 5) einen Vorschlag für die Risikoberichterstattung unterbreitet. Sowohl für die Erstellung als auch für die Prüfung des Risikoberichts bietet der DRS 5 eine nützliche Hilfestel-

360 Vgl. Dörner/Bischof (1999), S. 448.
361 Vgl. Krawitz (1999), § 289 HGB, S. 24, Rn. 84.
362 Vgl. Küting/Hütten (1997), S. 253; Dörner/Bischof (1999), S. 447.
363 Vgl. Kajüter (2001 b), S. 105 ff.

lung[364]. Auch wenn der Wirkungskreis der Standards ausdrücklich auf die Konzernrechnungslegung beschränkt ist, wird in der Regel eine entsprechende Anwendung beim Einzelabschluß empfohlen[365]. Im Vergleich zur Stellungnahme des IDW (RS HFA 1: Aufstellung des Lageberichts) enthält der Standard des DSR umfassendere und detailliertere Regeln.

Der Vorschlag des DSR sieht für den Risikobericht eine Unterteilung in folgende sieben Hauptkategorien vor[366]:

- Umfeld- und Branchenrisiken,
- unternehmensstrategische Risiken,
- leistungswirtschaftliche Risiken,
- Personalrisiken,
- informationstechnische Risiken,
- finanzwirtschaftliche Risiken und
- sonstige Risiken.

Die Gliederung der Risiken dürfte hinreichend allgemeingültig gehalten sein, um branchenübergreifend eingesetzt zu werden. Andererseits zeigt dieser Vorschlag aber auch, daß die Entwicklung einer überschneidungsfreien und gleichzeitig allgemeingültigen Risikoeinteilung schwierig oder sogar nicht möglich ist[367].

5.3.1.5. Grundsatz der Wesentlichkeit

Die Eingrenzung des Risikos auf bestandsgefährdende Risiken und Risiken mit wesentlichem Einfluß auf die Vermögens-, Finanz- und Ertragslage ist Ausdruck des Wesentlichkeitsprinzips. Auch wenn nicht explizit kodifiziert, unterliegt die Lageberichterstattung nach allgemeiner Auffassung

---

364 Die Einführung eines deutschen Standard Setters (§ 342 HGB) ist ebenfalls eine Neuheit, die mit der Verabschiedung des KonTraG ins HGB eingefügt wurde. Unter anderem hat das Gremium die Aufgabe inne, Empfehlungen zur Anwendung der Grundsätze ordnungsmäßiger Konzernrechnungslegung zu entwickeln. Werden die bekannt gemachten Empfehlungen vom rechnungslegenden Unternehmen angewendet, so gilt die Vermutung, daß ordnungsgemäß Rechnung gelegt wurde (§ 342 Abs. 2 HGB).

365 So auch beim DRS 5. Vgl. DSR (2001), S. 15, Tz. 8.

366 Vgl. DSR (2001), S. 19, Tz. 17.

367 Vgl. Kajüter (2001 a), S. 209.

dem Grundsatz der Wesentlichkeit[368]. Was für die Lageberichterstattung im allgemeinen gilt, gilt natürlich auch für den Teil der Berichterstattung über die Risiken der künftigen Entwicklung.

Grundsätzlich wird durch eine umfangreiche Berichterstattung der Gesamtnutzen der Informationsvermittlung gesteigert. Eine umfangreiche Berichterstattung ist von daher aus Sicht der Lageberichtsadressaten zu begrüßen. Gleichzeitig sinkt aber der Grenznutzen jeder neuen Informationseinheit[369]. Das bedeutet, daß jede neue Informationseinheit relativ weniger zum Gesamtnutzen beiträgt als jede vorherige Informationseinheit.
Umgekehrt verhält es sich mit den Kosten. Die Gesamtkosten für die Informationsbeschaffung, -auswertung und -weitergabe steigen mit zunehmender Berichterstattung überproportional an. Daher steigen auch die Grenzkosten mit jeder zusätzlichen Informationseinheit weiter an. Die Beschaffung, Auswertung und Weitergabe jeder neuen Informationseinheit verursacht dementsprechend mehr Kosten als jede vorherige Einheit.

Da der Abstand von Grenzkosten und Grenznutzen ab einem bestimmten kritischen Informationsniveau immer größer wird, ist es aus Wirtschaftlichkeitsgründen nicht weiter vertretbar, ab diesem Niveau mit der Informationsbeschaffung, -auswertung und -vermittlung fortzufahren. Dieses Niveau ist allerdings schwer meßbar. Auf Seiten des Lageberichterstatters können die Kosten eventuell noch ermittelt werden. Auf Seiten der Lageberichtsadressaten dagegen scheint dies nicht möglich. Der Informationsnutzen ist wegen individuell differierender Präferenzen nicht ein-

---

368 Vgl. Lück (1995), § 289 HGB, S. 2011, Rn. 18; Baetge/Fischer/Paskert (1989), S. 21 f.

369 Ab einem bestimmten Informationsniveau führen zusätzliche Informationen für den Lageberichtsadressaten zu keinem nennenswerten Anstieg des Gesamtnutzens. Man könnte sogar ab einem bestimmten Informationsniveau X unterstellen, daß der Gesamtnutzen für den einzelnen Lageberichtsadressaten durch eine zusätzliche Informationseinheit sinkt. Das würde einen negativen Grenzertrag bedeuten. Dies könnte eintreten, wenn der Informationsgehalt nur noch banale Sachen enthält, d.h. es sich nicht um entscheidungsnützliche Informationen handelt. Der Lageberichtsadressat würde dann die Zeitkosten, die er zum Studium der Informationen benötigt, höher einschätzen als den Nutzen der zusätzlichen Informationen. Außerdem besteht bei zu umfangreicher Berichterstattung die Gefahr, daß wesentliche Informationen neben unwesentlichen Informationen untergehen. Es würde somit zu einem Verstoß gegen den Grundsatz der Klarheit kommen.

deutig feststellbar und somit auch nicht zu ermitteln. Aus Vereinfachungsgründen tritt daher an die Stelle des Gebots der Wirtschaftlichkeit der Grundsatz der Wesentlichkeit.
Wesentlichkeit bedeutet, daß die für die Adressaten entscheidungsrelevanten Sachverhalte offengelegt werden müssen, alle nicht entscheidungsrelevanten Sachverhalte dagegen vernachlässigt werden können[370]. Auf Sachverhalte, die zur Erreichung des Lageberichtszwecks (Vermittlung entscheidungsnützlicher Informationen) nicht von Bedeutung sind, muß der Lageberichterstatter deshalb nicht eingehen. Der Grundsatz der Wesentlichkeit erlaubt dem Lageberichterstatter wegen der Unbestimmtheit des Begriffs „Wesentlichkeit“ einen gewissen Ermessensspielraum in der Berichterstattung[371]. Das hierbei auftretende Problem ist, daß die Beurteilung, ob eine Information wesentlich ist, letzten Endes nur die Lageberichtsadressaten vornehmen können[372]. Sie haben aber auf die Informationen, die im Lagebericht gemacht werden, keinen Einfluß. Deshalb muß sich der Lageberichterstatter an Informationen orientieren, die für die Mehrheit der Adressaten als wichtig einzustufen sind[373].

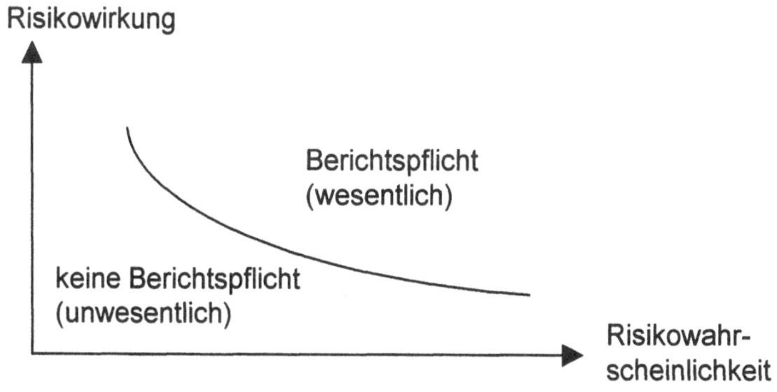

Abbildung 3: Wesentliche Berichtspflicht

370 Vgl. Lück (1975), S. 13.
371 Vgl. Ossadnik (1993), S. 1763.
372 Vgl. Baetge/Fischer/Paskert (1989), S. 22.
373 Sowohl die Stellungnahme des IDW zur Aufstellung des Lageberichts (IDW RS HFA 1) als auch der Deutsche Rechnungslegungs Standard über die Risikoberichterstattung (DRS Nr. 5) unterstützen den Lageberichterstatter bei der Frage, was als wesentlich zu qualifizieren ist.

Dies sind solche Informationen, bei deren Fehlen die Lageberichtsadressaten voraussichtlich geschädigt werden würden[374].
Unter den Grundsatz der Wesentlichkeit fällt auch, daß nur über solche Risiken zu berichten ist, deren Eintritt nicht realitätsfern ist. Eine Berichterstattung über bestandsgefährdende Risiken, wie die Zerstörung des Hauptstandortes durch einen Anschlag extremistischer Terroristen oder durch ein Erdbeben, würde z.B. keinen Sinn machen, da die Eintrittswahrscheinlichkeit zu gering ist. Derartige Informationen bringen den Lageberichtsadressaten keinen entscheidungsrelevanten Nutzen. Eine Berichterstattung, die auch auf Risiken von nur theoretischer Natur eingeht, kann nicht im Sinne des Gesetzgebers sein, da ihr kein Informationswert zukommt[375].
Mit dieser weiteren Einschränkung ergeben sich als berichtspflichtige Risiken im Sinne des § 289 Abs. 1 HGB solche Risiken, die erstens bestandsgefährdend sind oder eine wesentliche Auswirkung auf die Vermögens-, Finanz- und Ertragslage haben und zweitens mit einer erheblichen, wenn auch nicht notwendigerweise überwiegenden Wahrscheinlichkeit erwartet werden[376]. Die Berichtspflicht tritt also nicht erst dann ein, wenn die Eintrittswahrscheinlichkeit der Risiken über 50 % liegt.

5.3.1.6. Formen der Berichterstattung

Die Berichterstattung über die berichtspflichtigen Risiken kann auf vier Wegen erfolgen:

1.) Die Berichterstattung ist im Rahmen der Berichterstattung über die Lage der Gesellschaft möglich[377]. Diese Form der Berichterstattung würde sich am engsten an den Wortlaut des Gesetzes anlehnen („dabei ist auch auf die Risiken der künftigen Entwicklung einzugehen"). Das Wort „dabei" bezieht sich auf die Berichterstattung über den Geschäftsverlauf und die Lage. Da der Geschäftsverlauf über das vergangene Geschäftsjahr berichtet, muß es die Aufgabe der Berichterstattung über die Lage sein, das neue Berichtselement aufzunehmen. Da die Risiken der künftigen Entwicklung entscheidend die Lage bestimmen, wäre eine integrierte Berichterstattung durchaus

374 Vgl. Baetge/Fischer/Paskert (1989), S. 22.
375 Vgl. Küting/Hütten (1997), S, 252; Dörner/Bischof (1999), S. 447.
376 Vgl. IDW (1998 a), S. 657, Rn. 29.
377 Vgl. Dörner/Bischof (1999), S. 450.

sinnvoll. Außerdem beinhaltet - bei dynamischem Verständnis der Lage - die Berichterstattung über die Lage bereits Berichtsgegenstände, die zukunftsorientiert sind (Vorgänge von besonderer Bedeutung nach Schluß des Geschäftsjahres sowie vor allem die Berichterstattung über die voraussichtliche Entwicklung). Auch dies würde für eine gemeinsame Darstellung sprechen. Diesen Vorschlag präferiert das IDW[378].

2.) Des weiteren ist die Berichterstattung zusammen mit der Berichterstattung über die voraussichtliche Entwicklung der Kapitalgesellschaft möglich, falls hierüber eine separate Darstellung gemacht wird. Dies ergibt sich daraus, daß in diesem Berichtsteil schon explizit die Zukunft berücksichtigt wird. Während der Prognosebericht die erwartete, d.h. wahrscheinliche künftige Entwicklung darstellt, sind im Bericht über die Risiken der künftigen Entwicklung die möglichen negativen Abweichungen von dieser wahrscheinlichen Entwicklung aufzuzeigen. Der enge innere Zusammenhang zwischen beiden Berichtsteilen spricht für eine gemeinsame Darstellung.

3.) Eine dritte Möglichkeit, auf die Risiken der künftigen Entwicklung einzugehen wäre, dies an keiner gesonderten Stelle vorzunehmen, sondern die Risikoberichterstattung über den gesamten Lagebericht zu verteilen. Diese Form würde die Wichtigkeit, die der Gesetzgeber der Neuregelung beimißt, unterstreichen. Die komplette Berichterstattung würde dann unter besonderer Berücksichtigung des Risikoaspektes erfolgen. Diese Möglichkeit wäre allerdings nicht zweckmäßig, weil dann die Gefahr besteht, daß die Berichterstattung zu vorsichtig und zu negativ wirkt. Dies kann aktuelle und potentielle Kapitalgeber von einem finanziellen Engagement abschrecken.

4.) Außerdem besteht die Möglichkeit, über die Risiken der künftigen Entwicklung in einem eigenen Berichtsteil zu berichten. Diese Form der Berichterstattung würde das Risiko der künftigen Entwicklung deutlich hervorheben, aber trotzdem den Chancen ausreichend Raum gewähren. Im Risikobericht könnten die einzelnen Berichtsteile des Lageberichts unter dem neuen Aspekt künftiger Risiken einzeln gewürdigt werden. Außerdem könnten in einem gesonderten Berichtsteil die Risiken nach Eintrittswahrscheinlichkeit oder Schwere der Folgen differenziert dargestellt werden und so die Aussagefähigkeit erhöhen. Diese Darstellungsform würde zudem am besten dem Grundsatz der Klarheit entsprechen. Auch der nicht so kundige Lageberichtsleser

378 Vgl. IDW (1998 a), S. 656, Rn. 21.

könnte sich relativ problemlos, über die Risiken der Gesellschaft in Kenntnis zu setzen. Gemessen an den Informationsinteressen der Lageberichtsadressaten wäre diese Form der Berichterstattung am zweckmäßigsten.
Für diese Möglichkeit spricht sich auch der DRS 5 aus[379]. Damit räumt er einer übersichtlichen Darstellung der künftigen Risiken mit einer klaren Abgrenzung der verschiedenen Teilbereiche Priorität vor einer integrierten Darstellung zusammen mit dem Wirtschafts- oder Prognosebericht ein.

5.3.1.7. Grenzen der Berichterstattung

Schon in der Vergangenheit wurde darüber diskutiert, inwieweit im Einzelfall lageberichtspflichtige Inhalte als schutzwürdig angesehen werden können und deshalb nicht in die Berichterstattung einbezogen werden müssen. Die Erweiterung des Lageberichts um Risiken der künftigen Entwicklung hat diese Diskussion weiter verschärft[380].
§ 286 HGB enthält für bestimmte Angaben des Anhangs eine entsprechende Schutzklausel, die es dem berichtenden Unternehmen gestattet, von einer Berichterstattung abzusehen, wenn durch die Angabe dem berichtenden Unternehmen ein erheblicher Schaden zugefügt werden kann. Eine derartige Klausel gibt es für den Lagebericht nicht. Trotzdem besteht überwiegend die Ansicht, daß eine analoge Anwendung zur Vermeidung von Nachteilen auch für den Lagebericht gestattet ist[381]. Zumindest dann, wenn eine ausführliche Berichterstattung zu eindeutigen Nachteilen führt, sollte eine weniger detaillierte Berichterstattung gestattet sein. Durch eine allgemeiner gehaltene Formulierung von Aussagen dürften sich Nachteile für die Gesellschaft verhindern lassen, ohne daß dadurch ein falsches Bild von der Lage der Kapitalgesellschaft vermittelt wird[382].

Eine Übertragung der Schutzklausel auf den neuen Berichtsteil des Lageberichts ist nicht zweckmäßig. Könnten sich die Unternehmen nämlich auf eine Schutzklausel berufen, wäre zu befürchten, daß die Berichterstattung über die Risiken der künftigen Entwicklung mit Hinweis auf mögliche Nachteile für die Gesellschaft stark eingeschränkt würde.

---

379 Vgl. DSR (2001), S. 30, Tz. 30.
380 Vgl. Gelhausen (1997), S. 74.
381 Vgl. Baetge/Fischer/Paskert (1989), S. 14; Räuber (1988), S. 1287; Lück (1995), § 289 HGB, S. 2013, Rn. 27; Krumbholz (1994), S. 27.
382 Vgl. Lück (1995), § 289 HGB, S. 2013, Rn. 27.

Den Gesellschaften eine derartige Schutzklausel einzuräumen und dadurch den Informationsgehalt des Risikoberichts auf allgemeine Aussagen zu senken, würde dem Zweck des Lageberichts im allgemeinen und dem Zweck des Risikoberichts im besonderen widersprechen[383]. Denn gerade diejenigen Risiken, deren Eintritt das Unternehmen schwer treffen oder sogar grundlegend gefährden, sind für die Lageberichtsadressaten von besonderem Interesse. Die Einschränkung der Berichterstattung darf auch nicht mit der Begründung erfolgen, daß durch die Berichterstattung die Gefahr einer sog. self fulfilling prophecy[384] besteht[385]. Das Informationsinteresse der Berichtsadressaten ist somit höher einzustufen als der Schutz der berichtenden Gesellschaft. Nur wenn durch die Veröffentlichung eines detaillierten Risikoberichts nach objektiver Beurteilung und mit sehr hoher Wahrscheinlichkeit ein erheblicher Nachteil für das berichtende Unternehmen entsteht, ist eine diese Gefahr vermeidbare Verallgemeinerung der Angaben zulässig[386].

5.3.1.8. Bewertung

Die Bewertung der neuen Regelung ist an dem Beitrag, den sie zur Erfüllung des Zwecks der handelsrechtlichen Rechnungslegung leistet, vorzunehmen. Die Regelung kann zweckmäßig, zweckneutral oder zweckwidrig sein.

Die handelsrechtliche Rechnungslegung besteht aus zwei Instrumenten, dem Jahresabschluß und dem Lagebericht. Der Oberzweck der Rechnungslegung ist der Kapitalgeberschutz[387]. Dieser wird auf zwei Wegen durchgesetzt:

---

383 Vgl. Küting/Hütten (1997), S. 255.

384 Dies bedeutet, daß die beschriebenen Risiken vor allem wegen der Anpassungsreaktionen der Berichtsadressaten eintreten und so der Unternehmenszusammenbruch herbeigeführt wird.

385 Im Grünbuch der Europäischen Kommission wird zudem auf Studien verwiesen, nach denen bei einem Vergleich zwischen Gesellschaften mit ausdrücklich vermerkter Bestandsgefährdung und solchen Gesellschaften, die hierauf nicht hingewiesen haben, kein Unterschied hinsichtlich der Überlebensquote festgestellt werden konnte. Vgl. Europäische Kommission (1996), S. 284, Rn. 3.19.

386 Vgl. Küting/Hütten (1997), S. 255.

387 Vgl. Kap. 3, Glp. 1.2.2.

1.) durch Gewinnermittlung zur Ausschüttungsbemessung und
2.) durch Informationsvermittlung.

Die Gewinnermittlung zur Ausschüttungsbemessung und die Informationsvermittlung sind Teilzwecke, die zur Erfüllung des Oberzwecks beitragen.
Die Ermittlung eines ausschüttungsfähigen Gewinns ist die Aufgabe des Jahresabschlusses. Der Lagebericht leistet hierzu keinerlei Beitrag.
Bei der Informationsvermittlung muß man zwischen Informationen unterscheiden, die die Vergangenheit betreffen (Rechenschaftslegung) und Informationen, die in die Zukunft gerichtet sind (Informationen zur zukünftigen Entscheidungsfindung). Rechenschaftslegung wird in begrenztem Umfang durch den Jahresabschluß und durch den Lagebericht geleistet. Zur Vermittlung von Informationen, die die Zukunft des Unternehmens betreffen, trägt der Jahresabschluß aus konzeptionellen Gründen wenig bei[388]. Diese Aufgabe obliegt dem Lagebericht.
Ob die Pflicht zur Erweiterung der Lageberichterstattung zweckmäßig ist, ist an den Informationsinteressen der Lageberichtsadressaten, den Kapitalgebern, zu untersuchen.
Aktuelle und potentielle Fremdkapitalgeber wünschen Informationen, inwieweit das Unternehmen zukünftig fähig sein wird, seine vertraglich vereinbarten Zins- und Tilgungsforderungen fristgerecht zu erfüllen. Aktuelle und potentielle Gesellschafter benötigen Informationen über die Breite, zeitliche Struktur und Unsicherheit zukünftiger Ausschüttungen sowie über zukünftige Kursentwicklungen[389].
Die Lageberichtsadressaten haben somit hauptsächlich ein finanzielles Interesse am Unternehmen. Zur Befriedigung ihrer Interessen benötigen sie entscheidungsnützliche Informationen über die wirtschaftliche Lage des Unternehmens[390].

Die erweiterte Berichterstattung ist zweckmäßig, wenn die Vermittlung entscheidungsnützlicher Informationen verbessert wird. Dies trifft bei der Erweiterung der Berichterstattung um die Risiken der künftigen Entwicklung für beide Adressatengruppen eindeutig zu.
Zum einen werden Informationen bereitgestellt, die die Zukunft des Unternehmens betreffen und die mittels des Jahresabschlusses nicht oder

388 Vgl. Kap. 3, Glp. 1.3.1.
389 Vgl. Moxter (1966), S. 38.
390 Vgl. Kap. 3, Glp. 1.3.2.

nur sehr beschränkt abgebildet werden. Es handelt sich also um neue, weitergehende Informationen. Zum anderen sind die künftigen Risiken ein maßgeblicher Bestimmungsfaktor für die wirtschaftliche Lage des Unternehmens. Da sich die heutige Umwelt immer schneller wandelt, erlangt die Auseinandersetzung mit den künftigen Risiken eine zunehmende Bedeutung für das einzelne Unternehmen. Die erweiterte Berichterstattung zeigt diese Risiken, die andernfalls nur Unternehmensinsidern bekannt werden würden, allen Adressaten auf[391]. Des weiteren zeigt eine Berichterstattung über die künftigen Risiken, ob sich die Unternehmensleitung gewissenhaft mit der Zukunft des Unternehmens auseinandergesetzt hat. Informationen über Maßnahmen, die zur Bewältigung der Risiken unternommen werden, dürften eine positive Resonanz bei den Adressaten auslösen, da sie als ein Indikator für die Qualität der Unternehmensleitung anzusehen sind. Auch aus der Sicht der Unternehmensleitung kann die erweiterte Berichterstattung somit ein Vorteil sein.
Für eine vollständige Bewertung ist der Nutzen der erweiterten Berichterstattung den anfallenden Kosten gegenüberzustellen.
Die erweiterte Berichterstattung verursacht für das den Lagebericht erstellende Unternehmen Kosten. Da erhöhte Kosten den Gewinn schmälern, läuft die erweiterte Berichterstattung den Interessen der Lageberichtsadressaten zuerst einmal entgegen. Die Kosten entstehen aber nur für die Berichterstattung als solche. Zusätzliche Kosten entstehen nicht, da das Unternehmen bereits durch eine andere Regelung des KonTraG zur Einrichtung von Systemen verpflichtet ist, die Risiken zu identifizieren (§ 91 Abs. 2 AktG). Von einer ordentlichen Geschäftsführung wird man zudem erwarten dürfen, daß sie schon aus Eigeninteresse Kontrollsysteme eingerichtet hat, um über die Risiken hinreichend informiert zu sein, damit gegebenenfalls Gegenmaßnahmen eingeleitet werden können. Die Kosten der erweiterten Informationsberichterstattung und die damit verbundenen Kosten der Informationsbeschaffung sind daher unwesentlich.

Da der Nutzen der Risikoberichterstattung die anfallenden Kosten bei weitem übersteigt, ist die Erweiterung der Berichterstattung eindeutig zweckmäßig.

Die Zielsetzung des Gesetzgebers wird durch die erweiterte Berichterstattung ebenfalls erreicht. In der allgemeinen Begründung wird u.a. als

---

391 Es wird somit auch aus rechtlicher Sicht ein Beitrag zum Kapitalgeberschutz geleistet.

Ziel des KonTraG angeführt, daß der zunehmenden Ausrichtung deutscher Publikumsgesellschaften an den Informationsbedürfnissen internationaler Investoren stärker Rechnung getragen werden soll[392]. Die Versorgung der Investoren mit entscheidungsnützlichen Informationen wurde als nicht ausreichend angesehen. Empirische Studien über die Aussagekraft des Lageberichts deutscher Kapitalgesellschaften belegen dies[393]. Die Berichterstattung über die Risiken der künftigen Entwicklung zwingt die Unternehmensleitung zusätzliche Informationen bereitzustellen und führt somit zu einer Erhöhung der Aussagekraft des Lageberichts. Unterstellt man, daß internationale Kapitalgeber mit ihrer Kapitalüberlassung die gleichen (finanziellen) Interessen verfolgen wie nationale Kapitalgeber, so entspricht die neue Regelung auch deren Informationsbedürfnissen.

5.3.2. Neu gefaßter Prüfungsbericht

5.3.2.1. Interne Berichterstattung über die wirtschaftliche Lage nach altem Recht

Der Prüfungsbericht nach altem Recht enthielt keine explizite Forderung, zur wirtschaftlichen Lage des Unternehmens Stellung zu nehmen. Die Argumentation des Berufsstandes stützte sich hierbei vorwiegend auf ein Urteil des BGH vom 15. Dezember 1954[394]. In der Urteilsbegründung wird ausdrücklich festgehalten, daß der Abschlußprüfer die wirtschaftliche Lage des Unternehmens weder zu prüfen noch zu beurteilen hat, falls er hierzu keinen gesonderten Auftrag erhalten hat. Allerdings ist das Urteil zu relativieren. Es muß nämlich berücksichtigt werden, daß Gegenstand der Streitsache eine Abgrenzung der aktienrechtlichen Abschlußprüfung von einer Geschäftsführungsprüfung war. Die Auseinandersetzung mit der wirtschaftlichen Lage wurde einer Geschäftsführungsprüfung gleichgesetzt und aus diesem Grund für die aktienrechtliche Abschlußprüfung abgelehnt. Eine Beschränkung der Berichterstattung über die wirtschaftliche Lage des Unternehmens ist daher aufgrund dieses Urteils nicht zu rechtfertigen[395].

---

392 Vgl. Kap. 4, Glp. 5.1.

393 Vgl. z.B. Krumbholz (1994); Ballwieser (1997), S. 172 ff.

394 Vgl. BGH (1954), S. 17 ff.

395 Vgl. ausführlich Steiner (1991), S. 108 ff.; Jung (1996), S. 107 ff.

Eine indirekte Pflicht, sich mit der wirtschaftlichen Lage des Unternehmens auseinanderzusetzen, ergab sich aber aus §§ 321 Abs. 1, Satz 4 und Abs. 2 HGB (sog. kleine und große Redepflicht).

5.3.2.1.1. Kleine Redepflicht

Gemäß § 321 Abs. 1, Satz 4 HGB mußte der Abschlußprüfer nachteilige Veränderungen der Vermögens-, Finanz und Ertragslage gegenüber dem Vorjahr und Verluste, die das Jahresergebnis nicht unwesentlich beeinflußt hatten, aufführen und erläutern (sog. kleine Redepflicht)[396]. Anders als in Absatz 2 war die Berichtspflicht nach § 321 Abs. 1, Satz 4 HGB nicht dadurch eingeschränkt, daß der Abschlußprüfer die nachteiligen Veränderungen bei Wahrnehmung seiner Aufgaben feststellen mußte. Aus dem Fehlen dieser Einschränkung wurde aber keine Erweiterung der Prüfungspflicht abgeleitet. Insbesondere fiel hierunter keine betriebswirtschaftliche Analyse der Verlustursachen oder eine Wertung der Geschäftsführung[397].

Die Berichtspflicht nach § 321 Abs. 1, Satz 4 HGB war in mehrfacher Hinsicht beschränkt. In zeitlicher Hinsicht bestand die Beschränkung darin, daß nur solche Veränderungen einer Berichtspflicht unterlagen, die im Vergleich zum Vorjahr entstanden waren. In der Praxis wurde so verfahren, daß sich die Berichtspflicht auf die relativen Veränderungen der Vermögens-, Finanz- und Ertragslage reduzierte[398]. Hierzu wurden Kennzahlen wie die Eigenkapitalquote, der Verschuldungsgrad oder der Cash Flow gebildet und den entsprechenden Vorjahreswerten gegenübergestellt[399]. Durch die Verwendung von Werten aus der Bilanz oder der GuV-Rechnung ergab sich als weitere Einschränkung für die Auseinandersetzung mit der wirtschaftlichen Lage, daß nur Feststellungen über nachteilige Veränderungen der bilanziellen Lage getätigt wurden. Über ei-

---

396 Die sog. kleine Redepflicht wurde im Zuge des Bilanzrichtlinien-Gesetzes von 1985 eingeführt. Sie sollte zu einer Verbesserung der Unterrichtung der Verwaltungs- und Aufsichtsorgane führen. Nach der Auffassung des Gesetzgebers wurde nämlich in Prüfungsberichten nach altem Recht über nachteilige Veränderungen der Vermögens-, Finanz- und Ertragslage und erhebliche Verluste nicht mit der wünschenswerten Deutlichkeit berichtet. Vgl. BT-Drs. 10/317, S. 98.

397 Vgl. Claussen (1991), § 321 HGB, S. 731, Rn. 20.

398 Vgl. Steiner (1991), S. 168.

399 Vgl. Steiner (1991), S. 168.

ne Verschlechterung der effektiven Vermögens-, Finanz- und Ertragslage mußte nach § 321 Abs. 4, Satz 1 HGB keine Aussage getroffen werden. Außerdem folgt aus dem Abstellen auf Lagen, wie sie im bilanziellen Sinne verstanden werden, daß Veränderungen der Rahmenbedingungen, branchenspezifische Entwicklungsrisiken oder die Marktgerechtigkeit der Produkte nicht unter die Berichtspflicht fielen[400]. Der prospektive Inhalt der Berichterstattung nach § 321 Abs. 1, Satz 4 HGB war daher gering.

5.3.2.1.2. Große Redepflicht

Darüber hinaus mußte sich der Abschlußprüfer im Rahmen der Berichtspflicht nach § 321 Abs. 2 HGB mit der wirtschaftlichen Lage des Unternehmens befassen (sog. große Redepflicht). Hiernach trat eine Berichtspflicht ein, falls er bei Wahrnehmung seiner Aufgaben Tatsachen feststellte, die

1.) den Bestand des geprüften Unternehmens gefährdeten oder
2.) seine Entwicklung wesentlich beeinträchtigen konnten oder
3.) schwerwiegende Verstöße der gesetzlichen Vertreter gegen Gesetz, Gesellschaftsvertrag oder Satzung erkennen ließen.

Eine Bestandsgefährdung liegt vor, wenn ernsthaft damit gerechnet werden muß, daß ein Unternehmen in absehbarer Zukunft seinen Geschäftsbetrieb nicht weiter fortsetzen kann[401]. Da für Bestandsgefährdungen stets Entwicklungsbeeinträchtigungen ursächlich sind, war die Unterscheidung für die Berichterstattungspflicht ohne Bedeutung[402]. Die Entwicklung des Unternehmens beeinträchtigende Tatsachen wurden auch als zeitliche Vorstufe der Bestandsgefährdung bezeichnet[403]. Hierzu zählt man zusätzlich solche Tatsachen, die einen bisherigen positiven Trend unterbrechen oder ungünstig beeinflussen[404].
Die Berichterstattung nach § 322 Abs. 2 HGB war nicht an eine bestimmte Berichtsperiode gebunden, sondern fand objektbezogen statt[405]. Dies bedeutet, daß auch über solche Vorgänge zu berichten war, die

---

400 Vgl. Plendl (1990), S. 89 m.w.N.
401 Vgl. ADS (1988), § 321 HGB, S. 59, Tz. 169.
402 Vgl. Claussen (1991), § 321 HGB, S. 735, Rn. 29.
403 Vgl. Budde/Kunz (1995), § 321 HGB, S. 1876, Rn. 96.
404 Vgl. Budde/Kunz (1995), § 321 HGB, S. 1876, Rn. 95.
405 Vgl. Plendl (1990), S. 73.

noch keinen Niederschlag im Jahresabschluß gefunden hatten[406]. Insofern hätte hieraus eine weitreichende Berichterstattungspflicht resultieren können. Diese wurde jedoch durch die Formulierung „bei Wahrnehmung seiner Aufgaben“ eingeschränkt.

Aus der Einschränkung „bei Wahrnehmung seiner Aufgaben“ wurde gefolgert, daß es nicht zum Aufgabenbereich des Abschlußprüfers gehöre, die in Betracht kommenden Tatsachen aufzuspüren[407]. Sind ihm während der Prüfung allerdings unter Abs. 2 fallende Tatsachen aufgefallen, so mußte er dem Verdacht so lange nachgehen, bis sich dieser bestätigte oder er ihn widerlegen konnte[408]. Die große Redepflicht verpflichtete den Abschlußprüfer somit nicht, sich intensiv mit der wirtschaftlichen Lage des Unternehmens auseinanderzusetzen, sondern beschränkte die Auseinandersetzung auf die Fälle, in denen er im Rahmen seiner normalen Prüfungstätigkeit auf verdächtige, unter Abs. 2 fallende Tatsachen gestoßen war.

5.3.2.2. Interne Berichterstattung nach der Neufassung durch das KonTraG

5.3.2.2.1. Gründe für die Neufassung

In der Begründung der Neufassung der Vorschrift des Prüfungsberichts wird kritisiert, daß der Prüfungsbericht nach altem Recht häufig auf eine Aufgliederung und Erläuterung der Posten des Jahresabschlusses beschränkt war. Dadurch könnte er seine Aufgabe, den Aufsichtsrat bei der Überwachung des Vorstands zu unterstützen, nicht in vollem Umfang erfüllen. Außerdem wäre er häufig so abgefaßt, daß er nur sachkundigen Personen verständlich ist[409].
Dies führte zur völligen Neufassung des § 321 HGB durch das KonTraG. Das Ziel der Neufassung lag vor allem darin, den Prüfungsbericht durch eine problemorientierte Darstellung „aufsichtsratgerechter“ zu gestalten.

---

406 Darunter fiel z.B. die Berichterstattung über nachteilige schwebende Beschaffungs- oder Absatzverträge, die wegen ihrer Unterzeichnung nach dem Bilanzstichtag noch keine Rückstellung für drohende Verluste ausgelöst hatten. Vgl. Budde/Kunz (1995), § 321 HGB, S. 1879, Rn. 105.

407 Vgl. Steiner (1991), S. 177 f.

408 Vgl. Claussen (1991), § 321 HGB, S. 734, Rn. 27; Grewe (1986), § 321 HGB, S. 20, Rn. 75.

409 Vgl. BR-Drs. 872/97, S. 75.

Der Vorwurf, der Prüfungsbericht wäre nur sachkundigen Personen verständlich[410], führte zu der Verpflichtung, die Berichterstattung über Art und Umfang sowie über das Ergebnis der Prüfung mit der gebotenen Klarheit vorzunehmen (§ 321 Abs. 1, Satz 1 HGB). Während die formale Struktur des Prüfungsberichts nach bisherigem Recht dem Abschlußprüfer überlassen war, enthält die neue Vorschrift des Prüfungsberichts Gliederungshinweise[411]. Hiernach muß der Prüfungsbericht zumindest aus drei Abschnitten bestehen: einem Eingangsteil, einem Hauptteil und einem besonderen Abschnitt[412]. Die einzelnen geforderten Berichtsteile enthalten Indizien, daß auch für die Prüfung, insbesondere für die Prüfung des Lageberichts, ein bilanziell interpretierter Lagebegriff nicht länger mit den gesetzlichen Vorschriften vereinbar ist. Besonders deutlich wird dies im neuen § 321 Abs. 1, Satz 2 HGB, der Stellungnahme des Abschlußprüfers zur Beurteilung der Lage des Unternehmens durch die gesetzlichen Vertreter.

5.3.2.2.2. Eigene Stellungnahme des Abschlußprüfers

Ein Pendant zum Eingangsteil oder „Vorweg-Bericht" gab es nach bisherigem Recht nicht. § 321 Abs. 1, Satz 2 HGB bestimmt den Inhalt des Eingangsteils. Hiernach muß der Abschlußprüfer vorweg zu der Beurteilung der Lage des Unternehmens durch die gesetzlichen Vertreter Stellung nehmen, wobei er insbesondere auf die Beurteilung des Fortbestandes und der künftigen Entwicklung des Unternehmens unter Berücksich-

---

410 Dieser Vorwurf wird vom Schrifttum nicht anerkannt. Man sollte von einem Mitglied des Aufsichtsrat nämlich erwarten dürfen, daß es über die zum Verständnis einer gesetzlichen Rechnungslegung erforderlichen Kenntnisse verfügt und ein Grundverständnis für die wirtschaftlichen Gegebenheiten des Unternehmens mitbringt. Vgl. Pfitzer (1999), S. 655 m.w.N.

411 Nach altem Recht war ein formeller Aufbau des Prüfungsberichts nicht gesetzlich geregelt. Es existierten nur Ausführungen des Berufsstands. Vgl. IDW (1989 b), S. 20 ff.

412 Das IDW leitet aus diesen Gliederungshinweisen eine wesentlich feinere Gliederung ab. Sie besteht aus folgenden acht Gliederungspunkten: 1. Prüfungsauftrag, 2. Grundsätzliche Feststellungen, 3. Gegenstand, Art und Umfang der Prüfung, 4. Feststellungen und Erläuterungen zur Rechnungslegung, 5. Feststellungen zum Risikofrüherkennungssystem, 6. Feststellungen aus Erweiterungen des Prüfungsauftrags, 7. Bestätigungsvermerk, 8. Anlagen zum Prüfungsbericht. Vgl. IDW (1999 a), S. 244, Rn. 18 ff.; Pfitzer (1999), S. 657.

tigung des Lageberichts einzugehen hat, soweit die geprüften Unterlagen und der Lagebericht eine solche Beurteilung erlauben.

Der Referentenentwurf sah für § 321 Abs. 1, Satz 2 HGB eine andere Formulierung vor. Nach dem Wortlaut hätte dies für den Abschlußprüfer eine intensivere Auseinandersetzung mit der wirtschaftlichen Lage des Unternehmens bedeutet. Hiernach wurde im Prüfungsbericht vorweg eine „Beurteilung der Lage aus der Sicht des Prüfers“ gefordert[413]. Verglichen mit der im KonTraG verwendeten Formulierung, nach der eine „Stellungnahme zur Beurteilung der Lage des Unternehmens durch die gesetzlichen Vertreter“ gefordert ist, hätte der Vorschlag des Referentenentwurfs vom Abschlußprüfer eine Aussage verlangt, die stärker auf seine persönliche Einschätzung der wirtschaftlichen Lage des Unternehmens abstellt. In der Begründung des Referentenentwurfs wird aber deutlich, daß dies nicht vom Gesetzgeber vorgesehen war. Dort wird ausgeführt, daß der Prüfer in einem Eingangsteil des Prüfungsberichts zur Lage des Unternehmens, insbesondere zu deren Fortbestand und künftigen Entwicklung, unter Berücksichtigung des Lageberichts Stellung nehmen muß[414]. Auch nach dem Referentenentwurf war somit eine Stellungnahme zur Beurteilung der wirtschaftlichen Lage der gesetzlichen Vertreter und keine eigene Einschätzung gefordert. Die geänderte Formulierung im KonTraG dient somit lediglich der Klarstellung. Sie bedeutet nicht, daß das KonTraG im Vergleich zum Referentenentwurf zu einer intensitätsmäßig geringeren Auseinandersetzung mit der wirtschaftlichen Lage des Unternehmens verpflichtet.

Die besondere Bedeutung, die der Gesetzgeber der Stellungnahme des Abschlußprüfers zur Beurteilung der wirtschaftlichen Lage beimißt, zeigt sich schon an der exponierten Stellung, die er der Stellungnahme innerhalb des Prüfungsberichts zuweist. § 321 Abs. 1, Satz 2 HGB soll die problemorientierte Sicht, die in der Gesetzesbegründung der neu gefaßten Vorschrift des Prüfungsberichts an mehreren Stellen hervorgehoben wird, normieren[415]. Durch die hervorgehobene Stellung soll verhindert werden, daß sich die Berichtsempfänger mit der Behauptung exkulpieren

413 Vgl. RefE (1996), S. 2194.
414 Vgl. RefE (1996), S. 2195.
415 Vgl. BR-Drs. 872/97, S. 75 ff.

können, sie hätten die entsprechenden Ausführungen nicht gefunden, da sie in den anderen Ausführungen untergegangen seien[416].

Die geforderte Stellungnahme des Abschlußprüfers zur Lage des Unternehmens enthält keine Einschränkung, daß sie unter Beachtung der Grundsätze ordnungsmäßiger Buchführung zu erfolgen hat. Daraus kann gefolgert werden, daß die hier geforderte Lage nicht die bilanzielle Lage ist, sondern eine Lage, die die tatsächlichen, effektiven Verhältnisse des Unternehmens wiedergibt[417]. Diese Ansicht wird durch die weitere Ausführung der Vorschrift untermauert. In der Stellungnahme muß der Abschlußprüfer nämlich insbesondere auf die Beurteilung des Fortbestands sowie auf die Beurteilung der künftigen Entwicklung durch die gesetzlichen Vertreter des Unternehmens eingehen. Bei beiden ausdrücklich geforderten Ergänzungen handelt es sich um Berichtsgegenstände, die die Zukunft des Unternehmens betreffen. Die Hervorhebung spricht dafür, daß der Gesetzgeber die beiden Ergänzungen für besonders wichtige Bestimmungsfaktoren der wirtschaftlichen Lage hält. Ein bilanziell interpretierter Lagebegriff würde die beiden Ergänzungen aus konzeptionellen Gründen nicht berücksichtigen und kann deshalb nicht gemeint sein[418]. Die Ergänzungen bekräftigen somit die Ansicht, daß der Vorschrift ein effektiv zu interpretierender Lagebegriff zugrunde zu legen ist.
Die Stellungnahme zur wirtschaftlichen Lage hat gemäß der neuen Vorschrift unter expliziter Berücksichtigung des Lageberichts zu erfolgen. Die Forderung, bei der Stellungnahme zur wirtschaftlichen Lage den Lagebericht zu berücksichtigen, kann als ein weiteres Indiz dafür angesehen werden, daß der Gesetzgeber einen die Zukunft des Unternehmens berücksichtigenden Lagebegriff im Lagebericht für notwendig erachtet. Die Berücksichtigung des Lageberichts macht nämlich nur dann Sinn, wenn der Lagebericht Informationen enthält, die den Abschlußprüfer bei der Beurteilung der wirtschaftlichen (Effektiv-) Lage unterstützen. Würden im Lagebericht nur Informationen zu einer bilanziell verstandenen Lage bereitgestellt, wäre die Berücksichtigung des Lageberichts bei der Stellungnahme zur wirtschaftlichen Lage sinnlos, da sie keine Hilfe leisten würde. In diesem Fall müßte man den Zweck des Teilsatzes in Frage stellen.

---

416 Vgl. Forster (1997), S. 940.
417 Vgl. Budde/Kunz (1999), § 321 HGB, S. 1831, Rn. 15.
418 Zur inhaltlichen Abgrenzung zwischen bilanziell und effektiv interpretierter Lage vgl. Kap. 4, Glp. 5.2.3.2.

Als Stellungnahme wird die Äußerung der eigenen Meinung zu einem bestimmten Vorschlag bezeichnet[419]. Objekt der Stellungnahme ist die von den gesetzlichen Vertretern vorgenommene Beurteilung der Lage des Unternehmens. Die bloße Feststellung des Abschlußprüfers, daß er die nach § 289 Abs. 1 HGB geforderten Ausführungen des Vorstands zur Lage der Gesellschaft für gesetzeskonform hält, erfüllt die Anforderung einer Stellungnahme nicht[420]. Diese Aussage wird zudem im Hauptteil des Prüfungsberichts (§ 321 Abs. 2, Satz 1 HGB) gefordert. Ebenso genügt es nicht, die Stellungnahme auf die Feststellung zu beschränken, daß der Abschluß insgesamt unter Beachtung der Grundsätze ordnungsmäßiger Buchführung ein den tatsächlichen Verhältnissen entsprechendes Bild der Vermögens-, Finanz- und Ertragslage vermittelt[421]. Eine solche Feststellung würde zum einen auf die bilanzielle Lage abstellen, die hier aber gerade nicht gemeint ist, und zum anderen wird auch diese Feststellung erst im Hauptteil des Prüfungsberichts (§ 321 Abs. 2, Satz 2 HGB) gefordert und wäre somit ebenfalls eine Wiederholung.

Um zur Beurteilung durch die gesetzlichen Vertreter über die Lage des Unternehmens eine qualifizierte Meinungsäußerung abzugeben, wird vielmehr eine eigene, intensive betriebswirtschaftliche Analyse der wirtschaftlichen Lage des Unternehmens notwendig[422]. Nur dann erfüllt die Stellungnahme ihre gesetzliche Intention, eine zusätzliche Entscheidungshilfe für die Berichtsempfänger zu sein. Die Stellungnahme dient dem Zweck, die subjektive Lageeinschätzung der gesetzlichen Vertreter durch den Blickwinkel eines sachverständigen Dritten zu objektivieren[423]. Sie ist keine Beurteilung der Zweckmäßigkeit der geschäftspolitischen Maßnahmen oder der Qualifikation der gesetzlichen Vertreter[424]. Voraussetzung für die Stellungnahme ist die Bildung eines Vergleichsobjektes. Das Vergleichsobjekt zu den Ausführungen der gesetzlichen Vertreter bildet der Abschlußprüfer aus den Kenntnissen, die er während der Prüfung der Buchführung, des Jahresabschlusses, des Lageberichts sowie aus Einblicken in weitere Unterlagen wie Finanz- oder Investitionspläne erlangt hat. Das selbst gebildete Vergleichsobjekt hat er mit den Ausführungen der gesetzlichen Vertreter zu vergleichen und zu beurteilen. Ge-

419 Vgl. Brockhaus (1985 b), S. 132.
420 Vgl. Forster (1997), S. 942.
421 Vgl. Forster (1997), S. 942.
422 Vgl. Budde/Kunz (1999), § 321 HGB, S. 1832, Rn. 18; IDW (1999 a), S. 245, Rn. 26; Böcking (1999), S. 735 f.
423 Vgl. Hommelhoff (1998), S. 2571.
424 Vgl. Forster (1997), S. 948; ADS (1999), § 321 HGB, S. 413, Tz. 57.

langt der Abschlußprüfer als Folge seiner Prüfungshandlungen zu einer Lagebeurteilung, die insbesondere von derjenigen des Lageberichts abweicht, muß er entweder auf die Lageberichterstattung einwirken oder seine gegenteilige Auffassung im Prüfungsbericht und auch im Bestätigungsvermerk zum Ausdruck bringen[425].

Eine Einschränkung erfährt die Stellungnahme zur wirtschaftlichen Lage des Unternehmens durch den letzten Teilsatz in § 321 Abs. 1, Satz 2 HGB. Hiernach hat die Stellungnahme nur unter dem Vorbehalt zu erfolgen, soweit die geprüften Unterlagen[426] und der Lagebericht ... eine solche Beurteilung erlauben. Die Einschränkung wird in der Gesetzesbegründung erläutert[427]. Demnach kann und soll der Abschlußprüfer nur die Beurteilung des Vorstands überprüfen. Seine eigene Einschätzung der wirtschaftlichen Lage soll der Prüfer dagegen nicht an die Stelle derjenigen des Vorstands setzen. Er hat diese jedoch kritisch zu bewerten und soll Fragezeichen setzen, wenn hierzu Veranlassung besteht[428]. Die Einschränkung ist Ausdruck der grundsätzlichen Verantwortung der gesetzlichen Vertreter für die Darstellung der wirtschaftlichen Lage[429]. Sie dient der Verdeutlichung, daß der Abschlußprüfer nicht die Funktion eines „Obermanagers" einnehmen soll[430].

5.3.2.2.3. Prüfungsmaßnahmen für die Stellungnahme zur wirtschaftlichen Lage

Auch wenn die Verpflichtung zur Auseinandersetzung mit der wirtschaftlichen Lage des Unternehmens nach § 321 Abs. 1, Satz 2 HGB durch die

---

425 Vgl. Böcking (1999), S. 736.

426 Geprüfte Unterlagen sind die Unterlagen, die Gegenstand der Abschlußprüfung sind. Neben Buchführung, Jahresabschluß und Lagebericht zählen hierzu auch diejenigen Unterlagen, die der Abschlußprüfer im Rahmen der Prüfung ergänzend heranzieht, wie z.B. die Kostenrechnung, die Betriebsstatistik, Planungsrechnungen und Verträge. Vgl. z.B. IDW (1999 a), S. 245, Rn. 28.

427 Vgl. BR-Drs. 872/97, S. 76.

428 Eine kritische Bewertung setzt die Bildung eines eigenen Sollobjektes und damit letztlich - trotz der grundsätzlichen Verantwortung der gesetzlichen Vertreter für die Darstellung der wirtschaftlichen Lage - doch eine selbst gebildete und auf eigenen Prognosen basierende Vorstellung von der wirtschaftlichen Lage voraus.

429 Vgl. ADS (1999), § 317 HGB, S. 412, Tz. 56.

430 Vgl. Böcking (1999), S. 736.

Einschränkung „soweit die geprüften Unterlagen und der Lagebericht ... eine solche Beurteilung erlauben“ relativiert wird, muß sich der Abschlußprüfer für eine angemessene Stellungnahme einen tiefen Einblick in die Geschäftstätigkeit des Unternehmens verschaffen.

Einen ersten Eindruck - allerdings von der bilanziellen Lage des Unternehmens - erlangt der Abschlußprüfer durch die Erkenntnisse der traditionellen Jahresabschlußanalyse. Durch Gegenüberstellung wesentlicher Positionen der Bilanz und der GuV-Rechnung des abgelaufenen Geschäftsjahres mit den jeweiligen Vorjahreswerten können auf relativ einfache Weise Veränderungen festgestellt werden. Das gleiche gilt für einen Kennzahlenvergleich. Die Aufbereitung des Materials, das der Jahresabschluß vorgibt, reicht zu einer Beurteilung der wirtschaftlichen (Effektiv-) Lage aber nicht aus, da aus konzeptionellen Gründen die Zukunft des Unternehmens zu wenig berücksichtigt wird. Es kann nur ein „Vor“-Urteil über die wirtschaftliche Lage gefällt werden. Aufgrund der Mängel der traditionellen Bilanzanalyse sind mathematisch-statistische Verfahren entwickelt worden. Der Vorteil dieser Verfahren gegenüber der traditionellen Jahresabschlußanalyse liegt darin, daß sie mögliche widersprüchliche Einzelergebnisse[431] zu einem widerspruchsfreien Gesamturteil zusammenfassen. Den Hauptmangel der traditionellen Jahresabschlußanalyse, den Vergangenheitsbezug, beseitigen die modernen Verfahren aber nicht[432].

431 Ein Gesamturteil zu fällen ist problematisch, wenn eine Kennzahl ein positives Einzelurteil, eine andere Kennzahl dagegen ein negatives Einzelurteil über die Lage nahelegt. Dies wäre z.B. der Fall, wenn einer relativ hohen Rentabilität, eine relativ hohe Verschuldung gegenüber steht. Ein eindeutiges Gesamturteil kann in diesem Fall nicht getroffen werden. Je mehr Kennzahlen herangezogen werden, desto größer können die Widersprüche werden.

432 So lassen sich auch durch die Verwendung der viel gerühmten sog. Künstlichen Neuronalen Netze die Schwächen der Jahresabschlußanalyse nicht beseitigen. Künstliche Neuronale Netze bestehen aus mehreren, unterschiedlich gewichteten Kennzahlen, die zu einem Gesamturteil über die wirtschaftliche (bilanzielle) Lage aggregiert werden. Das Urteil des BP-14 (Backpropagation-Netz mit 14 Kennzahlen) setzt sich z.B. aus vierzehn Kennzahlen zusammen. Es gibt Aufschluß über die Bestandskraft, die in einem Unternehmen steckt, um künftige Schwierigkeiten zu überstehen. Künftige Erfolgspotentiale dagegen finden keine Berücksichtigung. Vgl. ausführlich Baetge/Jerschensky (1996), S. 1581 ff.

Für die Beurteilung der wirtschaftlichen Lage des Unternehmens ist, wie auch explizit in der neuen Vorschrift gefordert, die Beurteilung des Fortbestandes und der künftigen Entwicklung von besonders hoher Bedeutung. Die künftige Entwicklung des Unternehmens wird maßgeblich bestimmt durch die Stabilität vorhandener sowie durch die Generierung neuer Erfolgspotentiale. Hierzu ist es notwendig, daß der Abschlußprüfer seine Analysen nicht auf die Bilanz oder die GuV-Rechnung beschränkt, sondern strategische Analysen vornimmt. Branchenuntersuchungen, Portfolio-Analysen, Beurteilungen des Innovationspotentials, Marktanalysen, Beurteilungen der Managementqualität etc. werden notwendig. Nur durch die Kenntnis derart erweiterter Sachverhalte kann er qualifiziert zur wirtschaftlichen Lage des Unternehmens Stellung nehmen, und nur dann dient sein Urteil den Berichtsempfängern als Entscheidungshilfe. Die notwendigen Prüfungsmaßnahmen für die Stellungnahme zur wirtschaftlichen Lage des Unternehmens entsprechen zu großen Teilen den Prüfungsmaßnahmen für den Lagebericht, da auch bei der Prüfung des Lageberichts die wirtschaftliche (Effektiv-) Lage des Unternehmens im Mittelpunkt der Prüfung steht. Insgesamt erfordert die Stellungnahme zur Lagebeurteilung durch die gesetzlichen Vertreter aber umfangreichere Prüfungsmaßnahmen. Es bietet sich daher an, die in der Kommentarliteratur zum Inhalt und zur Prüfung des Lageberichts vorgeschlagenen Kriterien für die Stellungnahme zur wirtschaftlichen Lage nach § 321 Abs. 1, Satz 2 HGB zu erweitern und zu verfeinern[433]. Die gewonnenen Erkenntnisse helfen dem Prüfer sein „Vor"-Urteil über die wirtschaftliche Lage des Unternehmens auszubauen, zu relativieren oder zu verwerfen.

In der Literatur werden folgende Sachverhalte, die der Abschlußprüfer im Rahmen seiner eigenen Beurteilung der wirtschaftlichen Lage berücksichtigen sollte, genannt[434]:

- Strategische Ausrichtung des Unternehmens
- Branchenentwicklung und Kurzdarstellung der wichtigsten Konkurrenten
- Art und Anzahl der Produkte sowie der Produktionsstandorte
- Darstellung der wichtigsten Leistungspotentiale und Leistungsreserven im Vergleich zu Wettbewerbern

433 Vgl. Baetge (1995), S. 27.
434 Vgl. Hönig (1997), S. 1143 f.; Speziell zu Fragestellungen, die bei einer Analyse der Ertragslage zu beachten sind, vgl. Forster (1997), S. 946 f.

- Geographische Ausdehnung der Geschäftstätigkeit
- Anzahl der Betriebsstätten und Mitarbeiter
- Vertriebs- und Kundenstruktur
- Lieferantenbeziehungen
- Organisationsstruktur
- Planungssicherheit in der Brache und im Unternehmen
- Interne Kontrollen

5.3.2.2.4. Bewertung

Die oben aufgeführten Sachverhalte verdeutlichen, daß zur Beurteilung der wirtschaftlichen (Effektiv-) Lage eine intensive Auseinandersetzung mit der Geschäftstätigkeit des Unternehmens notwendig wird. Die Stellungnahme zur Beurteilung der wirtschaftlichen Lage verlangt Prüfungshandlungen, die weit über eine reine Ordnungsmäßigkeitsprüfung der Rechnungslegung hinausgehen. Dies entspricht der generell beobachtbaren Tendenz, daß die Abschlußprüfung nicht mehr überwiegend auf das Rechnungswesen und den richtigen Ausweis von Abschlußposten, sondern vermehrt auf die gesamte wirtschaftliche Tätigkeit des Unternehmens ausgerichtet ist[435]. Vom Abschlußprüfer wird heute zunehmend erwartet, daß er - ähnlich wie ein Unternehmensberater - die Geschäftstätigkeit des Unternehmens sowie die daraus resultierenden Risiken kennt und somit dem Unternehmen über die Abschlußprüfung hinaus einen zusätzlichen Nutzen stiften kann[436]. „Die Abschlußprüfung entwikkelt sich .... von einem ausschließlichen financial audit zunehmend zu einem erheblich anspruchsvolleren business audit“[437].
Für den Aufsichtsrat, d.h. den Empfänger des Prüfungsberichts, bedeutet die neue Regelung, daß er einen mit qualitativ hochwertigeren Informationen gefüllten Prüfungsbericht erwarten darf, der ihn bei der Überwachung des Vorstands besser unterstützen kann.

Inwieweit der Abschlußprüfer in der Lage sein wird, den geforderten Ansprüchen des neu gefaßten Prüfungsberichts Rechnung zu tragen, soll an dieser Stelle nicht weiter analysiert werden. Fakt ist aber, daß die Erkenntnisse, die sich aus dieser Vorschrift ergeben, eine nützliche Hilfe für die Prüfung des Lageberichts sind. Um der Verpflichtung nach § 321

435 Vgl. Dyckerhoff (2001), S. 119.
436 Vgl. Dörner (1998 a), S. 302.
437 Weber (1997), S. 793.

Abs. 1, Satz 2 HGB nachzukommen, muß sich der Prüfer nämlich intensiv mit der wirtschaftlichen (Effektiv-) Lage des Unternehmens auseinander gesetzt haben. Da die Darstellung der wirtschaftlichen Lage den Kern der Lageberichterstattung ausmacht, bildet die Verpflichtung, zur Beurteilung der wirtschaftlichen Lage durch die gesetzlichen Vertreter Stellung zu nehmen, den Vergleichsmaßstab für den Inhalt des Lageberichts. Die von den gesetzlichen Vertretern zu verantwortenden Ausführungen sollten den Adressaten einen Eindruck von der Lage des Unternehmens vermitteln, der der Beurteilung des Abschlußprüfers über die wirtschaftliche Lage des Unternehmens entspricht.

5.3.3. Neu gefaßter Bestätigungsvermerk

5.3.3.1. Externe Berichterstattung über die wirtschaftliche Lage nach altem Recht

Der Bestätigungsvermerk ist das publizierte Gesamturteil des Abschlußprüfers zur Rechnungslegung des geprüften Unternehmens. Vor der Verabschiedung des KonTraG war der Bestätigungsvermerk aufgeteilt in einen fest formulierten Kernteil (§ 322 Abs. 1 HGB)[438] und einen frei formulierbaren Ergänzungsteil (§ 322 Abs. 2 HGB). Der Ergänzungsteil fand in der Praxis kaum Beachtung. Der Bestätigungsvermerk alter Fassung bestand somit praktisch nur aus dem Prüfungsurteil[439].

Das Prüfungsurteil bezog sich auf die Übereinstimmung von Jahresabschluß und Lagebericht mit den gesetzlichen Normen. Mit Erteilung des Bestätigungsvermerks übernahm der Abschlußprüfer eine Mitverantwortung für die Richtigkeit von Jahresabschluß und Lagebericht[440]. Die Bestätigung der Richtigkeit erfolgte mit dem Zusatz, daß das Bild der Vermögens-, Finanz- und Ertragslage unter Beachtung der Grundsätze ordnungsmäßiger Buchführung vermittelt wird. Diese Einschränkung für die Aussagekraft des Bestätigungsvermerks war weiten Teilen der Adressaten nicht bewußt. Die Einschränkung bedeutete, daß lediglich die Richtig-

438 Gemäß § 322 Abs. 1 HGB hatte das sog. Formel-Testat folgenden Wortlaut: „Die Buchführung und der Jahresabschluß entsprechen nach meiner/ unserer pflichtgemäßen Prüfung den gesetzlichen Vorschriften. Der Jahresabschluß vermittelt unter Beachtung der Grundsätze ordnungsmäßiger Buchführung ein den tatsächlichen Verhältnissen entsprechendes Bild der Vermögens-, Finanz- und Ertragslage der Kapitalgesellschaft. Der Lagebericht steht im Einklang mit dem Jahresabschluß".

439 Vgl. Greve (2000), S. 1493, Tz. 389.

440 Vgl. Claussen (1991), § 322, S. 747, Rn. 3.

keit der Darstellung der bilanziellen Lage bestätigt wurde. Dagegen setzte ein Großteil der Adressaten den uneingeschränkten Bestätigungsvermerk mit einer Art „Qualitätssiegel" der wirtschaftlichen Lage des Unternehmens gleich[441]. Aussagen über die wirtschaftliche Lage, verstanden als effektive Lage, beinhaltete der Bestätigungsvermerk nach altem Recht aber nicht. Auch Unternehmen, die sich in wirtschaftlichen Schwierigkeiten befanden, mußte ein uneingeschränktes Testat erteilt werden, wenn im Jahresabschluß die Lage des Unternehmens gemäß der Vorschriften von Gesetz und Satzung und unter Beachtung der Grundsätze ordnungsmäßiger Buchführung abgebildet wurde und im Lagebericht, eventuell etwas verklausuliert, über die wirtschaftlichen Probleme berichtet wurde[442]. Der weitere Wortlaut des Formeltestats verdeutlicht, daß es auch beim Lagebericht vor allem um die Bestätigung der bilanziellen Lage des Unternehmens ging. Außerdem enthielt das Formeltestat nämlich die Aussage, daß der Lagebericht im Einklang mit dem Jahresabschluß steht. Da mittels des Jahresabschlusses die bilanzielle Lage des Unternehmens abgebildet wird, impliziert die Bindung der Prüfungsaussage an den Jahresabschluß, daß das Prüfungsurteil zum Lagebericht ebenfalls an eine bilanzielle Lageinterpretation anknüpfte.

5.3.3.2. Externe Berichterstattung nach der Neufassung durch das KonTraG

5.3.3.2.1. Gründe für die Neufassung

Wie der Prüfungsbericht, so ist auch der Bestätigungsvermerk durch das KonTraG grundlegend geändert worden. Der Hauptkritikpunkt am Bestätigungsvermerk alten Rechts lag darin, daß die aus der Natur des Jahresabschlusses resultierende Begrenztheit der Aussagekraft durch das Formeltestat nicht deutlich genug herausgestellt wurde[443]. Insbesondere die Aussagen, daß die Grundsätze ordnungsmäßiger Buchführung und die gesetzlichen Regelungen beachtet wurden, hätten zu Einschränkungen in der Aussagekraft geführt, die der Leser auf Grund des abgegebenen Testats nicht vermutete[444].

---

441 Vgl. Weber (1997), S. 797.
442 Vgl. Kirsch (1997), S. 961.
443 Vgl. BR-Drs. 872/97, S. 77 f.
444 Vgl. BR-Drs. 872/97, S. 77.

Diese Kritikpunkte sollten mit der Neufassung behoben werden. Um die Begrenztheit der Aussagekraft des Bestätigungsvermerks deutlicher zu machen, wurde der (formelhafte) Bestätigungsvermerk zu einem Bestätigungsbericht ausgebaut[445]. Der bisherige Ergänzungsteil wurde nicht übernommen. Die Neufassung schreibt für den Bestätigungsvermerk einige Eckpunkte vor, auf die der Abschlußprüfer in der Berichterstattung einzugehen hat. Danach besteht der Bestätigungsvermerk aus einem beschreibenden Abschnitt, dem Prüfungsurteil zum Jahresabschluß, der Angabe bestandsgefährdender Risiken sowie dem Prüfungsurteil zum Lagebericht.

Im beschreibenden Abschnitt sind Angaben zu Gegenstand, Art und Umfang der Prüfung sowie eine Beurteilung des Prüfungsergebnisses zu machen (§ 322 Abs. 1, Satz 2 HGB). Das Prüfungsurteil zum Jahresabschluß hat gemäß § 322 Abs. 1, Satz 3 HGB die Bestätigung zu enthalten, daß der Jahresabschluß nach der Beurteilung des Abschlußprüfers unter Beachtung der Grundsätze ordnungsmäßiger Buchführung ein den tatsächlichen Verhältnissen entsprechendes Bild der Vermögens-, Finanz und Ertragslage vermittelt. Außerdem hat der Prüfer gemäß § 322 Abs. 2, Satz 2 HGB auf Risiken, die den Fortbestand des Unternehmens gefährden, gesondert einzugehen. Darüber hinaus ist im Bestätigungsvermerk darauf einzugehen, ob der Lagebericht insgesamt eine zutreffende Vorstellung von der Lage des Unternehmens vermittelt und ob die Risiken der künftigen Entwicklung zutreffend dargestellt sind (§ 322 Abs. 3 HGB).

Einen weiteren Zweck, den der Gesetzgeber mit der Neufassung des Bestätigungsvermerks verfolgte, ist die deutlichere Herausstellung der Verantwortlichkeit der gesetzlichen Vertreter des Unternehmens für die Aufstellung der Rechnungslegung[446].

5.3.3.2.2. Explizites Eingehen auf den Lagebericht

Im Unterschied zum Bestätigungsvermerk nach altem Recht, worin lediglich die Aussage zu treffen war, daß der Lagebericht mit dem Jahresabschluß in Einklang steht, muß der Abschlußprüfer nach der Neufassung durch das KonTraG explizit auf den Lagebericht eingehen. Dies bedeutet, daß dem Urteil über die Prüfung des Lageberichts ein höheres Gewicht

---

445 Der Gesetzgeber hält trotzdem an dem Begriff „Bestätigungsvermerk" fest. Der Grund liegt darin, daß man sich durch die Beibehaltung des Begriffs eine ansonsten erforderliche Änderung anderer, auf § 322 HGB verweisender Gesetze ersparen kann. Vgl. Greve (2000), S. 1494, Tz. 390.

446 Vgl. BR-Drs. 872/97, S. 78.

zukommt. Der Abschlußprüfer hat nun zu erklären, ob nach seiner Beurteilung durch den Lagebericht ein den tatsächlichen Verhältnissen entsprechendes Bild von der Lage des Unternehmens vermittelt wird (§ 322 Abs. 3, Satz 1 HGB). Mit der Berichterstattung über den Lagebericht des Unternehmens gibt der Abschlußprüfer gegenüber den externen Adressaten ein eigenes Urteil über die Lage des Unternehmens ab[447]. Außerdem muß er gemäß § 322 Abs. 3, Satz 2 HGB darauf eingehen, ob die Risiken der künftigen Entwicklung zutreffend dargestellt sind. Die Beurteilung in § 322 Abs. 3 HGB knüpft an den in § 317 Abs. 2 HGB festgelegten Umfang der Prüfung an, ohne allerdings die dort geforderte Prüfung des Einklangs mit dem Jahresabschluß sowie mit den bei der Prüfung gewonnenen Erkenntnissen aufzugreifen. Diese Differenzierung verdeutlicht den hohen Stellenwert, den der Gesetzgeber der Prüfung der zutreffenden Vorstellung von der Lage des Unternehmens und den Risiken der künftigen Entwicklung beimißt.

Der neue Bestätigungsvermerk zum Lagebericht des Unternehmens enthält keine Einschränkung, daß die Beurteilung der Lage unter Beachtung der Grundsätze ordnungsmäßiger Buchführung zu erfolgen hat. Wie schon bei der eigenen Stellungnahme des Abschlußprüfers zur Lage des Unternehmens (§ 321 Abs. 1, Satz 2 HGB) kann daraus gefolgert werden, daß die hier geforderte Lage nicht die bilanzielle Lage ist, sondern eine Lage, die auf die tatsächlichen, effektiven Verhältnisse des Unternehmens abstellt[448]. Für diese Auffassung sprechen weitere Indizien der neuen Vorschrift.

Während es früher ausreichte, im Formeltestat den Einklang mit dem Jahresabschluß zu bestätigen, ist das Prüfungsurteil zum Lagebericht nach der neuen Vorschrift nicht an den nur die bilanzielle Lage darstellenden Jahresabschluß gebunden. Im neuen Bestätigungsvermerk stellt das Prüfungsurteil zum Lagebericht neben dem Prüfungsurteil zum Jahresabschluß einen eigenständigen Bestandteil des Bestätigungsvermerks dar. Hierin ist gesondert darauf einzugehen, ob der Lagebericht ein zutreffendes Bild von der Lage des Unternehmens vermittelt. Das Wegfallen der Bestätigung des Einklangs bedeutet, daß das Prüfungsurteil zum La-

---

447 Vgl. Hommelhoff/Mattheus (1998), S. 258.

448 Dagegen bleibt es beim Jahresabschluß bei der Bestätigung der bilanziellen Lage. Gemäß § 322 Abs. 1, Satz 3 HGB erfolgt die Bestätigung nämlich unter ausdrücklichem Hinweis, daß die Grundsätze ordnungsmäßiger Buchführung beachtet wurden.

gebericht unabhängig von der bilanziellen Lagedarstellung des Jahresabschlusses ist.
Auch anhand der Entstehungsgeschichte des KonTraG kann auf eine unterschiedliche Lage beim Prüfungsurteil zum Jahresabschluß und beim Prüfungsurteil zum Lagebericht geschlossen werden. In § 322 Abs. 1, Satz 3 HGB, der Vorschrift über das Prüfungsurteil zum Jahresabschluß, ist nämlich bewußt der Einschub vorgenommen worden, daß der Jahresabschluß nur unter Beachtung der Grundsätze ordnungsmäßiger Buchführung ein den tatsächlichen Verhältnissen entsprechendes Bild der Vermögens-, Finanz- und Ertragslage vermitteln soll. Ursprünglich sah der Bestätigungsvermerk zum Jahresabschluß diesen Einschub nicht vor[449]. Durch den bewußten Einschub verdeutlicht der Gesetzgeber, daß mit dem Prüfungsurteil zum Jahresabschluß nur die bilanzielle Lage des Unternehmens bestätigt werden soll[450]. Da beim Prüfungsurteil zum Lagebericht kein derartiger nachträglicher Einschub vorgenommen wurde, kann man davon ausgehen, daß der Gesetzgeber im Lagebericht die Bestätigung einer anderen, umfassenderen Lage vorsieht. Das Prüfungsurteil verlangt, daß der Abschlußprüfer darauf eingeht, ob der Lagebericht insgesamt eine zutreffende Vorstellung von der Lage des Unternehmens vermittelt.
Schließlich spricht gegen eine bilanzielle und für eine effektive Sichtweise des Lagebegriffs die ausdrückliche Verpflichtung im Bestätigungsvermerk auf die Risiken der künftigen Entwicklung einzugehen[451].

Die hohe Bedeutung, die der Gesetzgeber den Risiken, und zwar insbesondere den bestandsgefährdenden Risiken, beimißt, zeigt sich an der Verpflichtung in § 322 Abs. 2, Satz 2 HGB, auf diese gesondert einzugehen. Diese Verpflichtung ist eng mit der Pflicht der gesetzlichen Vertreter, über die Risiken der künftigen Entwicklung im Risikobericht (§ 289 Abs. 1, 2. Halbsatz HGB) zu berichten, verbunden. Auch der Risikobericht hat nämlich Angaben zu bestandsgefährdenden Risiken als Pflichtbestandteil zu enthalten. Inwieweit auf diese im Bestätigungsvermerk zusätzlich ein-

449 Vgl. RefE (1996), S. 2195.

450 Ohne den Einschub würde zumindest in formaler Hinsicht eine Inkonsistenz zwischen Rechnungslegung und Prüfungsurteil bestehen, da sich die Rechnungslegung an der Einschränkung „unter Beachtung der GoB“ orientiert. Der nachträgliche Einschub hat dies verhindert. Vgl. Kirsch (1997), S. 967.

451 Vgl. Kap. 4, Glp. 5.3.1.1.

gegangen werden muß, ist in der Literatur umstritten[452]. Vorwiegend dürfte sich diese externe Berichtspflicht aber an die Ausführungen des Risikoberichts anlehnen.
Enthält der Lagebericht nach der Auffassung des Abschlußprüfers in nicht ausreichendem Maße Angaben zu bestandsgefährdenden Risiken, so wirkt § 322 Abs. 2, Satz 2 HGB als probates Druckmittel gegen die gesetzlichen Vertreter des Unternehmens, derartige Angaben zu machen. Es ist nämlich davon auszugehen, daß ein Hinweis des Abschlußprüfers auf bestandsgefährdende Risiken im Bestätigungsvermerk, auf die im Lagebericht nicht eingegangen wurde, eine wesentlich negativere Publizität nach sich zieht, als wenn diese Risiken von den gesetzlichen Vertretern selbst im Lagebericht gemacht werden. Eine nicht ausreichende Darstellung der Risikolage im Lagebericht kann zudem eine Einschränkung oder Versagung des Bestätigungsvermerks begründen[453].

5.3.3.2.3. Bewertung

Auch für den Bestätigungsvermerk, das Prüfungsurteil des Abschlußprüfers gegenüber den externen Adressaten, reicht es nach neuem Recht nicht mehr aus, wenn der Abschlußprüfer eine bilanziell interpretierte Lageberichtslage bestätigt.
Dies bedeutet, daß der Abschlußprüfer nach neuem Recht ein anspruchsvolleres Prüfungsurteil über die Richtigkeit des Lageberichts abzugeben hat. Das abzugebende Prüfungsurteil setzt sich neben den Prüfungsergebnissen des Lageberichts auch aus den sonstigen Prüfungserkenntnissen des Abschlußprüfers - vor allem aus den Erkenntnissen, die er im Rahmen der eigenen Stellungnahme nach § 321 Abs. 1, Satz 2 HGB gesammelt hat - zusammen. Nach altem Recht waren, zumindest wenn man den Begriff der Lage bilanziell ausgelegt hat, überwiegend vergangenheitsorientierte Angaben zu bestätigen. Der neue Bestätigungsvermerk dagegen verlangt Prüfungsaussagen über eine Berichter-

---

452 Kirsch hält z.B. eine detaillierte Aufführung etwaiger Risiken für angebracht. Vgl. Kirsch (1997). Dagegen sind Budde/Kunz der Ansicht, daß es ausreicht, die betreffenden Risiken kurz zu charakterisieren und ansonsten auf die Ausführungen im Lagebericht hinzuweisen. Vgl. Budde/Kunz (1999), § 322 HGB, S. 1868, Rn. 26. Dörner befürchtet, daß eine Wiederholung der Risiken im Bestätigungsvermerk die Gefahr der self fulfilling prophecy schüren würde, und hält eine Wiederholung für nicht sinnvoll. Vgl. Dörner (1998 a), S. 305.

453 Vgl. IDW (1999 b), S. 338, Rn. 78.

stattung, die Angaben zu einer effektiv interpretierten Lage enthält. Diese muß, soll sie den Informationsinteressen der Adressaten gerecht werden, Angaben über die Fähigkeit des Unternehmens enthalten, wie es seine Ziele in der Zukunft realisieren will. Da Informationen über die Zukunft nicht auf ihre Richtigkeit hin geprüft werden können, bedeutet eine Bestätigung derartiger Angaben ein wesentlich größeres Risiko für den Abschlußprüfer. Wie der neu gefaßte Prüfungsbericht gegenüber den internen Adressaten, so verlangt der neu gefaßte Bestätigungsvermerk gegenüber den externen Adressaten vom Abschlußprüfer Prüfungsaussagen, die über eine reine Bestätigung der Ordnungsmäßigkeit der Rechnungslegung hinausgehen.

5.3.4. Ergebnis

In der Vergangenheit herrschte im Schrifttum Uneinigkeit darüber, wie das zentrale Berichtselement des Lageberichts - die Berichterstattung über die Lage - zu interpretieren ist. Ein Teil vertrat die Ansicht, daß die Lage im bilanziellen Sinne zu interpretieren sei. Bei dieser Ansicht beschränkt sich die Berichterstattung über die Lage größtenteils auf eine verbale Wiederholung der quantitativen Angaben zur Vermögens-, Finanz- und Ertragslage, wie sie vom Jahresabschluß bereitgestellt werden. Die Berichterstattung endet am Bilanzstichtag. Andere vertraten die Ansicht, daß dies nicht ausreichen würde, und forderten eine Berichterstattung, die zum einen über den Bilanzstichtag hinaus auch die nähere Zukunft mit berücksichtigt und zum anderen weitere Informationen enthält, die über die bilanzielle Vermögens-, Finanz- und Ertragslage hinausgehen. Eine so verstandene Lage kann als effektive Lage bezeichnet werden.

Das neue Berichtselement, die Berichterstattung über die Risiken der künftigen Entwicklung, bereitet dieser Diskussion ein Ende. Dies zeigt sich an der Stellung, welche die Risikoberichterstattung innerhalb des Lageberichts einnimmt. Die Risikoberichterstattung wurde als Halbsatz an § 289 Abs.1 HGB angehängt und nicht, obwohl es der bisherigen Gesetzessystematik eher entsprochen hätte, als zusätzlich aufgeführter Berichtsgegenstand in § 289 Abs. 2 HGB aufgenommen. Dies verdeutlicht zum einen den besonderen Stellenwert, welcher der Risikoberichterstattung eingeräumt wird, und zeigt zum anderen, daß eine bilanziell interpretierte Lage nicht mehr den gesetzlichen Anforderungen gerecht wird. Nach dem Wortlaut des Gesetzes hat die Risikoberichterstattung nämlich

im Rahmen der Berichterstattung über die Lage der Gesellschaft zu erfolgen („... dabei ist auch auf die Risiken der künftigen Entwicklung einzugehen".). Die hieraus resultierenden Konsequenzen hinsichtlich der Interpretation der Lage waren dem Gesetzgeber bewußt. Dies geht aus der amtlichen Begründung hervor. In der Begründung macht der Gesetzgeber nämlich deutlich, daß er es als nicht mehr ausreichend ansieht, wenn die Berichterstattung über die Lage keine erweiterten Informationen, die über die (bilanzielle) Vermögens-, Finanz- und Ertragslage hinausgehen, enthält[454]. Aufgrund der Aufnahme in § 289 Abs. 1 HGB wird das neue Berichtselement zu einem integralen Bestandteil der Berichterstattung über die Lage der Gesellschaft. Die Pflicht, auf die Risiken der künftigen Entwicklung einzugehen, erfordert eine Berichterstattung, die über den Bilanzstichtag hinausgeht. Eine bilanziell verstandene Lage könnte diese Anforderung aus konzeptionellen Gründen nicht berücksichtigen. Interpretiert man die Lage dagegen im effektiven Sinne, so sind auch ohne die explizite, gesetzliche Forderung derartige Angaben zu machen. Die Risikoberichterstattung stellt dies klar.
Auch der neu gefaßte Prüfungsbericht beinhaltet Indizien, daß es in Zukunft nicht mehr ausreicht, wenn lediglich Angaben zu einer bilanziell verstandenen Lage gemacht werden.
Gemäß § 321 Abs. 1, Satz 2 HGB hat der Abschlußprüfer in einem Eingangsteil zur Lage des Unternehmens, wie sie die gesetzlichen Vertreter dargelegt haben, Stellung zu nehmen. Insbesondere soll bei der Stellungnahme auf die Beurteilung des Fortbestandes sowie die künftige Entwicklung des Unternehmens unter Berücksichtigung des Lageberichts eingegangen werden. Bei beiden Ergänzungen, die in der neuen Vorschrift besonders herausgestellt werden, handelt es sich um Berichtsgegenstände, die ein bilanziell interpretierter Lagebegriff aus konzeptionellen Gründen nicht oder zumindest nicht in angemessenem Umfang berücksichtigt. Die Forderung, den Lagebericht zu berücksichtigen, bedeutet, daß der Lagebericht Angaben beinhalten muß, die zur Darstellung dieser effektiv interpretierten Lage geeignet sind. Außerdem wird lediglich von der Lage gesprochen und nicht - wie zum Beispiel in § 321 Abs. 2, Satz 2 HGB - von der Vermögens-, Finanz- und Ertragslage. Beides sind Indizien, die den Schluß nahe legen, daß der Lagebegriff im Lagebericht nicht im bilanziellen Sinne, sondern in einem umfassenderen, effektiven Sinne interpretiert werden muß.

454 Vgl. BR-Drs. 872/97, S. 70.

Wie schon bei der Erweiterung der Berichterstattung um die Risiken der künftigen Entwicklung und dem neu gefaßten Prüfungsbericht lassen sich auch beim neu gefaßten § 322 HGB Indizien herausarbeiten, die dafür sprechen, daß es nicht länger ausreicht, den Begriff „Lage" bilanziell zu interpretieren, sondern daß es notwendig ist, die Lage weiter zu fassen.
Dies zeigt sich zum einen am Wegfall der Bestätigung des Einklangs von Jahresabschluß und Lagebericht. Damit ist die Bestätigung des Lageberichts nicht mehr an den - die bilanzielle Lage darstellenden - Jahresabschluß gebunden, sondern ist zu einem eigenständigen Bestandteil des Bestätigungsvermerks geworden. Zum anderen spricht die Entstehungsgeschichte des § 322 HGB dafür, daß unterschiedliche Lagen im Jahresabschluß und Lagebericht bestätigt werden sollen. Während das Prüfungsurteil zum Jahresabschluß nachträglich mit dem Einschub versehen wurde, daß die Richtigkeit unter Beachtung der GoB bestätigt wird, hat der Gesetzgeber diesen einschränkenden Einschub für den Lagebericht nicht vorgenommen. Außerdem enthält der Bestätigungsvermerk für den Lagebericht die explizite Forderung darauf einzugehen, ob im Lagebericht die Risiken der künftigen Entwicklung dargestellt sind.

Ein neues Verständnis des zentralen Begriffes „Lage" zieht nicht nur Konsequenzen für den Rechnungslegenden nach sich, sondern bedeutet auch wesentliche Änderungen für die Prüfung des Lageberichts, und zwar für den gesamten Prüfungsprozeß.

6. Prüfung des Lageberichts nach neuem Recht

6.1. Darstellung und Zweck der neuen Vorschrift

Die Prüfungsvorschriften des Lageberichts sind grundlegend geändert worden. Sie werden nun in einem eigenen Absatz geregelt (§ 317 Abs. 2 HGB).
Die Negativfeststellung, daß die sonstigen Angaben im Lagebericht keine falsche Vorstellung von der Lage der Gesellschaft erwecken dürfen, ist in eine Positivfeststellung geändert worden. Mit Inkrafttreten des KonTraG ist der Lagebericht daraufhin zu prüfen, ob die Lage der Gesellschaft zutreffend dargestellt wird. Außerdem ist als Ergänzung zur Erweiterung der Berichtspflicht in § 289 Abs. 1, 2. Halbsatz HGB zu prüfen, ob die Risiken der künftigen Entwicklung zutreffend dargestellt sind. Als weitere Änderung hat der Abschlußprüfer nun auch die bei der Prüfung gewonnenen Erkenntnisse auf Einklang mit dem Lagebericht zu prüfen. Die Einklangsprüfung von Jahresabschluß und Lagebericht bleibt bestehen.

Von der Neufassung des § 317 HGB erhofft sich der Gesetzgeber insbesondere, daß in Anlehnung an internationale Grundsätze eine stärkere Problemorientierung der Prüfung erreicht wird[455].

Mit der Erweiterung der Prüfungsvorschriften um die Risiken der künftigen Entwicklung sowie der Einklangsprüfung des Jahresabschlusses mit den bei der Prüfung gewonnenen Erkenntnissen des Prüfers bezweckt der Gesetzgeber, daß dem Aufsichtsrat eine bessere Beurteilung der Tätigkeit der Vorstände erlaubt wird[456]. Hierzu dient insbesondere die Verpflichtung, zur Beurteilung der Lage des Unternehmens durch die gesetzlichen Vertreter Stellung zu nehmen (§ 321 Abs. 1, Satz 2 HGB). Die erweiterte Berichtspflicht soll nach der Auffassung des Gesetzgebers dazu beitragen, daß der Aufsichtsrat umfassender über die Lage des Unternehmens und dessen mögliche Gefährdung unterrichtet wird[457].

Ferner soll mit der Erweiterung der Prüfungsvorschrift die Prüfung des Lageberichts stärker an die Erwartungen der Öffentlichkeit angepaßt werden[458]. Die erweiterte Prüfungsvorschrift unterstreicht, daß der Gesetzgeber die Bedeutung des Lageberichts erhöhen will. Weitergehend als bisher hat der Abschlußprüfer nach neuem Recht zu prüfen, ob der Lagebericht eine zutreffende Vorstellung von der Lage des Unternehmens vermittelt. Die Vermittlung einer zutreffenden Vorstellung ist nur möglich, wenn die Aussagekraft des Lageberichts erhöht wird. Daher ist der Inhalt des Lageberichts um die Berichterstattung über die Risiken der künftigen Entwicklung erweitert worden. Die besondere Wichtigkeit, die der Gesetzgeber der Erweiterung der Berichterstattung in § 289 Abs. 1, 2. Halbsatz HGB beimißt, bringt er durch die explizite Erweiterung der Prüfungsvorschrift um die Risiken der künftigen Entwicklung zum Ausdruck (§ 317 Abs. 2, Satz 2 HGB).

6.2. Charakterisierung des Prüfungsobjektes

6.2.1. Komplexes Prüfungsobjekt

In der betriebswirtschaftlichen Prüfungstheorie unterscheidet man zwischen einfachen und komplexen Prüfungen[459].

Einfache Prüfungen werden Prüfungen genannt, bei denen sich das abzugebende Prüfungsurteil nur auf einen einzigen Soll-Ist-Vergleich be-

455 Vgl. BT-Drs. 13/9712, S. 26; BR-Drs. 872/97, S. 70.
456 Vgl. BT-Drs. 13/9712, S. 26; BR-Drs. 872/97, S. 70.
457 Vgl. BT-Drs. 13/9712, S. 27; BR-Drs. 872/97, S. 71.
458 Vgl. BT-Drs. 13/9712, S. 27; BR-Drs. 872/97, S. 71.
459 Vgl. v.Wysocki (1988), S. 121 ff.; Leffson/Bönkhoff (1985), Sp. 717 ff.

zieht. Es wird also von einem Prüfungsobjekt nur eine Ist-Merkmalsausprägung ausgewählt, die mit der entsprechenden Soll-Merkmalsausprägung zu vergleichen ist und über die ein Urteil abgegeben werden soll.
Prüfungen, die die Abgabe eines Urteils über eine Mehrzahl von einzelnen Soll-Ist-Vergleichen verlangen, nennt man dagegen komplexe Prüfungen. Bei komplexen Prüfungen besteht das Prüfungsobjekt aus einer Vielzahl von untereinander in Beziehung stehenden Einzelsachverhalten und verschiedenen urteilsrelevanten Merkmalen. Bei solchen Prüfungsobjekten kann ein Gesamturteil nicht unmittelbar getroffen werden, sondern setzt sich aus der Bildung einzelner Teilurteile zusammen. Die überwiegende Zahl der in der Praxis durchzuführenden Prüfungen, so auch die Prüfung des Jahresabschlusses und Lageberichts, ist komplex[460].

6.2.2. Unbestimmte inhaltliche Vorgaben des Gesetzgebers

Der einzige Zweck des Lageberichts liegt darin, den Kapitalgebern entscheidungsrelevante Informationen zu vermitteln, und zwar vorwiegend solche Informationen, die Aufschluß darüber geben, inwieweit das Unternehmen den finanziellen Interessen der Kapitalgeber zukünftig nachkommen kann[461].

Die gesetzliche Anforderung an den Inhalt des Lageberichts ist sehr unbestimmt. Das Gesetz fordert ohne eine nähere Präzisierung der Begriffe, daß über den Geschäftsverlauf, die Lage, die Risiken der künftigen Entwicklung, die Vorgänge von besonderer Bedeutung des neuen Geschäftsjahres, die voraussichtliche Entwicklung der Gesellschaft, die Forschungs- und Entwicklungstätigkeiten sowie über die Zweigniederlassungen zu berichten ist bzw. berichtet werden soll (§ 289 Abs. 1 und 2 HGB). Versucht man die einzelnen Berichtsteile anhand der vorhandenen Literatur inhaltlich zu füllen, fällt einem schnell auf, daß fast ausschließlich Empfehlungen ausgesprochen werden. Dies wird deutlich an den vielen Konjunktivformen, einschränkenden Formulierungen und beispielhaften Aufzählungen, die das Schrifttum bei der Bestimmung des Inhalts des

460 Die Komplexität des Prüfungsobjektes „Lagebericht" wird in der neuen Prüfungsnorm ausdrücklich angesprochen. Gemäß § 317 Abs. 2 HGB ist zu prüfen, ob der Lagebericht insgesamt eine zutreffende Vorstellung von der Lage des Unternehmens vermittelt.

461 Vgl. Kap. 3, Glp. 1.3.2.

Lageberichts benutzt. Die zur Darstellung des Geschäftsverlaufs vorgeschlagenen Punkte schränkt z.B. ADS vorweg mit folgenden Worten ein: „Die nachfolgenden Ausführungen sind nicht so zu verstehen, daß über die vorgenannten Bereiche in jedem Fall und in jedem Jahr im Rahmen der Mindestdarstellung des Lageberichts zu berichten wäre. Sie sollen vielmehr dem Ersteller des Lageberichts Anhaltspunkte dafür bieten, worauf im Rahmen der Lageberichterstattung je nach Bedeutung einzugehen ist“[462]. Zu Art und Umfang des Forschungs- und Entwicklungsberichts schlägt Gelhausen vor: „Es können z.B. die Bereiche genannt werden, in denen geforscht und entwickelt wird, es kann der Gesamtaufwand des Geschäftsjahres genannt werden, die Zahl der Mitarbeiter, die für Forschung und Entwicklung arbeiten, die aufzuweisenden Erfolge (z.B. Zahl der in- und ausländischen Patentanmeldungen) ... und ähnliches mehr“[463]. Neben den vorsichtigen Formulierungen werden im Schrifttum Fragen, die den Lagebericht betreffen - im Gegensatz zu der großen Zahl an Abhandlungen zu Bilanzierungsfragen - zusätzlich nur sehr spärlich behandelt[464].

Der Grund, daß sich in der Literatur nur so wenig und unverbindlich zum Inhalt des Lageberichts geäußert wird, dürfte darin liegen, daß der Inhalt der Berichterstattung notwendigerweise unternehmensspezifisch stark differiert und es deshalb „den“ Inhalt nicht gibt. Der Inhalt der Berichterstattung ist u.a. von der Größe, der Branche und auch den individuellen Eigenschaften des Unternehmens abhängig. Daher kann es keinen allgemeingültigen Pflichtinhalt für die verschiedenen Berichtsteile geben. Konkrete Inhalte für die geforderte Berichterstattung lassen sich nur unter Berücksichtigung der Besonderheiten der verschiedenen Unternehmen festlegen. Hierzu wäre eine differenziertere Kommentierung, die zumindest die jeweiligen Branchenbesonderheiten der Banken, Chemieunternehmen, Automobilunternehmen etc. sowie deren unterschiedliche Größen berücksichtigt, notwendig.

---

462 ADS (1995), § 289 HGB, S. 205, Tz. 67.
463 Gelhausen (2000), S. 553, Rn. 821.
464 Vgl. Streim (1995), S. 707 f.

6.3. Verschärfung der bestehenden Prüfungsprobleme

6.3.1. Allgemeines

Die Probleme, die schon für den Inhalt des Lageberichts bestehen, übertragen sich auf die Prüfung des Lageberichts. Dies zeigt sich u.a. daran, daß im Schrifttum die Prüfung des Lageberichts noch weniger behandelt wird als der Inhalt des Lageberichts. ADS verlangen für die Prüfung von Geschäftsverlauf und Lage z.B. lediglich, daß sich der Abschlußprüfer ein Urteil darüber zu bilden hat, ob die Berichterstattung alle wesentlichen Aussagen enthält und diese mit dem Jahresabschluß und den bei der Prüfung gewonnenen Erkenntnissen in Einklang stehen[465]. Förschle/ Kofahl geben für die Prüfung der Angaben nach § 289 Abs. 2 HGB diverse „Hinweise". Für die Prüfung des Nachtragsberichts empfehlen sie z.B., daß sich der Abschlußprüfer durch Einsichtnahme in vorliegende Unterlagen wie Monatsberichte, Geschäftsleitungs-Protokolle oder Aufsichtsrats-Protokolle von der Vollständigkeit und Richtigkeit überzeugt[466]. Der Grund für die zurückhaltende Kommentierung dürfte in der vagen Vorstellung über den Inhalt des Prüfungsobjekts zu sehen sein.

Neben der vagen inhaltlichen Vorstellung über das Prüfungsobjekt kommt für die Prüfung des Lageberichts als weitere Schwierigkeit hinzu, daß die Berichterstattung stark vom (guten) Willen der Geschäftsleitung des Unternehmens abhängt, bestimmte Angaben zu machen oder aber zu unterlassen. Maßstab für die Berichterstattung ist der Grundsatz der Vollständigkeit bzw. der Grundsatz der Wesentlichkeit. Der Grundsatz verlangt, daß alle für die Adressaten entscheidungsrelevanten Sachverhalte offengelegt werden müssen, alle nicht entscheidungsrelevanten Sachverhalte dagegen vernachlässigt werden können[467]. Da die Unternehmensleitung den Inhalt der Berichterstattung bestimmt, bestimmt sie gleichzeitig, was wesentlich und was unwesentlich ist. Ihre Einschätzung, ob ein Sachverhalt wesentlich ist oder nicht, muß sich nicht mit den Informationsinteressen der Adressaten decken. Die Veröffentlichung bestimmter Informationen liegt somit grundsätzlich im Ermessen der Unternehmensleitung. Es ist anzunehmen, daß tendenziell über gute Nachrichten eher berichtet werden wird als über schlechte. Die schwierige Aufgabe des Abschlußprüfers liegt darin, dafür zu sorgen, daß alle ihm wesentlich erscheinenden Angaben gemacht werden und auf diese Weise ein Bild von

---

465 Vgl. ADS (1999), § 317 HGB, S. 102, Tz. 166.
466 Vgl. Förschle/Kofahl (1999), § 317 HGB, S. 1744, Rn. 61.
467 Vgl. Lück (1975), S. 13.

der Gesellschaft vermittelt wird, das den tatsächlichen Verhältnissen entspricht.

Zusätzliche Schwierigkeiten für die Prüfung des Lageberichts bereitet zudem der Umstand, daß die Kapitalgeber vor allem ein Interesse an Informationen über die zukünftige wirtschaftliche Lage der Gesellschaft haben. Erfüllt das berichterstattende Unternehmen dieses Informationsinteresse, werden an den Prüfer aufgrund der Zukunftsbezogenheit der Angaben wesentlich höhere Anforderungen gestellt. Im Gegensatz zu Tatsachenangaben, d.h. Angaben über Geschehenes, sind Informationen über die Zukunft nämlich nicht auf ihre Richtigkeit hin überprüfbar. Der Prüfer kann lediglich feststellen, ob die Zukunftsangaben plausibel hergeleitet worden sind. Eine Plausibilitätsprüfung stellt höhere Anforderungen an den Abschlußprüfer.

Dadurch, daß der Lagebegriff nach neuem Recht nicht länger auf eine bilanziell interpretierte Lage abstellt, sondern, daß Angaben zur erheblich umfassenderen effektiven Lage notwendig werden, verschärfen sich sowohl die bestehenden Probleme hinsichtlich der Vollständigkeit als auch die Probleme hinsichtlich der Richtigkeit der Angaben des Lageberichts erheblich.
Neben dem umfassenderen Prüfungsobjekt bewirkt außerdem die neue Prüfungsnorm selbst eine weitere Verschärfung der bestehenden Prüfungsprobleme. Nach neuem Recht reicht es nämlich nicht mehr aus, wenn die Lage der Gesellschaft nicht falsch dargestellt ist. Es wird nunmehr die weitergehende Positivfeststellung gefordert, daß die Lage zutreffend dargestellt sein muß[468].

6.3.2. Durchsetzbarkeit der Forderungen des Abschlußprüfers

Nach altem Recht hatte es fast den Anschein, daß der Gesetzgeber den Lagebericht wie ein inferiores Instrument der Rechnungslegung behandelt[469]. Die inhaltliche Aussagekraft des Lageberichts blieb daher oftmals weit hinter seinem Zweck, den Kapitalgebern entscheidungsnützliche Informationen zukommen zu lassen, zurück[470]. Die im Zuge des KonTraG

468 Zur so begründeten eingeschränkten Prüfungspflicht des Lageberichts nach altem Recht vgl. Kap. 4, Glp. 4.2.
469 Vgl. Streim (1995), S. 705.
470 Vgl. z.B. Sorg (1994), S. 1962 ff.

geänderten Normen für den Inhalt und vor allem für die Prüfung des Lageberichts sollen dies nach dem Willen des Gesetzgebers ändern[471]. Zu diesem Zweck ist die Berichterstattung um die Risiken der künftigen Entwicklung erweitert worden (§ 289 Abs. 1, 2. Halbsatz HGB); bei der Prüfung des Lageberichts reicht es nun nicht mehr aus, die Nicht-Falschheit festzustellen, sondern es muß die Positivfeststellung, ob der Lagebericht eine zutreffende Vorstellung von der Lage des Unternehmens vermittelt (§ 317 Abs. 2 HGB) getroffen werden. Aufgrund der Positivfeststellung rückt die Vollständigkeit der Angaben verstärkt in den Mittelpunkt der Lageberichtsprüfung.

Es stellt sich die Frage, wann der Lagebericht vollständig ist. Die Vollständigkeit der Angaben des Lageberichts hat der Abschlußprüfer an den Interessen der Lageberichtsadressaten zu beurteilen. Diese haben ein Interesse an Informationen über die wirtschaftliche Effektivlage des Unternehmens. Informationen, die keinen Einfluß auf die wirtschaftliche Effektivlage haben, gehören dagegen nicht in den Lagebericht, sondern in den allgemeinen Teil des Geschäftsberichts[472]. Vollständigkeit bedeutet nicht, daß über alle Geschäftsvorfälle lückenlos und umfassend berichtet werden muß[473]. Es genügt, wenn der Lagebericht alle wesentlichen Angaben enthält. Die Auswahl der Themen und Einzelsachverhalte muß die Unternehmensleitung an deren Bedeutung für die Lage des Unternehmens und an den Interessen der Lageberichtsadressaten ausrichten[474]. Die spezifischen Besonderheiten des einzelnen Unternehmens hat der Abschlußprüfer bei der Prüfung der Vollständigkeit zu beachten.

Um die Vollständigkeit des Lageberichts beurteilen zu können, muß sich der Prüfer Kenntnis über die Effektivlage verschafft haben. Dazu muß er sich stärker als bisher mit betriebswirtschaftlichen Analysen über den Markt, die Wettbewerber sowie die Produkte des Unternehmens beschäf-

---

471 Vgl. BR-Drs. 872/97, S. 70 und 71.

472 Zum Beispiel sollte ein Unternehmen der chemischen Industrie, das im zurückliegenden Geschäftsjahr Aufwendungen für den Umweltschutz getätigt hat, im Lagebericht zusätzlich über die erwarteten Entwicklungstendenzen der Aufwendungen berichten. Informationen über die primär ökologische Lage, wie z.B. detaillierte Darstellungen der Umweltwirkungen einzelner Herstellungsprozesse, gehören dagegen in den allgemeinen Teil des Geschäftsberichts.

473 Vgl. Lück (1995), § 289 HGB, S. 2011, Rn. 18.

474 Vgl. IDW (1998 a), S. 654, Rn. 9.

tigen. Dies entspricht der zunehmenden Tendenz, daß die Abschlußprüfung nicht mehr nur auf das Rechnungswesen und den richtigen Ausweis einzelner Positionen, sondern vermehrt auf die gesamte wirtschaftliche Tätigkeit des Unternehmens ausgerichtet ist[475]. Die Beurteilung der wirtschaftlichen Lage, die der Abschlußprüfer auch im Rahmen der internen Berichterstattung an den Aufsichtsrat vornehmen muß (§ 321 Abs. 1, Satz 2 HGB), verlangt Prüfungshandlungen, die über die klassische Jahresabschlußprüfung hinausgehen[476].

Auch wenn sich der Prüfer umfassend über die Lage des Unternehmens informiert hat, ist es für den Abschlußprüfer sehr problematisch, bestimmte Angaben durchzusetzen, weil die Lageberichterstattung primär dazu dient, die subjektive Einschätzung der Unternehmensleitung über die wirtschaftliche Lage aufzuzeigen[477]. Die größtenteils unbestimmte Vorstellung über den Inhalt verschärft das Problem für den Abschlußprüfer.

Eine nützliche Hilfe und zwar sowohl für die Unternehmensleitung als auch für den Abschlußprüfer bietet der Rechnungslegungsstandard IDW RS HFA 1: Aufstellung des Lageberichts[478]. Der Standard listet für jeden der nach § 289 Abs. 1 und 2 HGB geforderten Berichtsteile mögliche inhaltliche Konkretisierungen auf.

Als ebenso hilfreich erweisen sich Checklisten, die eine Auswahl an Berichtsgegenständen zu den verschiedenen Berichtsteilen vorschlagen. Eine sehr umfangreiche Checkliste hat Farr entworfen[479]. Aufbau und Inhalt der Checkliste orientieren sich an § 289 HGB. Farr unterteilt die Checkliste in fünf Spalten. In Spalte eins schlägt er für jeden Berichtsteil bestimmte Angaben vor, über die zu berichten ist, falls diese wesentlich sind. In Spalte zwei bis vier hat der Abschlußprüfer Feststellungen zu den vorgeschlagenen Angaben zu treffen, und zwar ob sie entfallen (z.B. aufgrund von Rechtsform, Unternehmensgröße oder Branchenspezifika), ob sie enthalten sind oder ob sie nicht enthalten sind. Die letzte Spalte ist für Bemerkungen des Abschlußprüfers vorgesehen. Auf übersichtliche Art und Weise kann der Abschlußprüfer unter Zuhilfenahme der Checkliste ein Urteil über die Vollständigkeit des Lageberichts treffen.

475 Vgl. Dyckerhoff (2001), S. 119.
476 Vgl. Kap. 4, Glp. 5.3.2.2.3.
477 Vgl. Selchert/Erhardt/Fuhr (2000), S. 39.
478 Vgl. IDW (1998 a).
479 Vgl. Farr (2000).

Aber auch derartige Rechnungslegungsstandards oder Checklisten können das Problem der Vollständigkeitsprüfung des Lageberichts nicht beseitigen. Die Darstellung der wirtschaftlichen Lage im Lagebericht ist zusammenfassend, umschreibend und vor allem stark subjektiv geprägt.
Die subjektive Prägung des Lageberichts zieht es nach sich, daß zwischen der Unternehmensleitung und dem Abschlußprüfer differierende Ansichten hinsichtlich der Wesentlichkeit bestimmter Angaben vorliegen können. Dadurch, daß nach neuem Recht eine Positivfeststellung über die Lage der Gesellschaft zu treffen ist, erlangt die Prüfung der Vollständigkeit der Angaben einen neuen Stellenwert. Die bestehenden Probleme, die aufgrund unterschiedlicher Ansichten über die Wesentlichkeit bestimmter Berichtsgegenstände schon nach altem Recht existierten, verschärfen sich. Die schwierige Aufgabe des Abschlußprüfers besteht darin, die Unternehmensleitung dazu zu bewegen, die Berichterstattung so „kapitalgebergerecht" wie möglich zu gestalten.
Sind die Meinungsverschiedenheiten zu gravierend, bleibt dem Abschlußprüfer als Druckmittel eine abweichende Darstellung der wirtschaftlichen Lage im Prüfungsbericht. Darüber hinaus wird er bei extremen Abweichungen den Bestätigungsvermerk einschränken oder sogar verweigern müssen. Inwieweit der Abschlußprüfer diese Druckmittel tatsächlich anwenden kann, hängt letztlich von der Machtposition des Abschlussprüfers gegenüber der Unternehmensleitung ab.

6.3.3. Prüfung zukunftsorientierter Angaben

Schon nach altem Recht mußte der Lagebericht Informationen enthalten, die über die Zukunft des Unternehmens Auskunft geben (sog. Prognosebericht gemäß § 289 Abs. 2, Nr. 2 HGB). Die Verpflichtung, über die Zukunft des Unternehmens zu berichten, hat durch das KonTraG eine neue Dimension erhalten. Dies bewirkt die geänderte Interpretation des Lagebegriffs nach § 289 Abs. 1 HGB. Die Lage darf nicht länger im bilanziellen Sinne ausgelegt werden; vielmehr sind Informationen über die effektive Lage des Unternehmens zu vermitteln. Informationen zur effektiven Lage sind geprägt von zukunftsorientierten Angaben (Beurteilungsangaben oder Prognosen).

6.3.3.1. Begriff, Zeitraum und Darstellungsart von Prognosen

Eine Prognose ist „eine durch eine Kette nachvollziehbarer realitätsbezogener Argumente gestützte Aussage über das Eintreten von bestimmten

Zuständen, Ereignissen oder Ereignisfolgen (Entwicklungen) innerhalb bestimmter zukünftiger Zeiträume und/oder über die entsprechenden Eintrittswahrscheinlichkeiten"[480].

Die Mehrzahl der Lageberichtsadressaten wird für ihre Anlageentscheidungen ein Interesse an einer möglichst langfristigen Prognose der Unternehmensentwicklung haben. Eine zu langfristige Prognoseberichterstattung ist allerdings problematisch. Auch wenn die Unternehmenspolitik für eine Reihe von Jahren festgelegt ist, ergeben sich große Unsicherheiten für die Prognosen, da sich die Folgen der externen Einflußfaktoren (z.B. Konjunktur, technischer Fortschritt etc.) mit zunehmender Prognosedauer immer weniger absehen lassen[481].
Als Zeitraum der zukunftsorientierten Berichterstattung werden daher zwei Jahre (das laufende und das folgende Geschäftsjahr) als zweckmäßig angesehen[482]. Umfaßte die Berichterstattung nur das laufende Geschäftsjahr, würde das Ziel der Vermittlung entscheidungsnützlicher Informationen verfehlt werden. Denn bei einer Veröffentlichung des Lageberichts von bis zu zwölf Monaten nach dem Abschlußstichtag (§ 325 Abs. 3, Satz 1 HGB) würde die Prognose über die Zukunft sehr kurz ausfallen und könnte kaum noch als Grundlage für Entscheidungen genutzt werden. An einer Berichterstattung, die über einen Zeitraum von zwei Jahren hinausreicht, wird bemängelt, daß sie wegen zu großer Unsicherheiten keine Basis mehr für die Entscheidungsfindung bietet[483]. Abweichungen von dem vorgeschlagenen Berichtszeitraum können aufgrund bestimmter Eigenarten von Branchen, der Unternehmensgröße oder des Gegenstands der Berichterstattung zweckmäßig sein[484].

Während über den Zeitraum der Berichterstattung weitgehend Einigkeit besteht, gehen bei Art und Bestimmtheit der Berichterstattung die Meinungen auseinander. Sowohl bei verbaler als auch bei zahlenmäßiger Darstellung kann die Berichterstattung mittels Punkt- oder Intervallpro-

---

480 Bretzke (1985), Sp. 550.
481 Vgl. Bechtel/Köster/Steenken (1976), S. 210; Mandl/Jung (2002), Sp. 1700.
482 Vgl. z.B. ADS (1995), § 289 HGB, S. 221, Tz. 111; Baetge/Fischer/Paskert (1989), S. 44; Lück (1995), § 289 HGB, S. 2021, Rn. 57; Bechtel/Köster/Steenken (1976), S. 211.
483 Vgl. z.B. Ellrott (1999), § 289 HGB, S. 1259, Rn. 35.
484 Vgl. ADS (1995), § 289 HGB, S. 221, Tz. 111.

gnosen erfolgen[485]. Grundsätzlich steigt der Informationsgehalt mit steigendem Bestimmtheitsgrad. Da Punktprognosen einen höheren Bestimmtheitsgrad haben, wären sie aus dieser Sicht Intervallprognosen vorzuziehen. Das Problem von Prognosen ist aber, daß sie Aussagen über eine ungewisse Zukunft machen. Punktprognosen spielen daher eine Genauigkeit vor, die es in dieser Form nicht geben kann[486]. Deshalb sind Intervallprognosen vorzuziehen.

6.3.3.2. Prüfung der Plausibilität

Die Prüfung zukunftsorientierter Angaben stellt wesentlich höhere Anforderungen an den Abschlußprüfer als die Prüfung vergangenheitsorientierter Angaben. Angaben zur Vergangenheit (Tatsachenangaben), sind auf ihre Richtigkeit hin prüfbar. Richtig ist eine Angabe dann, wenn sie mit dem zugrundeliegenden Sachverhalt übereinstimmt. Die Übereinstimmung muß objektiv, d.h. intersubjektiv nachprüfbar, festzustellen sein.

Zukunftsorientierte Angaben können sehr leicht als Mittel der Unternehmenspolitik mißbraucht werden. Ihrer Verifizierung kommt deshalb eine hohe Bedeutung zu.
Prognosen lassen sich nicht auf ihre Richtigkeit im Sinne von intersubjektiver Nachprüfbarkeit prüfen, da ex ante über die Zukunft Ungewißheit herrscht[487]. Es ist lediglich möglich zu prüfen, ob der Prognoseprozeß korrekt durchgeführt worden ist. Hierzu muß die Prognose als Grundvoraussetzung auf plausiblen Prämissen basieren. Dies ist der Fall, wenn die Prämissen weder im Widerspruch zum Jahresabschluß noch zu anderen Unterlagen des Unternehmens oder allgemein bekannten wirtschaftlichen Tatsachen stehen[488]. Anhand der Prämissen kann der Prüfer dann die

485 Für eine rein verbale Darstellung plädieren z.B. ADS (1995), § 289 HGB, S. 220, Tz. 107; Ellrott (1999), § 289 HGB, S. 1259, Rn. 35.
Dagegen sprechen sich für eine Kombination verbaler und zahlenmäßiger Darstellung z.B. Lück (1995), § 289 HGB, S. 2023, Rn. 58; Claussen (1989), § 289 HGB, S. 621, Rn. 24 aus.
Für Punktprognosen spricht sich vor allem Lück (1995), § 289 HGB, S. 2022, Rn. 59 aus.
Intervallprognosen (Prognosen mit Bandbreite) präferieren z.B. Krawitz (1999), § 289 HGB, S. 29, Rn. 113; Baetge/Fischer/Paskert (1989), S. 43; ADS (1995), § 289 HGB, S. 221, Tz. 108.

486 Vgl. ADS (1995), § 289 HGB, S. 221, Tz. 108.

487 Die Richtigkeit einer Prognose läßt sich immer erst ex post feststellen.

488 Vgl. IDW (1998 a), S 655, Rn. 13.

Prognose nachvollziehen und insofern auf indirektem Weg eine Prüfung der Richtigkeit der Prognose vornehmen[489]. Neben der Prognoseaussage kommt es deshalb vor allem auf die Prognoseherleitung an[490]. Der Prüfer wird sich hierzu das von der Unternehmensleitung bei der Prognoseerstellung verwendete interne (z.B. Planungs- und Budgetierungsunterlagen oder Auftragsbestände) und externe Datenmaterial (z.B. Studien zur voraussichtlichen Entwicklung von bestimmten Märkten etc.) aushändigen lassen müssen[491]. Die Prognoseherleitung wird vom Abschlußprüfer nicht moniert werden können, wenn bei der Herleitung die „Sorgfalt eines gewissenhaften und ordentlichen Geschäftsleiters" angewendet wurde[492]. Primär dient die Lageberichterstattung nämlich dazu, die Sichtweise der Unternehmensleitung, welche zweifelsfrei subjektiv geprägt ist, wiederzugeben. Der Lageberichtsprüfer muß zwar verlangen, daß die Unternehmensleitung alle ihr verfügbaren Kenntnisse und Unterlagen gründlich abgewogen hat, einen Rest an subjektivem Entscheidungsspielraum kann er aber nicht beanstanden[493]. Anhand der verfügbaren Unterlagen muß er dann ein eigenes Urteil über die Prognose in der Form „realistisch/unrealistisch", „glaubwürdig/unglaubwürdig", „wahrscheinlich/unwahrscheinlich" oder „plausibel/unplausibel" treffen und die Prognose bestätigen bzw. ablehnen[494].

Die besondere Schwierigkeit bei der Prüfung zukunftsorientierter Angaben liegt darin begründet, daß auch der Prüfer die von der Unternehmensleitung prognostizierte Zukunft nicht direkt beobachten kann. Er muß das zum Vergleich benötigte Soll-Objekt ebenfalls auf indirektem, logisch deduktivem Wege ermitteln. Allerdings ist davon auszugehen, daß sich das selbst gebildete Soll-Objekt des Prüfers, falls die Herleitung der Prognoseaussage auf die gleiche Art und Weise durchgeführt worden ist, nicht vom entsprechenden Ist-Objekt der Unternehmensleitung unterscheiden wird[495].

---

489 Die „indirekte" Prüfung der Richtigkeit läßt ein Urteil im Sinne von richtig oder falsch natürlich ebenfalls nicht zu. Anhand der Prämissen kann aber eine Aussage darüber getroffen werden, ob die Prognose richtig hergeleitet worden ist, d.h. ob sie wahrscheinlich eintreten wird oder nicht.

490 Vgl. Rückle (1984), S. 69.

491 Vgl. Clemm/Reittinger (1992), Sp. 1192.

492 Vgl. IDW (1998 a), S 655, Rn. 13.

493 Vgl. Selchert/Erhardt/Fuhr (2000), S. 39.

494 Vgl. Bretzke (1979), S. 346.

495 Vgl. Mandl/Jung (2002), Sp. 1700.

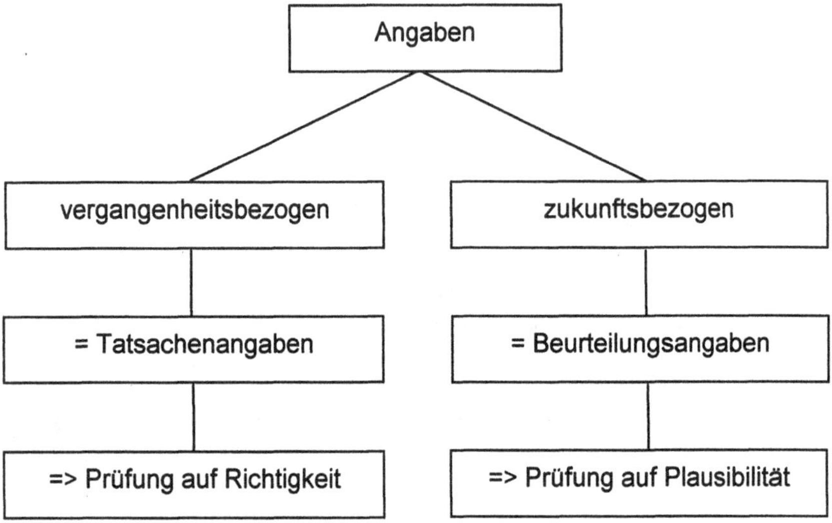

Abbildung 4: Tatsachenangaben vs. Beurteilungsangaben

Häufig wird es sich jedoch nicht vermeiden lassen, daß ein verbleibender Rest subjektiven Ermessens in den Prognosen enthalten ist, der zu Meinungsverschiedenheiten zwischen der Unternehmensleitung und dem Abschlußprüfer führen kann. Für den Abschlußprüfer stellt dies eine höchst undankbare Situation dar. Die Unternehmensleitung ist zwar für die Aufstellung des Lageberichts verantwortlich, der Prüfer muß aber den Lagebericht gemäß § 317 Abs. 2, Satz 1 HGB darauf prüfen, ob eine zutreffende Vorstellung von der Lage des Unternehmens vermittelt wird. Da ex ante über die Zukunft aber Ungewißheit herrscht, läßt sich erst im nachhinein feststellen, ob die Darstellung zutreffend ist. Es kann also anmaßend wirken, wenn der Abschlußprüfer im Stile eines Obermanagers auftritt und bestimmte Prognosen der eigentlich besser informierten Unternehmensleitung anzweifelt oder sogar ablehnt. Deshalb ist der Darstellung der Unternehmensleitung grundsätzlich Vorrang einzuräumen[496]. Auf eine Korrektur der Berichterstattung wird der Abschlußprüfer nur in den seltenen Fällen drängen können, in denen die Prognoseaussage der Unternehmensleitung offensichtlich auf zu optimistischen oder pessimistischen Prämissen beruht oder nicht sauber hergeleitet wurde und als Fol-

496 Vgl. Dörner (2000), S. 102.

ge die Prognoseaussage der Unternehmensleitung deutlich von der des Abschlußprüfers abweicht. Kann der Prüfer die Unternehmensleitung nicht zu einer Änderung der Berichterstattung bewegen, so muß er seine abweichende Beurteilung im Prüfungsbericht zum Ausdruck bringen und den Bestätigungsvermerk einschränken oder versagen.

Da die Berichterstattung über die Lage des Unternehmens den Kern der Berichterstattung ausmacht, bewirkt das geänderte Verständnis des zentralen Berichtsteils eine erhebliche Verschärfung der bestehenden Schwierigkeiten. Eine Berichterstattung über die effektive Lage verlangt nämlich, daß wesentlich ausführlicher auf zukünftige Chancen und vor allem Risiken eingegangen werden muß. Die Plausibilitätsprüfung erlangt somit einen völlig neuen Stellenwert bei der Prüfung des Lageberichts.

6.4. Prüfungsprozeß

6.4.1. Prüfungsplanung

Für die Prüfung des Lageberichts gilt wie für jedes wirtschaftliche Handeln, daß planvoll vorzugehen ist[497]. Planvoll ist ein Vorgehen dann, „wenn es einer Ordnung folgt, die zuvor nach wirtschaftlichen Kriterien und unter Berücksichtigung der zwischen den einzelnen Teilaufgaben bestehenden Interdependenzen entworfen wurde“[498]. Eine vernünftige Planung ist die Voraussetzung dafür, daß die Abschlußprüfung zielgerecht, zeitgerecht und wirtschaftlich durchgeführt werden kann[499].

6.4.1.1. Determinanten der Prüfungsplanung

Die Prüfungsplanung ist der Teil des Prüfungsprozesses, der für die Prüfungsdurchführung das Prüfungsprogramm, die Personalplanung und die Zeitplanung festlegt. Die zu planenden Teilaufgaben stehen in wechselseitigen Beziehungen zueinander[500]. Daher können die zur Verfügung stehenden Alternativen bei den jeweiligen Teilaufgaben nicht isoliert getroffen werden[501]. Im Mittelpunkt der Prüfungsplanung steht die Prü-

497 Vgl. Leffson/Bönkhoff (1985), Sp. 750.
498 Leffson (1991), S. 153.
499 Vgl. IDW (2000 d), S. 465, Rn. 7.
500 So hängt z.B. die für die Prüfung veranschlagte Zeit der verschiedenen Prüfungsfelder von der fachlichen Qualifikation des verfügbaren Prüfungspersonals ab.
501 Vgl. v.Wysocki (1988), S. 269.

fungsprogrammplanung, da vom Prüfungsprogramm der größte Einfluß auf die anderen Planungsbestandteile ausgeht[502].

Bei der Prüfungsprogrammplanung wird das gesamte Prüfungsobjekt in einzelne Prüffelder aufgeteilt und die erforderlichen Prüfungshandlungen werden festgesetzt. Die Aufteilung in Prüffelder ist notwendig, weil das gesamte Prüfungsobjekt in der Regel so komplex ist, daß ohne Aufteilung die Gefahr bestehen würde, wesentliche Sachverhalte und damit auch notwendige Prüfungsaufgaben zu übersehen[503]. Darüber hinaus ist die Bildung von Prüffeldern erforderlich, um jedem Prüfer abgegrenzte, seiner fachlichen Qualifikation entsprechende Aufgabengebiete zuzuteilen, die er dann in eigener Verantwortung bearbeiten kann[504]. Die Aufgabenabgrenzung trägt außerdem dazu bei, daß Prüfungshandlungen nicht doppelt vorgenommen werden. Schließlich ist die Bildung von Prüffeldern die Voraussetzung für die zeitliche Planung der fristgerechten Auftragserledigung.
Weiterhin umfaßt die Prüfungsprogrammplanung die Planung der Prüfungsmethoden und die Planung der Prüfungsintensitäten.

Nach der Festlegung des Prüfungsprogramms müssen das Prüfungspersonal und die Zeit, in der die Prüfung stattfinden soll, festgelegt werden. Beide Teilplanungsaufgaben hängen eng miteinander zusammen. Je höher (niedriger) die fachliche Kompetenz und Erfahrung des zur Verfügung stehenden Prüfungspersonals ist, desto kürzer (länger) wird die für die Prüfung beanspruchte Zeit sein.
Die Prüfung des Lageberichts ist eine Gesamtbeurteilung, die in hohem Maße prognostische Angaben enthält. Hierdurch werden an das Prüfungspersonal höhere Anforderungen hinsichtlich der fachlichen Kompetenz sowie der Unternehmens- und Branchenkenntnis gestellt als bei der Prüfung des Jahresabschlusses, bei der vorwiegend vergangenheitsbezogene Einzelangaben zu prüfen sind[505]. Deshalb kann es vorteilhaft sein, für die Bearbeitung einzelner Prüfungsteile Spezialisten mit ausgeprägter Branchenkenntnis in die Prüfung einzubeziehen[506]. Die geforderte Gesamtbeurteilung, ob eine zutreffende Vorstellung von der Lage des Unternehmens vermittelt wird, ist nur durch denjenigen Abschluß-

502 Vgl. Leffson/Bönkhoff (1985), Sp. 750.
503 Vgl. Leffson (1991), S. 162.
504 Vgl. IDW (2000 d), S. 467 f., Rn. 19.
505 Vgl. Selchert/Erhardt/Fuhr (2000), S. 86.
506 Vgl. Selchert/Erhardt/Fuhr (2000), S. 87.

prüfer möglich, der den Gesamtüberblick über das Prüfungsobjekt hat. In der Regel wird dies der Abschlußprüfer sein, der die Gesamtverantwortung für den Prüfungsauftrag trägt[507]. Die übrigen Prüfer können ihm bei dieser schwierigen Aufgabe nur zuarbeiten.
Die Prüfungszeit ist abhängig vom Umfang des vorgelegten Lageberichts, vom fachlichen Anspruch der zu prüfenden Angaben und von der Qualifikation und Erfahrung des Prüfungspersonals. Je umfangreicher und anspruchsvoller der Inhalt des Lageberichts ist, desto mehr Zeit wird die Prüfung in Anspruch nehmen. Mit steigendem Qualifikations- und Erfahrungsgrad des Prüfungspersonals werden die anfallenden Prüfungshandlungen in der Regel in einer kürzeren Zeit erledigt werden können als von jungen, unerfahrenen Prüfern. Weiterhin ist die Prüfungszeit abhängig von der Art der Angaben. Konkrete Einzelangaben sind, verglichen mit pauschal gehaltenen Gesamtangaben, leichter nachprüfbar, da ein umfassender Überblick nicht notwendig ist[508].
Aus Wirtschaftlichkeitsgesichtspunkten sollte das für die einzelnen Prüfungshandlungen eingesetzte Personal so eingeteilt werden, daß die Prüfungskosten (Kosten des Prüfungspersonals pro Zeiteinheit multipliziert mit der Prüfungszeit), minimiert werden[509].

6.4.1.2. Prüfungsmethoden

Die Planung der Prüfungsmethoden hängt vom vorgelegten Lagebericht ab. Je mehr Detailinformationen und je unterschiedlicher die Berichterstattung in den einzelnen Prüffeldern (zahlenmäßige vs. verbale Darstellung), desto sinnvoller wird eine Planung der Prüfungsmethoden. Zum Teil lassen sich die Prüfungsmethoden der Jahresabschlußprüfung auf die Prüfung des Lageberichts anwenden. Zusätzlich ist es aber für bestimmte Bereiche unvermeidlich, die Prüfungsmethoden an den spezifischen Inhalten des Lageberichts auszurichten[510].

Die Wahl der anzuwendenden Prüfungsmethoden wird durch den Zweck der Abschlußprüfung begrenzt. Dies bedeutet, daß die angewendeten Methoden dazu geeignet sein müssen, ein Urteil über die Verläßlichkeit der im Lagebericht enthaltenen Angaben zu fällen[511].

---

507 Vgl. Clemm/Reittinger (1992), Sp. 1188.
508 Vgl. Selchert/Erhardt/Fuhr (2000), S. 87.
509 Vgl. Leffson (1991), S. 204 f.; Salewski/Drexl (1993), S. 1369.
510 Vgl. Selchert/Erhardt/Fuhr (2000), S. 75.
511 Vgl. IDW (2000 a), S. 281, Rn. 8.

Der bei der Prüfung des Jahresabschlusses zumeist angewendete sog. risikoorientierte Prüfungsansatz[512] ist für die Prüfung des Lageberichts nur bedingt geeignet[513]. Dies liegt daran, daß der risikoorientierte Prüfungsansatz stark auf die Vielzahl der im Jahresabschluß zum Ausdruck kommenden einzelnen Prüfungsgegenstände (Geschäftsvorfälle, Vermögensgegenstände, Aufwendungen, etc.) ausgerichtet ist, während beim Lagebericht zusammenfassende Würdigungen im Vordergrund stehen[514]. Systemorientierte und analytische Prüfungshandlungen lassen sich auf zusammenfassende Würdigungen nur schwer anwenden[515]. Die Prüfung des Lageberichts wird deshalb hauptsächlich aus Einzelfallprüfungen bestehen.
Die Erkenntnisse, die sich aus Analysen und sonstigen Erkenntnissen, die während der Prüfung des Jahresabschlusses gesammelt wurden, ergeben, können zur Bildung von Prüfungsschwerpunkten bei der Prüfung des Lageberichts herangezogen werden[516]. Einen besonderen Prüfungsschwerpunkt sollte die Prüfung der Darstellung der Risiken der künftigen Entwicklung einnehmen, weil sie eine der wichtigsten Komponenten der wirtschaftlichen Lage sind. Außerdem werden die Risiken der künftigen Entwicklung sowohl in der Aufstellungsnorm als auch in der Prüfungsnorm explizit erwähnt.

Bei der Prüfung lassen sich zwei Prüfungsrichtungen unterscheiden. Wird das Prüfungsobjekt von einem vorgelagerten Zustand zum Endzustand verfolgt, spricht man von einer progressiven Prüfung. Ist die Reihenfolge

---

512 Dieser Prüfungsansatz besteht aus der kombinierten Anwendung verschiedener Prüfungsmethoden. Die zur Anwendung kommenden Prüfungsmethoden bestehen aus einer allgemeinen Risikobeurteilung, aus analytischen Prüfungshandlungen, aus systemorientierten Prüfungshandlungen und aus Einzelfallprüfungen. Die aufgeführten Prüfungshandlungen unterscheiden sich hinsichtlich ihres Prüfungsaufwands und ihrer Prüfungssicherheit. Sowohl der Nutzen (Prüfungssicherheit) als auch die Kosten (Prüfungsaufwand) steigen in der aufgeführten Reihenfolge an. Die Kosten steigen aber überproportional an, so daß das Verhältnis von Nutzen zu Kosten sinkt. Vgl. ausführlich Wiedmann (1993), S. 13 ff.

513 Vgl. Oechsle/Wirth (1999), S. 569 m.w.N.

514 Vgl. Selchert/Erhardt/Fuhr (2000), S. 78.

515 Beispielsweise hängt die Anwendung analytischer Prüfungshandlungen (z.B. Kennzahlenanalyse) davon ab, ob der Lagebericht überhaupt quantitative Angaben enthält, die sich zur Kennzahlenanalyse eignen.

516 Vgl. Oechsle/Wirth (1999), S. 569.

der Bearbeitung umgekehrt, handelt es sich um eine retrograde Prüfung[517].
Bei der progressiven Prüfung geht der Prüfer von realen Gegebenheiten aus und prüft deren Niederschlag im Lagebericht. Da die Lageberichterstattung nur geringen gesetzlichen Normierungen unterworfen ist, hängt die konkrete Berichterstattung im Lagebericht in hohem Maße von den Entscheidungen der Geschäftsleitung ab, bestimmte Sachverhalte in die Berichterstattung aufzunehmen oder nicht. Bei progressivem Vorgehen besteht daher die Gefahr, daß der Prüfer unverhältnismäßig hohen Aufwand in Sachverhalte steckt, die letztlich keinen Niederschlag im Lagebericht finden. Eine progressive Prüfung ist für die Prüfung des Lageberichts deshalb nicht geeignet.
Die Gefahr der Prüfung von Sachverhalten, die letztlich im Lagebericht keine Berücksichtigung finden, läßt sich durch eine retrograde Vorgehensweise verhindern. Im Unterschied zur progressiven Prüfung geht der Lageberichtsprüfer bei der retrograden Prüfung vom vorgelegten Lagebericht aus und verfolgt die darin enthaltenen Angaben zurück zu den ihnen zugrunde liegenden Geschäftsvorfällen oder Sachverhalten. Das Problem, das bei der retrograden Prüfung auftreten kann, besteht darin, daß die Prüfung von eigentlich angabepflichtigen Angaben unterbleibt. Der Grund hierfür liegt darin, daß die Prüfung nur über diejenigen Angaben stattfinden kann, über die die Geschäftsführung auch berichtet. Nicht enthaltene Angaben sind bei retrograder Vorgehensweise nur schwer identifizierbar. Deshalb ist es zur Gewährleistung der Vollständigkeit der Berichterstattung notwendig, daß sich der Prüfer mindestens ergänzend auf die Erkenntnisse, die er im Laufe der Prüfung des Jahresabschlusses gewonnen hat, stützt. Insofern ist die Prüfung des Lageberichts eine überwiegend retrograde Prüfung mit progressiven Komponenten.

6.4.2. Prüfungsdurchführung

6.4.2.1. Einklangsprüfung

6.4.2.1.1. Prüfung des Lageberichts auf Einklang mit dem Jahresabschluß

Die Einklangsprüfung von Jahresabschluß und Lagebericht, die schon nach altem Recht nur für einen sehr begrenzten Teil des Lageberichts möglich war, ist durch die neue Interpretation des Begriffs „Lage“ noch problematischer geworden. Nach neuem Recht ist die zutreffende Dar-

517 Vgl. Knoth (1992), Sp. 1462 ff.

stellung der Lage, und zwar der effektiven Lage, die Hauptaufgabe der Berichterstattung. Dies verdeutlicht u.a. die Begründung des Gesetzgebers zu § 289 HGB[518]. Die besondere Wichtigkeit, die der Gesetzgeber der zutreffenden Darstellung der Lage beimißt, zeigt sich auch an der neuen Prüfungsvorschrift. Gemäß § 317 Abs. 2 HGB hat der Abschlußprüfer zu prüfen, ob der Lagebericht insgesamt eine zutreffende Vorstellung von der Lage des Unternehmens vermittelt. Dies bedeutet, daß auch die anderen Berichtsgegenstände primär Informationen bereitstellen müssen, die zur Darstellung der effektiven Lage beitragen. Dadurch verringern sich die Möglichkeiten des zeitlichen und inhaltlichen Einklangs weiter.

Eine Prüfung auf Einklang setzt voraus, daß die Prüfungsobjekte sowohl in inhaltlicher als auch in zeitlicher Hinsicht vergleichbar sind. Dieser Anforderung genügen der handelsrechtliche Jahresabschluß und der Lagebericht meines Erachtens nach nicht.
Das eine Prüfungsobjekt, der Jahresabschluß, hat den Zweck, einen Gewinn zu ermitteln, der zur Ausschüttungsbemessung dient. Hierzu werden vergangenheitsbezogene Regeln angewendet, die nicht darauf ausgelegt sind, über die wirtschaftliche Lage des Unternehmens zu informieren. Der Jahresabschluß vermittelt ein Bild von der bilanziellen Lage. Informationen zur effektiven Lage enthält der Jahresabschluß aus konzeptionellen Gründen nicht.
Mit dem anderen Prüfungsobjekt, dem Lagebericht, wird der Zweck verfolgt, den Adressaten entscheidungsnützliche Informationen zu vermitteln. Entscheidungsnützlich sind Informationen, die darüber Auskunft geben, inwieweit das Unternehmen in der Zukunft fähig sein wird, als Einnahmequelle zu dienen. Die Darstellung der Lage ist an keine Konventionen wie die Grundsätze ordnungsmäßiger Buchführung gebunden. Daher kann die Darstellung der Lage an den Informationsinteressen der Adressaten ausgerichtet werden. Diese Vorgabe erfüllen Informationen zur effektiven Lage des Unternehmens[519].

---

518 „Nur auf diese Weise (Erweiterung der Berichterstattung um die Risiken der künftigen Entwicklung) kann eine dem bisherigen Satz 1 entsprechende Darstellung der Lage der Kapitalgesellschaft gegeben werden, die das den tatsächlichen Verhältnissen entsprechende Bild auch wirklich vermittelt". BR-Drs. 872/97, S. 70.
Weitere Indizien, die für eine Interpretation der Lage im effektiven Sinne sprechen, wurden in Kap. 4, Glp. 5.3. aufgezeigt.

519 Vgl. Kap. 4, Glp. 5.2.3.2.3.

Aufgrund der unterschiedlichen Zwecke, die mit dem Jahresabschluß und mit dem Lagebericht verfolgt werden, unterscheidet sich die Lage sowohl hinsichtlich des Inhalts als auch hinsichtlich der zeitlichen Reichweite. Dies hat zur Folge, daß die Darstellung der Lage im Jahresabschluß von der Darstellung der Lage im Lagebericht abweicht oder zumindest abweichen kann. Daher ist eine Einklangsprüfung für den überwiegenden Teil der Lageberichtsangaben nicht möglich[520]. Dies sei an einem Beispiel verdeutlicht[521].
Ein Unternehmen befinde sich in einer Krise, die es möglicherweise nicht überleben wird. Die Unternehmensleitung schöpft alle Bewertungswahlrechte „nach oben" hin aus, so daß im Jahresabschluß ein Bild gezeichnet wird, welches die bedrohliche Situation einigermaßen überspielen kann. Die bilanzielle Lage ist dementsprechend zwar nicht gut, aber auch nicht schlecht. Im Lagebericht hingegen weist die Unternehmensleitung vorsichtig auf die bedrohliche Situation hin. Obwohl im Lagebericht dann ein Bild gezeichnet ist, das die effektive (schlechte) Lage darstellt, dürfte der Abschlußprüfer keinen uneingeschränkten Bestätigungsvermerk erteilen, da kein Einklang zwischen Jahresabschluß und Lagebericht besteht. Um Einklang mit dem Jahresabschluß herzustellen, müßte die Unternehmensleitung im Lagebericht ein Bild zeichnen, welches die zur Verschleierung der tatsächlichen Lage vorgenommene Bilanzpolitik untermauert[522]. Eine derartige Berichterstattung würde gegen den Zweck der Lageberichterstattung verstoßen. Es würde sogar gar kein eigener Zweck erkennbar sein, wenn die Berichterstattung von dem Bild, das der Jahresabschluß zeichnet, abhängig ist.

---

520 Auch das IDW räumt im IDW Prüfungsstandard: „Prüfung des Lageberichts" ein, daß prognostische Angaben im Lagebericht nicht auf ihre Übereinstimmung mit dem Jahresabschluß geprüft werden können. Die Einklangsprüfung wird in dem Sinne gedeutet, daß ein „in Einklang stehen" vor dem Hintergrund der Jahresabschlußangaben plausibel erscheinen muß. Vgl. IDW (1998 b), S. 663, Rn. 4.

521 Vgl. auch Bretzke (1979), S. 348.

522 Auch der umgekehrte Fall, eine schlechte bilanzielle Lage und eine gute effektive Lage, ist denkbar. Dieser Fall tritt z.B. dann ein, wenn die Unternehmensleitung im abgelaufenen Geschäftsjahr neue Potentialfaktoren aufgebaut hat, die nur teilweise aktivierbar sind. Die bilanzielle Lage des Unternehmens würde aufgrund des schlechten Jahresergebnisses des abgelaufenen Geschäftsjahres schlechter aussehen, als die wirtschaftliche (Effektiv-) Lage ist. Enthält der Lagebericht Informationen über die neu geschaffenen Erfolgspotentiale und damit Informationen über die vielleicht sogar gute effektive Lage, besteht ebenfalls kein Einklang zwischen den beiden Rechnungslegungsinstrumenten.

Es stellt sich die Frage, wann ein Einklang zwischen den Rechnungslegungsinstrumenten Jahresabschluß und Lagebericht überhaupt möglich ist. Grundsätzlich sind zwei Fälle denkbar:

1.) Der Lagebericht zeichnet ein Bild von der bilanziellen Lage.
2.) Die Bilanzierungsnormen zeichnen ein Bild von der effektiven Lage.

Mit den Gesetzesänderungen im Zuge des KonTraG hat sich der Gesetzgeber gegen die erste Möglichkeit ausgesprochen.
Es verbleibt die Möglichkeit eines Einklangs mit den Bilanzierungsregeln. Da ein Bild von der effektiven Lage des Unternehmens darauf abzielt zu informieren, müßten auch die Bilanzierungsregeln dem Zweck der Informationsvermittlung dienen. Diesen Zweck soll eine Rechnungslegung nach den International Accounting Standards (IAS) erfüllen[523]. Wenn die IAS-Regeln ein Bild von der effektiven Vermögens-, Finanz- und Ertragslage zeichnen, wäre ein Einklang zwischen dem Lagebericht und einem nach den IAS-Regeln aufgestelltem Jahresabschluß möglich. Ansätze, die in diese Richtung gehen, sind z.B. die Bewertung bestimmter assets zum fair value[524]. Gemäß IAS 39.69 ist z.B. für die Folgebewertung finanzieller assets grundsätzlich eine Bewertung zum fair value vorgeschrieben. Des weiteren besteht die Möglichkeit, Teile der Entwicklungskosten zu aktivieren. Nach IAS 38.45 wird die Aktivierung eines aus der Entwicklung entstehenden immateriellen Vermögensstandes verlangt, wenn bestimmte Nachweise erbracht werden können.
Das Gros der Bilanzierungsregeln erfüllt den Zweck, entscheidungsrelevante Informationen bereit zu stellen, aber nicht[525]. Deshalb vermittelt auch ein nach den IAS-Regeln aufgestellter Jahresabschluß keine Informationen über die wirtschaftliche (Effektiv-) Lage des Unternehmens. Ein Einklang mit einem primär auf Informationen über die zukünftige Lage des Unternehmens abstellenden Instrument wie dem Lagebericht ist zwar eher, aber ebenfalls in nur sehr begrenztem Umfang möglich.

---

523 Vgl. IASC (2001), S. 46, F. 12; Pellens (2001), S. 437 ff.

524 Unter dem fair value eines assets oder einer liability wird der Betrag verstanden, zu dem zwei voneinander unabhängige Parteien mit Sachverstand und Abschlußwillen bereit wären, das asset zu tauschen bzw. die liability zu begleichen. Vgl. Coenenberg (2001), S. 131.

525 Vgl. Streim (2000 b), S. 125 ff.

6.4.2.1.2. Prüfung des Lageberichts auf Einklang mit den bei der Prüfung gewonnenen Erkenntnissen

Außerdem verlangt § 317 Abs. 2 HGB vom Abschlußprüfer, den Lagebericht auf Einklang mit den bei der Prüfung gewonnenen Erkenntnissen zu prüfen. Hierbei handelt es sich zwar um eine Erweiterung der Prüfungsnorm, materiell dürfte die Erweiterung jedoch keine Auswirkungen haben, da ein Abschlußprüfer mit normalem Menschenverstand die bei der Prüfung gewonnenen Erkenntnisse schon bisher bei seiner Urteilsbildung verwertet haben dürfte. Zudem entsprach es schon vorher guter Berufsausübung, die bei der Prüfung des Jahresabschlusses gewonnenen Erkenntnisse bei der Prüfung des Lageberichts mit einfließen zu lassen[526]. Die Erweiterung dient somit lediglich der Klarstellung.

Die Forderung, den Lagebericht auf Einklang mit den bei der Prüfung gewonnenen Erkenntnissen zu prüfen, umfaßt alle Prüfungserkenntnisse des gesamten Prüfungsprozesses. Hierzu gehören u.a. die Prüfungserkenntnisse, die der Abschlußprüfer im Rahmen der eigenen Stellungnahme zur Beurteilung der Lage durch die gesetzlichen Vertreter (§ 321 Abs. 1, Satz 2 HGB) zu sammeln hat. Die Stellungnahme verlangt, daß sich der Abschlußprüfer mit der wirtschaftlichen (Effektiv-) Lage des Unternehmens auseinander gesetzt hat[527]. Dies bedeutet indirekt, daß der Prüfer den Lagebericht auch auf Einklang mit der effektiven Lage zu prüfen hat. Die Einklangsprüfung des Lageberichts mit den bei der Prüfung gewonnenen Erkenntnissen kann somit als ein weiteres Indiz dafür angesehen werden, daß der Lagebericht Informationen über die effektive Lage enthalten muß.
Nach altem Recht wurde die Auffassung vertreten, daß die Einklangsprüfung mit einer höheren Intensität durchzuführen ist als die Prüfung des Gesamteindrucks[528]. Diese Auffassung ist nach neuem Recht nicht mehr zu rechtfertigen. Die Erweiterung der Einklangsprüfung um die sonstigen bei der Prüfung gewonnenen Erkenntnisse bedeutet, daß keine Abstufungen mehr zwischen den einzelnen Angaben gemacht werden dürfen. Die zukunftsorientierten Angaben sind somit mit der selben Intensität zu prüfen wie die Angaben, mit denen eine Übereinstimmungsprüfung mit dem Jahresabschluß möglich ist.

---

526 Vgl. Oechsle/Wirth (1999), S. 562; Vgl. Forster (1998), S. 45.
527 Vgl. Kap. 4, Glp. 5.3.2.2.3.
528 Vgl. Kap. 4, Glp. 4.2.

6.4.2.2. Gesamteindrucksprüfung

6.4.2.2.1. Allgemeines

Die neue Prüfungsnorm stellt wesentlich höhere Anforderungen an die Prüfung des Gesamteindrucks der Lage des Unternehmens als die alte. Während nach altem Recht die Prüfung dahingehend zu erfolgen hatte, ob die sonstigen Angaben nicht eine falsche Vorstellung von der Lage des Unternehmens erwecken (§ 317 Abs. 1, Satz 3 HGB), ist nun gemäß § 317 Abs. 2, Satz 1 HGB zu prüfen, ob der Lagebericht insgesamt eine zutreffende Vorstellung von der Lage des Unternehmens vermittelt. Die Änderung der Negativfeststellung in eine Positivfeststellung bewirkt, daß die Argumente für eine eingeschränkte Prüfung endgültig wegfallen[529]. Dies bestätigt auch der IDW Prüfungsstandard zur Prüfung des Lageberichts. Hierin wird ausgeführt, daß die Prüfung des Lageberichts mit der gleichen Intensität und nach den gleichen Grundsätzen zu erfolgen hat wie die Prüfung des Jahresabschlusses[530].
Neben dem nach neuem Recht zu treffenden Positivurteil über die Lage des Unternehmens steigert außerdem das geänderte Verständnis der Lage die Anforderungen an die Prüfung des Gesamteindrucks. Verglichen mit Angaben zu einer bilanziell interpretierten Lage, stellen Angaben zu einer effektiv interpretierten Lage sowohl in quantitativer als auch in qualitativer Hinsicht wesentlich höhere Anforderungen an den Abschlußprüfer.

Um der neuen Prüfungsnorm gerecht zu werden, muß sich der Abschlußprüfer ein umfassendes Bild von der wirtschaftlichen (Effektiv-) Lage des Unternehmens verschafft haben. Hierzu dienen ihm die Erkenntnisse, die er im Laufe des gesamten Prüfungsprozesses gewonnen hat. Von besonderer Bedeutung sind die Erkenntnisse, die er im Rahmen der eigenen Stellungnahme zur Beurteilung der wirtschaftlichen Lage durch die gesetzlichen Vertreter gesammelt hat (§ 321 Abs. 1, Satz 2 HGB)[531].
Hat sich der Abschlußprüfer ein umfassendes Bild von der Lage verschafft, so muß er anhand der einzelnen nach § 289 Abs. 1 und 2 HGB geforderten Berichtsteile prüfen, ob der Lagebericht als Gesamtheit die Lage des Unternehmens zutreffend darstellt. Sowohl für die einzelnen Berichtsteile als auch für die Prüfung des Gesamteindrucks müssen die

---

529 Vgl. Kap. 4, Glp. 4.2.
530 Vgl. IDW (1998 b), S. 663, Rn. 6.
531 Vgl. Kap. 4, Glp. 5.3.2.2.3.

Grundsätze ordnungsmäßiger Lageberichterstattung erfüllt sein. Das bedeutet für den Prüfer, daß er feststellen muß, ob:

1.) alle wesentlichen Angaben gemacht worden sind,
2.) die Angaben sachlich richtig sind und
3.) die Art und Weise der Darstellung nicht derart erfolgt ist, daß trotz vollständiger und sachlich richtiger Darstellung der einzelnen Sachverhalte eine falsche Gesamtvorstellung von der Lage des Unternehmens erzeugt wird[532].

6.4.2.2.2. Prüfung der vergangenheitsbezogenen Angaben

6.4.2.2.2.1. Prüfung des Geschäftsverlaufs

Die Prüfung des Geschäftsverlaufs hat die Berichterstattung des Unternehmens nach § 289 Abs. 1 HGB zum Gegenstand. Der Begriff „Geschäftsverlauf" ist im HGB nicht definiert. Mit den Angaben zum Geschäftsverlauf soll die berichtende Gesellschaft den Berichtsadressaten einen historischen Abriß über die Entwicklung der Gesellschaft in der abgelaufenen Periode und über die Ursachen, die zu dieser Entwicklung geführt haben, geben[533]. Der Geschäftsverlauf ist zeitraum- und vergangenheitsbezogen und bestimmt die zeitpunktbezogene, zukunftsorientierte Lage der Gesellschaft. Die Darstellung des Geschäftsverlaufs sollte zu erkennen geben, ob nach der Einschätzung der Geschäftsführung die Geschäftsentwicklung günstig oder ungünstig verlaufen ist[534]. Im Gegensatz zum Jahresabschluß, der die Geschäftsvorfälle des Geschäftsjahres quantitativ wertet, wird im Lagebericht eine qualitative Wertung des Geschäftsverlaufs vorgenommen[535].
Aufmachung und Inhalt der einzelnen Berichtsgegenstände des Geschäftsverlaufs können aufgrund branchen- oder unternehmensspezifisch bedingter Besonderheiten stark differieren[536].

Die Prüfung des Geschäftsverlaufs erstreckt sich sowohl auf die äußeren Rahmenbedingungen, d.h. auf die Entwicklungen von Gesamtwirtschaft und Branche, als auch auf die innerbetrieblichen Entwicklungen des Unternehmens im abgelaufenen Geschäftsjahr.

---

532 Vgl. ADS (1999), § 317 HGB, S. 104, Tz. 171.
533 Vgl. Lück (1995), § 289 HGB, S. 2014, Rn. 30; Moxter (1986 a), S. 108.
534 Vgl. ADS (1995), § 289 HGB, S. 204, Tz. 66; IDW (1998 a), S. 656, Rn. 23.
535 Vgl. Müller (1986 b), B 510, S. 2, Rn. 15.
536 Vgl. Lück (1995), § 289 HGB, S. 2014, Rn. 30.

Angaben zum Geschäftsverlauf des Unternehmens sind vergangenheitsbezogene Aussagen, die sich teilweise aus der Bilanz, der GuV-Rechnung oder dem Anhang entnehmen lassen. Die bei der Prüfung des Jahresabschlusses gewonnenen Erkenntnisse zu einzelnen Prüffeldern lassen sich bei der Prüfung des Geschäftsverlaufs verwerten. Abgesehen von der grundsätzlichen Problematik der Einklangsprüfung von Jahresabschluß und Lagebericht (unterschiedliche Zwecke)[537], können Teile des Geschäftsverlaufs auf Einklang mit dem Jahresabschluß überprüft werden.
Für diejenigen Teile der Angaben zum Geschäftsverlauf, die kein Pendant im Jahresabschluß haben, muß sich der Prüfer auf anderem Wege ausreichend Informationen beschaffen, um die Forderung, ob ein den tatsächlichen Verhältnissen entsprechendes Bild vermittelt wird, beurteilen zu können. Die notwendigen Informationen können sowohl aus externen als auch aus internen Quellen stammen.

Zur Prüfung der Rahmenbedingungen des Unternehmens kann der Prüfer auf seine Kenntnisse zurückgreifen, die er sich schon in der Phase der Prüfungsplanung erworben haben sollte[538]. Diese Kenntnisse umfassen sowohl grundlegendes Wissen zur allgemeinen wirtschaftlichen Lage als auch die besonderen Merkmale und Verhältnisse der Branche, d.h. die besonderen wirtschaftlichen und rechtlichen Rahmenbedingungen, in der das zu prüfende Unternehmen tätig ist[539].
Nicht jede gesamtwirtschaftlich oder branchenspezifisch bedeutsame Veränderung muß Auswirkungen auf das einzelne Unternehmen haben[540]. Aus Gründen der Klarheit ist dies bei der Prüfung der Berichterstattung zu berücksichtigen.

---

537 Vgl. Kap. 3, Glp. 1.3.

538 Gemäß IDW EPS 220 ist der Abschlußprüfer bereits vor der Annahme des Prüfungsauftrags verpflichtet, sich ein vorläufiges Bild von der Branche, der Geschäftstätigkeit, der Geschäftsführung und den Eigentumsverhältnissen des Unternehmens zu machen. Hierbei hat er auch zu prüfen, ob er über den für eine sachgerechte Durchführung der Prüfung erforderlichen Kenntnisstand verfügt oder sich verschaffen kann. Vgl. IDW (2000 h), S. 532, Rn. 11.

539 Eine beispielhafte Aufzählung relevanter Aspekte über das wirtschaftliche und rechtliche Umfeld findet sich im Anhang des IDW PS 230. Vgl. IDW (2000 c), S. 463 ff.

540 Zum Beispiel haben Veränderungen der Wechselkurse für Unternehmen mit hohem Exportanteil einen wesentlichen Einfluß auf den Geschäftsverlauf,

Neben der Prüfung der Rahmenbedingungen umfaßt die Prüfung der Berichterstattung über den Geschäftsverlauf auch die Darstellung wesentlicher Entwicklungen im abgelaufenen Geschäftsjahr innerhalb des Unternehmens. Das berichtende Unternehmen sollte alle wesentlichen Angaben zu den Bereichen Beschaffung, Produktion, Absatz, Finanzierung, Investition, Personal und Soziales, Umwelt sowie zu sonstigen bedeutsamen Vorgängen während des Geschäftsjahrs gemacht haben.
Einzelne Angaben lassen sich durch Rückgriff auf die Erkenntnisse aus der Prüfung des Jahresabschlusses überprüfen. Zum Beispiel sind Angaben über die Investitionstätigkeit mit den Erkenntnissen der Prüfung des Anlagevermögens abzugleichen. Ebenso sind Angaben zum Beschaffungsbereich mit den Informationen zu vergleichen, die aus der Prüfung des Vorratsvermögens gewonnen wurden. Widersprüchliche Angaben hat der Prüfer zu monieren und gegebenenfalls berichtigen zu lassen.
Es sind jedoch nicht alle Angaben der verschiedenen Berichtsbereiche, die ein Pendant im Jahresabschluß haben, mit den Erkenntnissen der Jahresabschlußprüfung überprüfbar. Hierunter fallen vor allem unternehmenspolitische Entscheidungen. So muß sich der Prüfer zum Beispiel im Absatzbereich mit der Distributionspolitik des Unternehmens beschäftigen. Ändert ein Unternehmen seine bisherigen Absatzkanäle oder baut es sein logistisches System um, hat der Prüfer zu untersuchen, ob dies einen wesentlichen Einfluß auf den Geschäftsverlauf hat und daher angegeben werden muß[541].

Die Überprüfung der Vollständigkeit der Angaben zum Geschäftsverlauf hängt von ihrer Bedeutung für das einzelne Unternehmen ab. Anlaß zur Beanstandung an der Berichterstattung ist geboten, wenn der Abschlußprüfer der Meinung ist, daß nur mit bestimmten weiteren Angaben der Geschäftsverlauf so dargestellt wird, daß eine zutreffende Vorstellung von der Lage des Unternehmens vermittelt wird. Hierbei handelt es sich allerdings um eine Ermessensentscheidung, die - vor allem bei negativen Angaben - schwer durchsetzbar sein wird[542].
Da der Geschäftsverlauf einen historischen Abriß über die Entwicklung der Gesellschaft in der abgelaufenen Periode darstellt, ist die Prüfung der Richtigkeit relativ unproblematisch. Der Prüfer kann anhand der im Un-

---

während sie für den Geschäftsverlauf von lediglich im Inland tätigen Unternehmen unbedeutend sind.

541 Vgl. Selchert/Erhardt/Fuhr (2000), S. 115 f.

542 Vgl. Kap. 4, Glp. 6.3.2

ternehmen vorhandenen Unterlagen feststellen, ob die Berichterstattung im Lagebericht mit diesen Unterlagen vereinbar ist.

6.4.2.2.2.2. Prüfung des Nachtragsberichts

Die Prüfung des Nachtragsberichts bezieht sich auf Vorgänge von besonderer Bedeutung, die nach dem Schluß des Geschäftsjahres eingetreten sind (§ 289 Abs. 2, Nr. 1 HGB).

Neben der Problematik, bis zu welchem Zeitpunkt eine Berichterstattung im Lagebericht zu erfolgen hat[543], kommt es vor allem darauf an, wann ein Vorgang als „bedeutend“ zu klassifizieren ist. Diese Frage läßt sich nicht anhand feststehender Kriterien beantworten. Bei der Beantwortung der Frage kommt es auf die Verhältnisse der einzelnen Gesellschaft an. Daher sind absolute oder relative Maßstäbe, die eine einheitliche Interpretation erlauben, ungeeignet[544]. Entscheidendes Kriterium für die Bedeutung sind die Auswirkungen, die die Vorgänge auf die Lage der Gesellschaft haben. Grundsätzlich kann es sich - mit dem Unterschied, daß die Vorgänge nach Ablauf des Geschäftsjahres eingetreten sein müssen - um die gleichen Angaben handeln wie beim Bericht über den Geschäftsverlauf der Gesellschaft. Die Vorgänge von besonderer Bedeutung lassen sich unterteilen in von außerhalb der Gesellschaft vorgegebene Änderungen und in innerhalb der Gesellschaft begründete Änderungen. Zur ersten Kategorie gehören z.B. verschärfte Exportvorschriften, Währungsschwankungen, Veränderungen der Marktpreise oder unvorhergesehene Kostensteigerungen. Innerhalb der Gesellschaft begründete Änderungen können der Erwerb oder die Veräußerung von Beteiligungen, die Gründung oder Auflösung von Niederlassungen, der Abschluß außerordentlicher Verträge oder der Beitritt zu Interessengemeinschaften sein[545]. Durch die Betonung der besonderen Bedeutung ist die Berichtspflicht allerdings weniger verpflichtend als bei der Berichterstattung über den Geschäftsverlauf[546]. Wenn die Unternehmensleitung einen Vorgang für unbedeutend und damit für nicht berichterstattungspflichtig hält, der Prüfer dagegen diesem

543 Diskutiert werden der Zeitpunkt der Aufstellung des Lageberichts, der Zeitpunkt der Einberufung der Hauptversammlung und der Zeitpunkt der Auslieferung des Lageberichts an die Adressaten.

544 Vgl. Lück (1995), § 289 HGB, S. 2020, Rn. 52.

545 Zu weiteren Beispielen vgl. ADS (1995), § 289 HGB, S. 218, Tz. 101; Stobbe (1988), S. 307; Claussen (1989), § 289 HGB, S. 620, Rn. 20.

546 Vgl. ADS (1995), § 289 HGB, S. 218, Tz. 101.

Vorgang eine besondere Bedeutung beimißt, können Konflikte zwischen Prüfer und Unternehmensleitung entstehen.

Die Berichtspflicht umfaßt sowohl positive als auch negative Vorgänge, wobei den negativen Vorgängen eine größere Bedeutung zukommt[547]. Dies resultiert aus dem Eigeninteresse der Unternehmensleitung, positive Informationen zu veröffentlichen. Die Aufgabe des Abschlußprüfers besteht unter Vollständigkeitsgesichtspunkten deshalb vor allem darin, die Aufnahme negativer Informationen in die Berichterstattung durchzusetzen. Andernfalls würde die Gefahr bestehen, daß durch eine zu einseitige Auswahl positiver Vorgänge ein falscher Eindruck von der Lage des Unternehmens gezeichnet wird[548].
Ebenso wie bei der Prüfung des Geschäftsverlaufs, handelt es sich bei der Prüfung des Nachtragsberichts zum Zeitpunkt der Prüfungsdurchführung um eine Prüfung historischer Sachverhalte. Es ist daher ebenfalls relativ problemlos möglich, die Angaben auf ihre Richtigkeit hin zu untersuchen.

Als Prüfungshandlungen werden vom IDW folgende Handlungen vorgeschlagen[549]:

- Durchsicht von Zwischenberichten (Monats- und Quartalsberichten),
- Durchsicht von Protokollen über Sitzungen der Verwaltung (z.B. Aufsichtsrat),
- Befragungen der Geschäftsführung und anderer Auskunftspersonen,
- Durchsicht von Berichten der Innenrevision,
- Durchsicht der Aufwendungen für Rechtsberatung und andere Sachverständige zwecks der Erlangung von Hinweisen auf wichtige Verträge, Prozesse oder sonstige Ereignisse,
- Beschaffung von neuen Informationen über den Stand schwebender Geschäfte,
- Beschaffung von neuen Informationen über den Stand steuerlicher Veranlagungen.

547 Vgl. Lück (1995), § 289 HGB, S. 2019, Rn. 50; Ellrott (1999), § 289 HGB, S. 1258, Rn. 32; ADS (1995), § 289 HGB, S. 218, Tz. 101.

548 Vgl. Krawitz (1988), S. 230.

549 Vgl. IDW (1989 a), S. 17.

6.4.2.2.2.3. Prüfung des Forschungs- und Entwicklungsberichts

Des weiteren umfaßt die Prüfung des Lageberichts die Prüfung des nach § 289 Abs. 2, Nr. 3 HGB geforderten Forschungs- und Entwicklungsberichts.

Der Forschungs- und Entwicklungsbericht ist für die Informationsvermittlung besonders wichtig, da der in der GuV-Rechnung ausgewiesene Erfolg des abgelaufenen Geschäftsjahres durch Forschungstätigkeiten sehr verzerrt sein kann. In Jahren intensiver Forschungsbemühungen wird der Erfolg des Geschäftsjahres durch Forschungsaufwendungen belastet. Da Forschungen erst nach einigen Jahren zu Umsatzerlösen auf dem Markt führen und selbsterstellte Forschungsergebnisse noch nicht einmal zu Herstellungskosten aktiviert werden dürfen, entstehen zunächst nur Vermögensminderungen. Erst in späteren Jahren, aber nicht zwangsläufig, zahlen sich die Ergebnisse der Forschungsaufwendungen aus. Hierdurch kommt es in späteren Geschäftsjahren zu einem höheren Erfolg[550].

Die Berichterstattung über Forschungs- und Entwicklungstätigkeiten umfaßt die Grundlagenforschung, die angewandte Forschung sowie die die Forschungsergebnisse umsetzende Entwicklung[551]. Angaben zu Forschungs- und Entwicklungstätigkeiten sind nur bei solchen Gesellschaften sinnvoll, die Forschung und Entwicklung in nicht unerheblichem Ausmaß betreiben[552]. Gesellschaften, die keine Forschung und Entwicklung betreiben, obwohl man dies von ihnen aufgrund der Branchenüblichkeit oder vergangener Erfahrungen (z.B. Chemie- oder Automobilindustrie) erwar-

---

550 Als Prämisse gelte die in der Ökonomie übliche ceteris paribus Bedingung.

551 Nach den OECD-Definitionen bezeichnet man als
Grundlagenforschung: die experimentelle oder theoretische Arbeit, die in erster Linie auf die Gewinnung neuer Erkenntnisse über den Ursprung von Phänomenen und beobachteten Tatsachen gerichtet ist, ohne auf eine besondere Verwendung abzuzielen.
Angewandte Forschung: ebenfalls alle Bemühungen, die auf die Gewinnung neuer Erkenntnisse gerichtet sind, jedoch ohne auf ein spezielles praktisches Ziel gerichtet zu sein.
Entwicklung: die systematische Arbeit, die auf vorhandenen Erkenntnissen aus Forschung und/oder praktischer Erfahrung aufbaut und die auf die Herstellung neuer Materialien, Produkte und Geräte und der Einführung neuer Verfahren, Systeme und Dienstleistungen sowie auf deren wesentlicher Verbesserung abzielt.
Vgl. OECD (1971), S. 29.

552 Vgl. ADS (1995), § 289 HGB, S. 222, Tz. 112.

tet, müssen sich ebenfalls äußern[553]. Eine Berichterstattung entfällt für solche Unternehmen, die branchenüblich keine Forschungs- und Entwicklungstätigkeiten in einem größeren Umfang betreiben (z.B. Banken oder Versicherungen)[554].

Da Art und Umfang der Angaben zum Forschungs- und Entwicklungsbereich nicht gesetzlich geregelt sind, richten sich die vorzunehmenden Prüfungshandlungen nach der vom Unternehmen gewählten Berichterstattung[555].
Der Prüfer hat bei der Prüfung des Forschungs- und Entwicklungsberichts die schutzwürdigen Interessen der Gesellschaft in besonderem Maße zu respektieren[556]. Daher wird sich der Prüfer, um konkurrierenden Unternehmen keine näheren Hinweise preiszugeben, überwiegend mit allgemein gehaltenen Angaben zu Forschungs- und Entwicklungstätigkeiten zufrieden geben müssen.
Wenn das Unternehmen Zahlenangaben zu den entsprechenden Gesamtaufwendungen oder einzelnen Entwicklungsprojekten macht, hat eine Prüfung auf Vollständigkeit und Richtigkeit zu erfolgen[557]. Die Prüfung der Angemessenheit der Forschungsaufwendungen ist nur begrenzt möglich. Der Abschlußprüfer kann sich hierzu an Branchendurchschnittswerten oder auch an Erfahrungswerten der Vergangenheit orientieren[558].

Die Prüfung der Berichterstattung über Forschung und Entwicklung umfaßt sowohl die Prüfung von Angaben über die Vergangenheit als auch die Prüfung von Angaben über die Zukunft.
Vergangenheitsbezogene Angaben, d.h. Angaben zu tatsächlich vorgenommenen Forschungs- und Entwicklungstätigkeiten, sind auf ihre Richtigkeit zu prüfen. Dagegen kann der Prüfer die zukunftsorientierten Angaben nur auf ihre Plausibilität hin prüfen. Da die Einschätzung zukunftsorientierter Angaben, wie z.B. die Erfolgsaussicht bestimmter Forschungs- und Entwicklungsprojekte, intersubjektiv differiert, kann dieses Prüffeld Meinungsverschiedenheiten zwischen Prüfer und dem zu prüfendem

553 Vgl. Ellrott (1999), § 289 HGB, S. 1260, Rn. 40; ADS (1995), § 289 HGB, S. 222, Tz. 112.
554 Vgl. Baetge/Fischer/Paskert (1989), S. 46.
555 Vgl. ADS (1999), § 317 HGB, S. 103, Tz. 169; Wiedmann (2000), S. 1824, Tz. 569.
556 Vgl. Krawitz (1988), S. 232.
557 Vgl. Förschle/Kofahl (1999), § 317 HGB, S. 1745, Rn. 61.
558 Vgl. Wiedmann (2000), S. 1824, Tz. 570.

Unternehmen aufwerfen. Vorwiegend wird sich der Abschlußprüfer auf die Angaben der Unternehmensleitung verlassen müssen und nur bei offensichtlich zu optimistischer Berichterstattung Einwände erheben können.

Werden aufgrund fehlender Aufwendungen keine Angaben zum Forschungs- und Entwicklungsbereich gemacht, ist zu prüfen, ob es zur Vermittlung eines den tatsächlichen Verhältnissen entsprechenden Bildes notwendig ist, in einem Negativbericht die Gründe hierfür darzulegen[559]. Insbesondere in forschungsintensiven Branchen, wie z.B. bei Unternehmen aus der Chemieindustrie oder Automobilindustrie, erscheint ein solcher Negativbericht notwendig.

6.4.2.2.2.4. Prüfung des Berichts über die Zweigniederlassungen

Die Prüfung des Lageberichts erstreckt sich auch auf die Berichterstattung nach § 289 Abs. 2, Nr. 4 HGB über die Zweigniederlassungen[560] der Gesellschaft.

Der Prüfer sollte von der Geschäftsleitung der Gesellschaft verlangen, daß für die wirtschaftlich bedeutendsten Zweigniederlassungen[561] angegeben wird,

„ 1. an welchem Ort im In- und Ausland Zweigniederlassungen bestehen,
2. welche abweichenden Firmierungen vorliegen, die die Zugehörigkeit zur Hauptniederlassung nicht mehr erkennen lassen und

---

559 Vgl. ADS (1999), § 317 HGB, S. 103, Tz. 169; Wiedmann (2000), S. 1824, Tz. 571. Generell gegen einen Negativbericht, allerdings ohne dies näher zu begründen, sprechen sich Förschle/Kofahl aus. Vgl. Förschle/Kofahl (1999), § 317 HGB, S. 1745, Rn. 61.

560 Als Zweigniederlassung bezeichnet man eine dauerhafte, räumlich von der Hauptniederlassung getrennte Einrichtung, die mit personeller und organisatorischer Eigenständigkeit im Rahmen der Unternehmenstätigkeit wie ein selbständiges Unternehmen am Geschäftsverkehr teilnimmt. Der Unterschied zur Tochtergesellschaft liegt in der fehlenden Rechtsfähigkeit. Vgl. zum Begriff der Zweigniederlassung z.B. Baumbach/Hopt (1995), § 13 HGB, S. 55, Rn. 3.

561 Für die weniger bedeutenden Zweigniederlassungen reicht es aus, Angaben über ihre Gesamtzahl und ihre geographische Verteilung zu fordern. Vgl. ADS (1995), § 289 HGB, S. 225, Tz. 124.

3. welche wesentlichen Veränderungen (z.B. Errichtung, Aufhebung, Sitzverlegung) sich gegenüber dem Vorjahr ergeben haben"[562].

Die Vollständigkeit und Richtigkeit der Angaben kann der Prüfer feststellen, indem er durch Rückgriff auf das Handelsregister überprüft, ob über alle wesentlichen im Handelsregister eingetragenen Niederlassungen berichtet wurde[563]. Da die Eintragung aber nur deklaratorischen Charakters ist und darüber hinaus bei ausländischen Niederlassungen unterschiedliche rechtliche Voraussetzungen bzgl. der Eintragung bestehen, ist unter Beachtung des Grundsatzes der Wesentlichkeit zu untersuchen, ob weitere, nicht eingetragene Zweigniederlassungen in die Berichterstattung aufzunehmen sind[564].

6.4.2.2.3. Prüfung der zukunftsorientierten Angaben

6.4.2.2.3.1. Prüfung des Risikoberichts

Die Prüfungsvorschrift für den Lagebericht umfaßt ferner explizit die Prüfung der nach § 289 Abs. 1 HGB geforderten Risiken der künftigen Entwicklung[565].

Obwohl sich die Prüfung des Risikoberichts bereits daraus ergibt, daß § 289 HGB die Berichterstattung über die künftigen Risiken fordert und diese somit verpflichtend zum Inhalt des Lageberichts und somit zum Prüfungsgegenstand gehören, wird die Prüfungspflicht in § 317 Abs. 2, Satz 3 HGB noch einmal ausdrücklich aufgeführt. Dies unterstreicht erneut den hohen Stellenwert, den der Gesetzgeber den Risiken der künftigen Entwicklung beimißt. Wegen des hohen Stellenwertes muß sich der Prüfer bei der Planung und Durchführung intensiv mit den Risiken der künftigen Entwicklung auseinandersetzen[566].

Der Abschlußprüfer muß sich bei der Prüfung des Risikoberichts hinreichend Gewißheit darüber verschaffen, daß für sämtliche Risiken die relevanten, verfügbaren Informationen verarbeitet wurden[567]. Es bietet sich an, daß der Prüfer die entsprechenden Prüfungshandlungen mit der Prüfung des nach § 91 Abs. 2 AktG einzurichtenden Überwachungssystems

562 Fey (1994), S. 486.
563 Vgl. Selchert (1996), S. 796.
564 Vgl. Wiedmann (2000), S. 1824, Tz. 572.
565 Zur inhaltlichen Ausgestaltung des Risikoberichts vgl. Kap. 4, Glp. 5.3.1.4.
566 Vgl. ADS (1999), § 317 HGB, S. 105, Tz. 176.
567 Vgl. Wiedmann (2000), S. 1821, Tz. 558.

verbindet (§ 317 Abs. 4 HGB)[568]. Ein solches System umfaßt zumindest ein angemessenes Risikomanagement[569] sowie eine angemessene interne Revision[570]. Am Anfang der Prüfung des Überwachungssystems wird neben der auf die Unternehmenssituation und Branche bezogenen allgemeinen Risikobeurteilung die Prüfung der Dokumentation des Überwachungssystems stehen[571]. Anhand der hieraus gewonnenen Informationen lassen sich Rückschlüsse auf die Qualität der Risikoberichterstattung ziehen. Die Dokumentation sollte über das generelle Vorgehen, über Maßnahmen zur Risikoidentifikation, über die Risikomessung, über die Risikosteuerung, über allgemeine Risikorichtlinien, über festgelegte Verantwortlichkeiten sowie über Schulungsmaßnahmen Aufschluß geben[572]. Eine unzureichende Dokumentation birgt das Risiko einer unvollständigen Information der Mitarbeiter und damit einer nur ansatzweisen Implementierung des Überwachungssystems[573]. Eine derart unvollständige Implementierung kann als ein erstes Indiz dafür angesehen werden, daß die Risikoberichterstattung Mängel enthält.

Die Prüfung der Vollständigkeit der Berichterstattung ist schwierig, weil die Unternehmensleitung des berichtenden Unternehmens ein Interesse daran haben wird, über negative Informationen in möglichst geringem Umfang zu berichten. Dagegen ist dem Prüfer, um dem gesetzlichen Prüfungsauftrag gerecht zu werden, eher an einer ausführlichen Berichterstattung gelegen. Für den Prüfer ergibt sich daraus die Aufgabe, weitere berichtspflichtige Risiken zu finden und die Unternehmensleitung zu veranlassen, diese in die Berichterstattung aufzunehmen.
Problematisch ist es, wo der Prüfer die Grenze zwischen berichtspflichtigen Risiken und darüber hinausgehenden allgemeinen Risiken zu ziehen hat. Einigkeit besteht weitgehend darin, daß eine Beschränkung der Be-

---

568 Zur Einrichtung eines Überwachungssystems ist direkt nur der Vorstand von AG, die Aktien mit amtlicher Notierung ausgegeben haben, verpflichtet. Von der Neuregelung, die eher eine Verdeutlichung des bestehenden Pflichtenrahmens sein soll, erwartet der Gesetzgeber aber eine Ausstrahlwirkung auf die Geschäftsführer anderer Gesellschaftsformen. Vgl. BR-Drs. 872/97, S. 37.

569 Gegenstand des Risikomanagements ist die Identifikation und aktive Steuerung aller für das Unternehmen bestehenden Risiken. Die Vermeidung von Risiken gehört nicht hierzu. Vgl. Kromschröder/Lück (1998), S. 1573.

570 Vgl. BT-Drs. 13/9712, S. 15.

571 Vgl. Brebeck/Herrmann (1997), S. 390.

572 Vgl. Schindler/Rabenhorst (1998 a), S. 1892.

573 Vgl. Schindler/Rabenhorst (1998 a), S. 1892.

richterstattung auf rechnungswesennahe Risiken nicht ausreicht[574]. Der Begriff der Risiken der künftigen Entwicklung umfaßt grundsätzlich auch Risiken aus der Entwicklung der Märkte, aus der Änderung von Produktionsverfahren oder aus neuen Technologien. Entscheidendes Kriterium für eine Berichterstattungspflicht wird die Einschätzung des Prüfers sein, inwieweit er aus den allgemeinen Risiken bedeutende Rückwirkungen auf das betroffene Unternehmen erwartet[575]. Als solche gelten zum einen Risiken, die die Bestandskraft des Unternehmens gefährden, und zum anderen Risiken, die einen wesentlichen Einfluß auf die Vermögens-, Finanz- und Ertragslage des Unternehmens haben[576]. Hierbei lassen sich die Erkenntnisse der Jahresabschlußprüfung verwenden[577]. Im Rahmen der Jahresabschlußprüfung hat der Prüfer nämlich bereits der Frage, ob bestandsgefährdende Risiken vorliegen, nachzugehen. Er hat zu beurteilen, ob von der Fortführung der Unternehmenstätigkeit gemäß § 252 Abs. 1, Nr. 2 HGB auszugehen ist.
Besonders hohes Konfliktpotential zwischen Unternehmensleitung und Prüfer dürfte in wirtschaftlich schlechten Zeiten des Unternehmens bestehen, da in diesen Zeiten einer ausführlichen Berichterstattung über die künftigen Risiken die Gefahr der sog. „self fulfilling prophecy“[578] gegenübersteht. Grundsätzlich ist das Schutzbedürfnis der Adressaten aber höher einzustufen als das Schutzbedürfnis des Unternehmens[579].

Vertritt der Prüfer die Ansicht, daß die Berichterstattung über die künftigen Risiken dem Grundsatz der Vollständigkeit genügt, muß er die Angaben auf ihre Richtigkeit hin prüfen. Die reine Feststellung, daß die Gesellschaft über die Risiken berichtet hat, reicht also nicht aus. Zusätzlich muß geprüft werden, ob die Auswirkungen beim Eintritt der Risiken richtig dargestellt sind. Hierzu muß sich der Prüfer das der Prognose zugrunde liegende Datenmaterial aushändigen lassen und anhand dieser Unterlagen den Prognoseprozeß nachvollziehen[580]. Man kann davon ausgehen, daß die Unternehmensleitung ein Interesse daran haben wird, mögliche Risi-

---

574 Vgl. z.B. Küting/Hütten (1997), S. 253.
575 Vgl. Schindler/Rabenhorst (1998 a), S. 1891.
576 Vgl. IDW (1998 a), S. 657, Rn. 29; Baetge/Schulze (1998), S. 942; Krawitz (1999), § 289 HGB, S. 23, Rn. 78; Dörner/Bischof (1999), S. 448 ff.
577 Vgl. Oechsle/Wirth (1999), S. 564 f.
578 Zum Begriff vgl. Kap. 4, Glp. 5.3.1.7.
579 Vgl. Schindler/Rabenhorst (1998 a), S. 1891.
580 Zur Vorgehensweise und der besonderen Problematik der Prüfung von Prognosen vgl. Kap 4, Glp. 6.3.3.2.

ken eher zu verharmlosen[581]. Die Aufgabe des Prüfers besteht aus Richtigkeitsgesichtspunkten deshalb darin, derartige Verharmlosungen aufzudecken und die Unternehmensleitung zu veranlassen, die Risiken so darzulegen, daß sie mit den internen Prognoseergebnissen übereinstimmen. Liegen intern Prognoseergebnisse in quantitativer Form vor, so müssen diese - unter der Bedingung, daß sie plausibel sind - mit den publizierten Prognoseergebnissen übereinstimmen.

6.4.2.2.3.2. Prüfung des Prognoseberichts

Die Prüfung des Prognoseberichts hat die Berichterstattung über die voraussichtliche Entwicklung der Kapitalgesellschaft gemäß § 289 Abs. 2, Nr. 2 HGB zum Inhalt. Wie der Risikobericht hat auch der Prognosebericht Informationen über die Zukunft der Gesellschaft zum Gegenstand. Der Unterschied zur Berichterstattung über die Risiken der künftigen Entwicklung liegt darin, daß die Informationen, die im Prognosebericht publiziert werden, überwiegend positiv sind[582]. Der enge, innere Zusammenhang zwischen dem Prognose- und dem Risikobericht macht eine gemeinsame Prüfung in weiten Teilen sinnvoll.

Man kann davon ausgehen, daß die Unternehmensleitung ein Eigeninteresse daran haben wird, positive Informationen zu publizieren. Daher ist nicht zu befürchten, daß wesentliche Informationen bewußt unterschlagen werden. Die Prüfung der Vollständigkeit dürfte sich deshalb als relativ unproblematisch erweisen.

Anders sieht es mit der Prüfung der Richtigkeit der Angaben aus. Da es sich bei den Angaben nach § 289 Abs. 2 HGB um zukunftsorientierte Angaben handelt, kann eine Prüfung auf Richtigkeit im Sinne von richtig oder falsch ebenfalls nicht vorgenommen werden. Es geht bei der Prüfung darum, die Glaubwürdigkeit und Willkürfreiheit der Aussagen zu verifizieren. Grundsätzlich gelten die gleichen Probleme wie für die Prüfung des Risikoberichts. Das bedeutet, daß der Prüfer anhand des zugrunde liegenden Datenmaterials das Prognoseergebnis nachzuvollziehen und ein Urteil im Sinne von plausibel oder unplausibel zu treffen hat. Im Ge-

581 Vgl. Selchert/Erhardt/Fuhr (2000), S. 218.

582 „2001 wird nach unserer Einschätzung ein gutes Geschäftsjahr mit zweistelligen Zuwachsraten". Schering (2000), S. 37; „Es gibt gute Gründe für die Annahme, daß wir beim Auftragseingang und Umsatz erneut stärker wachsen werden als der Branchendurchschnitt". Siemens (2000), S. 54.

gensatz zur Berichterstattung über die Risiken der künftigen Entwicklung, bei der die künftigen Risiken tendenziell verharmlost werden, dürfte die Prognoseberichterstattung eher von zu optimistischen Zukunftserwartungen gekennzeichnet sein. Zum Schutz vor unrealistischen Zukunftsaussichten muß der Prüfer schon die Prämissen des Prognosemodells kritisch hinterfragen. Sind nämlich die Prämissen zu optimistisch formuliert, ist das Prognoseergebnis, auch wenn die Prognoseherleitung plausibel ist, zu optimistisch[583]. Ein Grund zur Beanstandung ist immer gegeben, wenn die externe Prognoseberichterstattung nicht mit den internen Prognoseergebnissen übereinstimmt[584].

Ist das berichterstattende Unternehmen in wirtschaftliche Schwierigkeiten geraten, sind die Aussagen zur voraussichtlichen Entwicklung besonders kritisch zu prüfen[585]. Dies resultiert daraus, daß die Versuchung für die Unternehmensleitung in schlechten Zeiten hoch sein dürfte, durch die Veröffentlichung positiver Prognosen von der in Wirklichkeit schlechten Lage abzulenken. Wegen der ex ante bestehenden Ungewißheit über die Zukunft und der daraus resultierenden Unmöglichkeit, Prognosen objektiv auf ihre Richtigkeit zu überprüfen, ist der Prognosebericht ein besonders geeignetes Instrument, eine schlechte wirtschaftliche Lage durch eine positive Berichterstattung zu überspielen. Die Beurteilung dieser Aussagen steht vor allem in wirtschaftlich schwierigen Zeiten in engem Zusammenhang mit der Beurteilung, ob die Beibehaltung der going-concern-Prämisse weiterhin gerechtfertigt ist und die Risiken der künftigen Entwicklung zutreffend dargestellt sind[586].

6.4.2.2.4. Prüfung der zutreffenden Gesamtdarstellung von der Lage

Die neue Prüfungsnorm verlangt nach § 317 Abs. 2, Satz 2 HGB die Prüfung, ob der Lagebericht insgesamt ein zutreffendes Bild von der Lage des Unternehmens vermittelt. Scheinbar wird der Begriff der Lage wider-

583 Verzeichnet das berichtende Unternehmen z.B. in einem bestimmten Bereich in den vergangenen Jahren einen stetigen Umsatzrückgang und gibt es keinerlei Anhaltspunkte dafür, daß der Rückgang zum Stillstand kommt, so darf die der Prognose zugrunde liegende Prämisse nicht von einem konstanten Umsatz für diesen Bereich ausgehen.

584 Ergeben z.B. Marktanalysen, daß in den nächsten Jahren bei Produkt X mit Umsatzsteigerungen von 20-30% zu rechnen ist, darf im Prognosebericht nicht über Umsatzsteigerungen von 50% berichtet werden.

585 Vgl. IDW (1998 b), S. 664, Rn. 14; Wiedmann (2000), S. 1823, Rn. 568.

586 Vgl. ADS (1999), § 317 HGB, S. 103, Tz. 168.

sprüchlich gebraucht. Zumindest stellt sich die Frage, welche Bedeutung die übrigen nach § 289 Abs. 1 und 2 HGB geforderten Berichtsteile haben sollen, wenn es bei der Prüfung nur darauf ankommt, ob die Lage des Unternehmens zutreffend dargestellt ist. Dieser Widerspruch läßt sich aufklären, wenn man sich den Inhalt des effektiven Lagebegriffs vergegenwärtigt[587]. Dann umfaßt die Berichterstattung über die wirtschaftliche Lage nämlich alle in § 289 Abs. 1 und 2 HGB geforderten Berichtsteile.
Der Geschäftsverlauf des abgelaufenen Geschäftsjahrs bildet die Basis für die Lage der Gesellschaft. Zwischen den beiden Berichtsteilen besteht eine Ursache-Wirkung-Beziehung[588]. Bei der Berichterstattung über die Risiken der künftigen Entwicklung verdeutlicht schon der Wortlaut des § 289 Abs. 1 HGB, daß der Risikobericht ein wichtiger Teil der Berichterstattung über die Lage ist („...; dabei ist auch auf die Risiken der künftigen Entwicklung einzugehen."). Ebenso dienen die Berichtsteile nach § 289 Abs. 2 HGB vornehmlich dazu, die Lage der Gesellschaft darzustellen. Ihnen kommt bei der Interpretation der Lage im effektiven Sinn lediglich eine deklaratorische Bedeutung zu.

In der Praxis wird die Berichterstattung über die Lage nach § 289 Abs. 1 HGB häufig mit der Darstellung des Geschäftsverlaufs verbunden (sog. Wirtschaftsbericht). Der Unterschied zur Berichterstattung über den Geschäftsverlauf liegt in der zeitlichen Ausrichtung. Während die Berichterstattung über den Geschäftsverlauf das abgelaufene Geschäftsjahr bis zum Bilanzstichtag darstellt, wertet die Berichterstattung über die Lage die Geschäftsvorfälle der einzelnen Bereiche (Beschaffung, Produktion, Absatz etc.) hinsichtlich ihrer Auswirkungen auf die Zukunft des Unternehmens. Die Berichterstattung über die nach § 289 Abs. 2 HGB geforderten Berichtsteile komplettieren die Darstellung der Lage der Gesellschaft.

---

587 Vgl. Kap. 4, Glp. 5.2.3.2.3.
Wird die Lage nach § 289 Abs. 1 HGB dagegen im bilanziellen Sinn interpretiert, müßte derselbe Begriff, nämlich die Lage, eine unterschiedliche Bedeutung haben. Andernfalls wären die übrigen Berichtsteile bedeutungslos. Die Berichterstattung über die Lage der Gesellschaft wäre bei einer bilanziell verstandenen Lage nur ein Teil in der Berichterstattung, welcher zusammen mit den anderen Berichtskomponenten die anscheinend umfassendere Lage der Gesellschaft, wie sie in § 317 Abs. 2 HGB gefordert ist, zutreffend darstellen soll.

588 Vgl. IDW (1998 a), S. 655, Rn. 21.

Für die Prüfung, ob der Lagebericht als Gesamtheit die Lage des Unternehmens zutreffend darstellt, hat der Prüfer alle Erkenntnisse zu berücksichtigen, die er während der Abschlußprüfung gesammelt hat. Von besonderer Bedeutung sind die Erkenntnisse, die er im Rahmen seiner Stellungnahme zur Beurteilung der Lage durch die gesetzlichen Vertreter (§ 321 Abs. 1, Satz 2 HGB) erlangt hat. Der Eindruck, den der Prüfer aufgrund dieser Prüfungsmaßnahmen gewonnen hat, dient als Maßstab für seine Beurteilung, ob die Lage des Unternehmens zutreffend dargestellt ist.

Während für die Prüfung der einzelnen Berichtsteile vor allem die Grundsätze der Vollständigkeit und Richtigkeit zu beachten sind, erlangt für die Prüfung des Gesamteindrucks der Grundsatz der Klarheit eine verstärkte Bedeutung. Der Grundsatz der Klarheit verlangt, daß die Berichterstattung verständlich, genau, übersichtlich und vergleichbar sein muß[589]. Die Einhaltung des Grundsatzes dient dazu, daß weder durch Verharmlosungen noch durch Übertreibungen ein unzutreffendes Bild von der Lage vermittelt wird.
Auch wenn die Prüfung der einzelnen Berichtsteile keinen Anlaß zum Monieren gegeben hat, kann es sein, daß der Prüfer aus Gründen der Klarheit Korrekturen in der Berichterstattung verlangen muß, da sonst die tatsächliche Lage des Unternehmens als Gesamtheit nicht deutlich genug zum Ausdruck kommt. Die Korrekturen können als Ergänzungen, Herausnahmen oder Umgliederungen notwendig werden. Die Notwendigkeit zu Korrekturen ergibt sich daraus, daß die Angaben in den verschiedenen Berichtsteilen im einzelnen zwar den GoL entsprechen können, in ihrer Summe aber ein solches Ausmaß angenommen haben, daß die Lage als Gesamtheit nicht mehr zutreffend dargestellt ist. Des weiteren werden Korrekturen notwendig, wenn das Verhältnis der einzelnen Angaben zueinander in einem offensichtlichen Mißverhältnis steht. Dies ist z.B. der Fall, wenn Angaben zu Bereichen, in denen keine Veränderungen gegenüber dem Vorjahr stattgefunden haben oder die in ihrer Wirkung unwesentlich für die Gesamtlage des Unternehmens sind, den gleichen Umfang einnehmen wie Angaben zu Bereichen, in denen erhebliche Veränderungen eingetreten sind oder die sich wesentlich auf die Gesamtlage auswirken. Außerdem muß der Prüfer für Korrekturen sorgen, wenn widersprüchliche oder sogar konträre Aussagen gemacht werden.

---

589 Vgl. Kap. 3, Glp. 3.2.3.

Auch wenn der Abschlußprüfer die Prüfungshandlungen des Lageberichts erheblich intensiviert, erscheint es aus zwei Gründen fraglich, ob die Forderung, eine Positivfeststellung über die Lage des Unternehmens abzugeben, möglich ist oder ob dies eine zu hohe Anforderung darstellt. Erstens ist die Unternehmensleitung für die Aufstellung des Lageberichts verantwortlich. Aufgrund gewisser Ermessensspielräume können Meinungsverschiedenheiten hinsichtlich der Vollständigkeit der Berichterstattung auftreten. Der zweite Grund liegt im Zweck des Lageberichts begründet. Der Lagebericht dient dazu, Informationen über das Erfolgspotential der Gesellschaft aufzuzeigen. Wegen der ex ante bestehenden Unsicherheit über die Zukunft können derartige Informationen nicht auf ihre Richtigkeit im Sinne von intersubjektiver Nachprüfbarkeit, sondern nur auf ihre Plausibilität geprüft werden.
Die Anforderungen der verschärften Prüfungsnorm entsprechen den neueren Prüfungsansätzen der großen Wirtschaftsprüfungsgesellschaften[590]. Die Abschlußprüfung ist nicht mehr überwiegend auf das Rechnungswesen und den richtigen Ausweis von Abschlußposten beschränkt, sondern richtet sich vermehrt auf die gesamte wirtschaftliche Tätigkeit des Unternehmens. Die Geschäftstätigkeit sowie das bestehende und sich voraussichtlich entwickelnde Umfeld stehen im Vordergrund der Abschlußprüfung. Strategische Analyseverfahren, wie die von Porter vorgeschlagene Strukturanalyse oder die SWOT-Analyse gewinnen an Bedeutung. Die verstärkte Ausrichtung der Abschlußprüfung auf die Geschäftstätigkeit des Unternehmens bewirkt, daß der Abschlußprüfer einen umfassenden Einblick in die wirtschaftliche Lage erlangt.
Trotz der neuen Prüfungsansätze erscheint die Forderung, eine Positivfeststellung über die wirtschaftliche Lage des Unternehmens abzugeben, wegen der grundsätzlichen Probleme, die der Prüfung des Lageberichts anhaften, zu hoch[591]. Einer übertriebenen Erwartungshaltung, die die Positivfeststellung über die Lage des Unternehmens bei den Adressaten auslösen kann, kann und sollte der Abschlußprüfer entgegenwirken, indem er auf die grundsätzlichen Probleme der Prüfung des Lageberichts hinweist.

---

590 Vgl. Dyckerhoff (2001), S. 119 ff.
591 Vgl. Kap. 4, Glp. 6.3.

6.4.3. Prüfungsdokumentation

Unter den Begriff der Prüfungsdokumentation fallen alle Verfahrensweisen, die „sowohl das Erstellen als auch das Sammeln, Ordnen, Speichern und Bereitstellen von Dokumenten zum Gegenstand haben"[592].

Die Dokumentation der Prüfung erfüllt eine Doppelfunktion[593]. Zum einen dient die Berichterstattung über die Prüfung als Nachweis für die durchgeführten Prüfungshandlungen. Dies ist hauptsächlich die Aufgabe der internen Dokumentation (Arbeitspapiere, Dauerakte). Zum anderen informiert sie die Auftraggeber und übrigen Adressaten über das Ergebnis der Prüfung, legt die Vorgehensweise dar und berichtet über die Gegenstände der Prüfung. Diese Funktion erfüllt die externe Dokumentation (Prüfungsbericht, Bestätigungsvermerk).

Die erhöhten Prüfungsanforderungen, die durch das KonTraG an die Prüfung des Lageberichts gestellt werden, wirken sich sowohl auf die interne als auch auf die externe Dokumentation aus. Was die externe Dokumentation betrifft, so zeigt sich dies in den erweiterten Anforderungen, die der Gesetzgeber an die Berichterstattung des Prüfungsberichts[594] und des Bestätigungsvermerks[595] gestellt hat. Die interne Dokumentation der Prüfungsergebnisse des Lageberichts wird der Abschlußprüfer von sich aus ausweiten, um bei Bedarf nachweisen zu können, daß er den gesteigerten Prüfungsanforderungen in angemessener Weise nachgekommen ist.

7. Konsequenzen der neuen Prüfungsnorm

7.1. Erwartungslücke

7.1.1. Allgemeines

In der Vergangenheit ist an der Arbeit der Wirtschaftsprüfer besonders dann Kritik laut geworden, wenn relativ kurze Zeit nach der Erteilung eines uneingeschränkten Bestätigungsvermerks das geprüfte Unternehmen zusammenbrach bzw. in eine schwere Krise geriet oder schwerwiegende krisenverursachende strafbare Handlungen des Managements bekannt wurden, welche der Abschlußprüfer nicht erkannt oder zumindest

592 Lück (1999), S. 158.
593 Vgl. v.Wysocki (1988), S. 298.
594 Vgl. Kap. 4, Glp. 5.3.2.2.
595 Vgl. Kap. 4, Glp. 5.3.3.2.

nicht deutlich - extern oder intern - beanstandet hatte[596]. Ein Grund für die zum Teil überzogene Kritik ist die sog. Erwartungslücke[597].

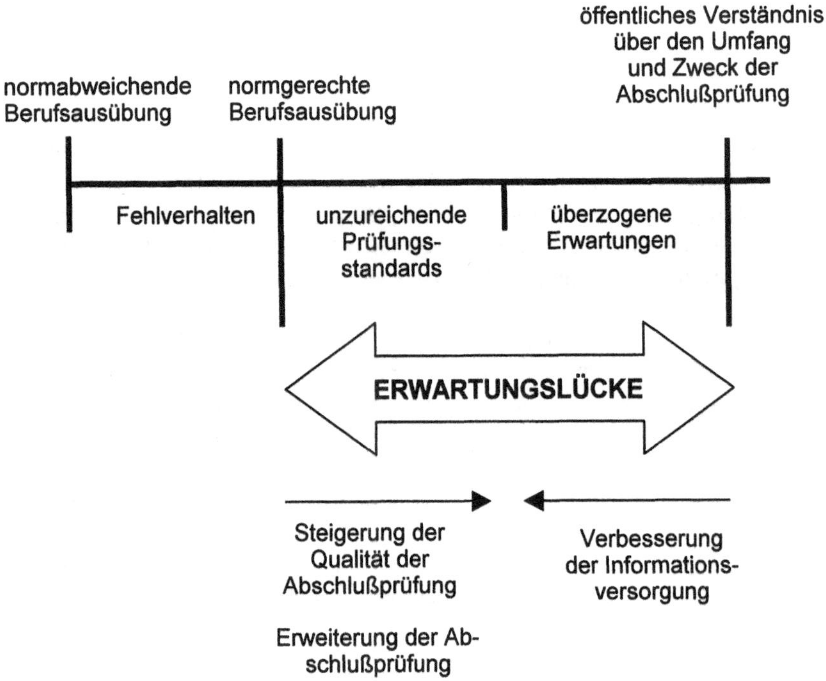

Abbildung 5: Erwartungslücke

Als Erwartungslücke wird die „Abweichung zwischen den Vorstellungen der Öffentlichkeit über den Umfang sowie den Sinn und Zweck der gesetzlichen ... Abschlußprüfung einerseits und der Berufsausübung nach den gesetzlich obliegenden Pflichten sowie den berufsständischen

596 Hierzu zählen z.B. die Fälle Wabag (Anlagebetrug), Bremer-Vulkan-Gruppe (Betrug), Jürgen Schneider (Betrug, schwerer Bankrott, Kreditbetrug), Balsam (Betrug), European King´s Club (Betrug), Coop (Betrug, Untreue) und Flowtex (Betrug). Ausführlich vgl. FAZ vom 19. Dezember 2001, S. 17.

597 Das Phänomen der Erwartungslücke ist im übrigen nicht auf die Bundesrepublik Deutschland beschränkt, sondern ein weltweites, insbesondere in den angelsächsischen Ländern festzustellendes Phänomen. Vgl. Biener (1995), S. 41 ff.

Grundsätzen ordnungsmäßiger Abschlußprüfung andererseits" bezeichnet[598]. Die Öffentlichkeit umfaßt alle Personen und Institutionen, die mit dem geprüften Unternehmen in einem finanziellen Verhältnis stehen. Insbesondere zählt die Gruppe der Kapitalgeber hierzu.

Die Verringerung[599] der Erwartungslücke war eines der Anliegen des KonTraG[600]. Grundsätzlich kommen für die Umsetzung dieses Anliegens zwei Strategien in Frage:

1.) Steigerung der Qualität der Abschlußprüfung und/oder Ausweitung des Umfangs der Abschlußprüfung und
2.) Verbesserung der Informationsversorgung der Öffentlichkeit[601].

Eine Verringerung der Erwartungslücke ist wichtig, weil dadurch der Wert der geprüften Rechnungslegung gesteigert wird. Werden die Erwartungen der Öffentlichkeit nämlich nachhaltig enttäuscht, ist zu befürchten, daß die Rechnungslegungsadressaten ihr Informationsbedürfnis nicht mehr anhand der testierten und veröffentlichten Jahresabschlüsse und Lageberichte vornehmen, sondern auf andere Informationsinstrumente (z.B. Betriebsprüferbilanzen, Bonitätskontrollen) zurückgreifen[602]. In diesem Fall müßte der Wert der Abschlußprüfung in Frage gestellt werden. Eine Verringerung der Erwartungslücke führt somit dazu, daß der Wert der Prüfung und als Folge auch der Wert der Rechnungslegung steigt.
Die Aufgabe des Lageberichts besteht darin, entscheidungsrelevante Informationen an die Adressaten zu vermitteln. Je höher das Vertrauen der Adressaten in die zur Verfügung gestellten Informationen ist, desto eher werden sie die Informationen als Entscheidungsgrundlage für ihre Kapitaldispositionen verwenden und desto größer ist die Wahrscheinlichkeit, daß es zu einer Finanzierungsbeziehung zwischen Kapitalgebern und Kapitalnehmern (Unternehmen) kommt. Gesamtwirtschaftlich betrachtet sind Finanzierungsbeziehungen zwischen Kapitalgebern und Kapitalnehmern grundsätzlich vorteilhaft, weil die eine Partei über das notwendige Kapital und die andere Partei über das notwendige Wissen verfügt, das

598 Böcking/Orth (1998), S. 352.
599 Da die Öffentlichkeit eine heterogene Gruppe mit unterschiedlichen Informationsinteressen ist, gelingt keine vollständige Schließung der Erwartungslücke.
600 Vgl. BR-Drs. 872/97, S. 25.
601 Vgl. Böcking/Orth (1998), S. 353 f.; Böcking (1999), S. 722 ff.
602 Vgl. Loitlsberger (1985), S. 167 f.

Kapital rentabel einzusetzen[603]. Kooperieren die beiden Parteien, kommt es zu einer Steigerung der gesamtwirtschaftlichen Wohlfahrt. Eine Verringerung der Erwartungslücke verbessert die Rahmenbedingungen zum Eingehen einer Finanzierungsbeziehung zwischen Kapitalgebern und Kapitalnehmern und leistet auf diese Weise einen Beitrag zur Steigerung der gesamtwirtschaftlichen Wohlfahrt.

7.1.2. Änderung der Erwartungslücke

7.1.2.1. Änderung der Erwartungslücke aufgrund der verschärften Prüfungsnorm

Zur Erreichung des Ziels, die Erwartungslücke zu verringern, hat der Gesetzgeber u.a. die Prüfungsnorm für den Lagebericht völlig neu geschrieben. Die neue Prüfungsnorm (§ 317 Abs. 2 HGB) sieht sowohl eine verschärfte Prüfung, d.h. eine qualitative Steigerung, als auch eine Ausweitung des Umfangs, d.h. eine quantitative Steigerung, für die Prüfung des Lageberichts vor.

Die qualitativ und quantitativ gestiegenen Anforderungen an die Prüfung des Lageberichts führen dazu, daß sich der Abschlußprüfer intensiver als bisher mit der Prüfung des Lageberichts beschäftigen muß. Hierfür sind vor allem zwei Änderungen, die durch das KonTraG eingeführt worden sind, ursächlich:

1.) Änderung der Negativfeststellung in eine Positivfeststellung
Anstelle der Prüfung, ob die sonstigen Angaben im Lagebericht nicht eine falsche Vorstellung von der Lage des Unternehmens vermitteln, ist nach der Neufassung zu prüfen, ob der Lagebericht insgesamt die Lage des Unternehmens zutreffend darstellt.
2.) Erweiterung der Prüfung um die zutreffende Darstellung der Risiken der künftigen Entwicklung

Empirische Untersuchungen haben ergeben, daß die Adressaten finanzieller Informationen erwarten, daß „die Abschlußprüfer in die Geschäftstätigkeit eindringen, um die Unternehmensführung zu überwachen und um aktiv an der Verbesserung von Qualität und Umfang der Offenlegung teilzunehmen. Sie erwarten vom Prüfer, daß er sich mit betrügerischem und illegalem Verhalten der Unternehmensführung befaßt und die

603 Vgl. Kap. 2, Glp. 2.1.

unternehmerischen Bezugskreise durch eine aussagekräftige Berichterstattung rechtzeitig warnt"[604].

Um die Erwartungslücke zu verringern, müßten die neuen Anforderungen dazu führen, daß die Prüfung an die Erwartungshaltung der Adressaten angenähert wird.
Vergleicht man die neuen Anforderungen, die die Prüfung des Lageberichts an den Abschlußprüfer stellen, mit dem Ergebnis der empirischen Untersuchung, so wird deutlich, daß die neue Prüfungsnorm die Erwartungen der Adressaten besser erfüllt als die bisherige Regelung. Aufgrund der qualitativ und quantitativ gestiegenen Prüfungsanforderungen wird die Prüfung des Lageberichts sowohl von der Intensität als auch vom Umfang her ausgeweitet werden müssen. Beide Neuerungen werden dazu führen, daß die durch den Lagebericht publizierten Informationen aussagekräftiger und verläßlicher werden. Dadurch werden sie zu einer besseren Entscheidungsgrundlage für die Adressaten.
Daher sind die Neuerungen zur Verringerung der Erwartungslücke geeignet und somit zu begrüßen.

7.1.2.2. Änderung der Erwartungslücke aufgrund der verbesserten Informationsversorgung

Neben der Steigerung der Prüfungsqualität und des Umfangs der Prüfung hat der Gesetzgeber auch die andere Strategie, die Verbesserung der Informationsversorgung, zur Verringerung der Erwartungslücke gewählt. Als Mittel zur Informationsweitergabe stehen dem Abschlußprüfer der Prüfungsbericht und der Bestätigungsvermerk zur Verfügung. Während der Prüfungsbericht (§ 321 HGB) an unternehmensinterne Berichtsadressaten gerichtet ist, ist der Bestätigungsvermerk (§ 322 HGB) das Informationsmittel für die externen Adressaten. Der Bestätigungsvermerk ist völlig neu gefaßt worden.
Der Hauptgrund für die völlige Neufassung des formelhaften Bestätigungsvermerks lag darin, daß die Adressaten eine falsche Vorstellung über seine Aussagefähigkeit hatten. Oftmals wurde das Formeltestat als eine Art „Qualitätssiegel" fehlinterpretiert, das nicht nur die Bestätigung der Ordnungsmäßigkeit von Jahresabschluß und Lagebericht beinhaltete, sondern darüber hinaus auch als eine Bestätigung der wirtschaftlichen

604 Zünd (1992), S. 372.

Verhältnisse der Gesellschaft angesehen wurde[605]. Durch den Wortlaut des Formeltestats wurden Erwartungen geweckt, die durch die Prüfung nicht erfüllt werden konnten[606]. Zur Vermeidung derartiger Fehlinterpretationen seitens der Adressaten wurde der formelhafte Bestätigungsvermerk zu einem Bestätigungsbericht ausgebaut. Neben dem deutlich bescheideneren Kernsatz[607] ist im Bestätigungsbericht nun außerdem auf eine Reihe vorgegebener Eckpunkte einzugehen. Der Gesetzgeber geht davon aus, daß durch die Neuerungen auch dem nicht fachkundigen Leser deutlich wird, daß die gesetzlichen Vorschriften erhebliche Einschränkungen der Aussagekraft enthalten können oder zumindest möglich sind[608].

Zur Verringerung der Erwartungslücke kommt es, wenn die Neufassung des Bestätigungsvermerks die Erwartungshaltung der Adressaten besser trifft als die alte Regelung.
Grundsätzlich scheint die Neufassung des Bestätigungsvermerks, die eine individuellere und ausführlichere Berichterstattung zur vorgenommenen Prüfung verlangt, geeignet, die Erwartungslücke zu verringern. Die gesamten Änderungen in § 322 HGB führen dazu, daß der Abschlußprüfer die Grenzen der Abschlußprüfung besser verdeutlichen muß[609].

Aussagen zur Prüfung des Lageberichts werden nun explizit nach § 322 Abs. 3 HGB gefordert. Hiernach hat der Abschlußprüfer im Bestätigungsvermerk darauf einzugehen, ob der Lagebericht nach seiner Beurteilung eine zutreffende Vorstellung von der Lage des Unternehmens vermittelt und ob die Risiken der künftigen Entwicklung zutreffend dargestellt sind. Verglichen mit dem bisherigen Formeltestat, bei dem nur die Feststellung zu machen war, daß der Lagebericht im Einklang mit dem Jahresab-

---

605 Vgl. ADS (1999), § 316 HGB, S. 13, Tz. 23.

606 Vgl. BR-Drs. 872/97, S. 77.

607 Das IDW schlägt bei uneingeschränkt positiver Gesamtaussage folgende Formulierung vor: „Meine/Unsere Prüfung hat zu keinen Einwendungen geführt. Nach meiner/unserer Überzeugung vermittelt der Jahresabschluß unter Beachtung der Grundsätze ordnungsmäßiger Buchführung ein den tatsächlichen Verhältnissen entsprechendes Bild der Vermögens-, Finanz- und Ertragslage der Gesellschaft. Der Lagebericht gibt insgesamt eine zutreffende Vorstellung von der Lage der Gesellschaft und stellt die Risiken der künftigen Entwicklung zutreffend dar". Vgl. IDW (1999 b), S. 332, Rn. 46.

608 Vgl. BR-Drs. 872/97, S. 78.

609 Vgl. Böcking (1999), S. 737.

schluß steht, stellt dies eine wesentlich gehaltvollere Bestätigung der Angaben des Lageberichts dar[610].
Vor der Neufassung des Bestätigungsvermerks wurde auch Unternehmen in wirtschaftlichen Schwierigkeiten ein uneingeschränktes Testat erteilt, wenn im Jahresabschluß die Lage des Unternehmens gemäß der Vorschriften von Gesetz und Satzung und unter Beachtung der Grundsätze ordnungsmäßiger Buchführung abgebildet wurde und im Lagebericht, eventuell etwas verklausuliert, über die wirtschaftlichen Probleme berichtet wurde[611]. Der formelhafte Bestätigungsvermerk ging auf die wirtschaftlichen Schwierigkeiten nicht näher ein. Nach der Neufassung dagegen muß der Abschlußprüfer explizit zur im Lagebericht dargestellten Lage des Unternehmens und den Risiken der künftigen Entwicklung Stellung nehmen. Da die Beurteilung zukunftsorientierter Angaben intersubjektiv differiert, muß der Abschlußprüfer bei einer wesentlich abweichenden Beurteilung entweder auf die Darstellung im Lagebericht einwirken oder im Bestätigungsvermerk seine abweichende Auffassung darlegen[612]. Kommt der Abschlußprüfer zu dem Urteil, daß die Lage und die Risiken zutreffend dargestellt sind, und bestätigt er diese gehaltvolleren Angaben, so ist dies ein qualifizierteres Urteil als vor der Neufassung. Dies kann zu einer erhöhten Erwartungshaltung der Adressaten an die Aussagekraft und somit zu einer Vergrößerung der Erwartungslücke führen. Um eine gestiegene Erwartungshaltung zu vermeiden, ist z.B. der Hinweis des Abschlußprüfers angebracht, daß die Prüfbarkeit zukunftsorientierter Angaben nur auf ihre Plausibilität hin möglich ist. Die Grenzen der Abschlußprüfung und damit eine weitere Verringerung der Erwartungslücke könnten zusätzlich durch das Herausstellen der Verantwortlichkeit der gesetzlichen Vertreter für die Aufstellung von Jahresabschluß

---

610 Allerdings ist, wie schon nach altem Recht, auch nach neuem Recht der Gegenstand der Aussage zum Lagebericht im Bestätigungsvermerk enger gefaßt als der Prüfungsgegenstand gemäß § 317 Abs. 2 HGB. Dies bedeutet aber nicht, daß im Falle wesentlich negativer Feststellungen in den anderen Teilbereichen auf eine Berichterstattung im Bestätigungsvermerk verzichtet werden kann. Vgl. Jansen/Pfitzer (1999), S. 698 f.

611 Vgl. Kirsch (1997), S. 961.

612 Als Instrumente zur Darlegung seiner abweichenden Auffassung stehen ihm Ergänzungen oder Einschränkungen des Bestätigungsvermerks zur Verfügung. Dies hätte eine bessere Information der Adressaten zur Folge. Es ist aber fraglich, ob der Abschlußprüfer zu diesem Instrument greifen wird, da er für eine im Nachhinein gesehen unzutreffende Einschätzung haftbar gemacht werden könnte. Vgl. Wolz (1998), S. 127.

und Lagebericht oder durch den Hinweis der Anwendung von Stichprobenverfahren aufgezeigt werden[613].

Ob es zu einer Vergrößerung oder Verringerung der Erwartungslücke kommt, liegt daher letztlich in der Hand des Abschlußprüfers. Seine Aufgabe besteht darin, die Erwartungslücke durch eine „vorbildliche Formulierung“[614] zu verringern.

7.2. Gestiegene Sanktionsrisiken für den Abschlußprüfer

7.2.1. Zivilrechtliche Haftung

7.2.1.1. Haftung gegenüber dem Auftraggeber

Die zivilrechtliche Haftung des Abschlußprüfers und seiner Gehilfen ist für die gesetzlich vorgeschriebene Pflichtprüfung von Kapitalgesellschaften in § 323 HGB geregelt. Die Vorschriften über die Prüfung (§§ 316 ff. HGB) sind eine der wichtigsten Bezugsnormen des § 323 HGB. Da durch das KonTraG einige relevante Vorschriften (§§ 317, 321, 322 HGB) völlig verändert bzw. neu gefaßt wurden, stellt sich die Frage, inwieweit hieraus eine Änderung der Haftungsrisiken für den Abschlußprüfer resultiert.

§ 323 Abs. 1 HGB regelt die Pflichten und die Haftungsvoraussetzungen des Abschlußprüfers. Gemäß § 323 Abs. 1, Satz 1 HGB sind der Abschlußprüfer, seine Gehilfen und die bei der Prüfung mitwirkenden gesetzlichen Vertreter einer Prüfungsgesellschaft zur gewissenhaften und unparteiischen Prüfung[615] und zur Verschwiegenheit verpflichtet. Als Haftungsvoraussetzung muß nach § 323 Abs. 1, Satz 3 HGB eine Pflichtverletzung vorliegen, die durch fahrlässiges oder vorsätzliches Handeln begangen wurde. Eine weitere Haftungsvoraussetzung für die Schadensersatzpflicht ist, daß zwischen der Pflichtverletzung und dem eingetretenen Schaden ein kausaler Zusammenhang besteht[616]. Dies bedeutet, daß der eingetretene Schaden aufgrund der Pflichtverletzung entstanden sein muß.
Haftungsberechtigter ist die Kapitalgesellschaft und, wenn ein verbundenes Unternehmen geschädigt wurde, auch dieses. Gegenüber anderen

---

613 Vgl. Kirsch (1997), S. 966 f.
614 BR-Drs. 872/97, S. 78.
615 Die gewissenhafte und unparteiische Prüfung umfaßt alle Tätigkeiten des Abschlußprüfers, zu denen er gemäß der §§ 316 bis 324 HGB verpflichtet ist.
616 Vgl. Budde/Hense (1999), § 323 HGB, S. 1905, Rn. 105 ff.

Personen als der geprüften Kapitalgesellschaft und mit dieser verbundenen Unternehmen (z.B. Aktionäre oder Gläubiger) haftet der Abschlußprüfer aus § 323 HGB nicht[617].

Vorsätzliche oder bedingt vorsätzliche Pflichtverletzungen ziehen eine unbeschränkte Haftung nach sich[618]. Für fahrlässige Pflichtverletzungen dagegen wird die Höhe der Schadensersatzpflicht durch § 323 Abs. 2 HGB begrenzt[619]. Die bisherige einheitliche Haftungsobergrenze von 0,5 Mio. DM (0,25 Mio. €) ist durch das KonTraG angehoben und in eine allgemeine und eine spezielle Haftungsobergrenze aufgespaltet worden[620]. Die allgemeine Haftungsobergrenze gilt für alle Abschlußprüfungen, die spezielle Haftungsobergrenze gilt nur für Abschlußprüfungen von Aktiengesellschaften, die Aktien mit amtlicher Notierung ausgegeben haben[621]. Die allgemeine Haftungsobergrenze ist in § 323 Abs. 2, Satz 1 HGB geregelt. Hiernach ist die Ersatzpflicht von Personen, falls diese fahrlässig gehandelt haben, auf 1 Mio. € begrenzt. Die spezielle Haftungsobergrenze beträgt 4 Mio. € (§ 323 Abs. 2, Satz 2 HGB). In beiden Fällen gelten die Haftungsobergrenzen jeweils für eine einzelne Prüfung.

Die Ersatzpflicht für handelsrechtliche Pflichtprüfungen kann durch Vertrag weder ausgeschlossen noch beschränkt werden (§ 323 Abs. 4 HGB). Gemäß § 16 Berufssatzung WPK ist es ebenfalls nicht erlaubt, eine höhe-

---

617 Vgl. Budde/Hense (1999), § 323 HGB, S. 1909, Rn. 120.

618 Als Vorsatz wird das Wissen und Wollen eines rechtswidrigen Erfolges, also einer schädigenden Pflichtverletzung bezeichnet. Vgl. Heinrichs (2001), § 276 BGB, S. 333, Rn. 10.

619 Nach § 276 Abs. 1, Satz 2 BGB handelt fahrlässig, wer die im Verkehr erforderliche Sorgfalt außer acht läßt. Gemessen wird das Verhalten des Abschlußprüfers nicht an seinen individuellen Fähigkeiten, sondern es wird ein objektiver Maßstab angelegt. Dieser ergibt sich nach der Sorgfalt, mit der ein fachlich qualifizierter und gewissenhafter Berufsangehöriger vorgegangen wäre. Vgl. Heinrichs (2001), § 276 BGB, S. 333, Rn. 12 ff.

620 International dominiert die unbegrenzte Haftung. Diese lehnt der deutsche Gesetzgeber ab, weil nach seiner Ansicht die aus der gesetzlich vorgeschriebenen Prüfung resultierenden Risiken zu hoch sind, um sie privatrechtlich tätigen Personen zumuten zu können. Außerdem könnte sie den irreführenden Eindruck einer Art Garantiehaftung für den Fortbestand des geprüften Unternehmens vermitteln. Vgl. BT-Drs. 13/9712, S. 29.

621 Die spezielle Haftungsobergrenze gilt somit nicht für die Abschlußprüfung von Aktiengesellschaften, deren Aktien ausschließlich im geregelten Markt, am Neuen Markt oder im Freiverkehr gehandelt werden.

re Haftungssumme als in § 323 Abs. 2, Satz 1 HGB anzubieten[622]. § 54 a Abs. 1, Nr. 2 WPO, wonach unter bestimmten Bedingungen eine Ausdehnung der Haftungssumme auf bis zu 4 Mio. € möglich ist, findet für den Bereich der gesetzlich vorgeschriebenen Prüfungen keine Anwendung.
Nach fünf Jahren verjähren die aus § 323 HGB begründeten Ansprüche (§ 323 Abs. 5 HGB).

Die qualitativ und quantitativ gestiegenen Prüfungsanforderungen an den Abschlußprüfer werden zu einer Verschärfung der zivilrechtlichen Haftung führen. Dies resultiert aus den neuen, anspruchsvolleren Verpflichtungen des Abschlußprüfers, den Lagebericht auf seine zutreffende Vorstellung von der Lage des Unternehmens unter besonderer Berücksichtigung der Darstellung der künftigen Risiken zu prüfen, sowie aus der korrespondierenden Verpflichtung, hierüber im Prüfungsbericht und im Bestätigungsvermerk Bericht zu erstatten. Die gestiegenen Anforderungen an die Prüfung des Lageberichts führen dazu, daß die Grenze, an der dem Prüfer eine schuldhafte Verletzung seiner Prüfungspflichten vorzuwerfen ist, tiefer anzusetzen ist als nach den bisherigen Regelungen. Daher wird er in Zukunft dem Vorwurf einer schuldhaften Pflichtverletzung schneller ausgesetzt sein als bisher. In der Praxis wurde schon bisher, um die Haftungsbeschränkung des § 323 Abs. 2 HGB zu umgehen, häufig versucht, dem Abschlußprüfer eine vorsätzliche Pflichtverletzung anzuhängen[623]. Diese Tendenz dürfte sich aufgrund der abgesunkenen Grenze für eine vorsätzliche Pflichtverletzung fortsetzen.
Neben dem erhöhten Risiko, eine Pflichtverletzung zu begehen, tragen zusätzlich die gestiegenen Haftungssummen (§ 323 Abs. 2 HGB) zur Erhöhung des Haftungsrisikos bei.

7.2.1.2. Haftung gegenüber Dritten

Als Dritte sind diejenigen Personen anzusehen, die nicht zum Kreis der nach § 323 Abs. 1, Satz 3 HGB Ersatzberechtigten gehören. Insbesondere zählen die Gesellschafter und Gläubiger des geprüften Unternehmens zu dieser Gruppe.

---

622 Eine höhere Haftung wird abgelehnt, weil dies einen Wettbewerb um Pflichtprüfungsaufträge auslösen könnte, der als unlauter und daher berufsunwürdig angesehen wird. Vgl. Kaminski (2000 a), S. 115, Tz. 451.

623 Vgl. Pohl (1996), S. 4.

Grundsätzlich sind gemäß § 323 Abs. 1, Satz 3 HGB vertragliche Ansprüche Dritter, soweit es um den Bereich der Pflichtprüfungen geht, ausgeschlossen[624]. Diese Auffassung wurde durch das Gesetzgebungsverfahren zum KonTraG bestätigt. Der Rechtsausschuß des Deutschen Bundestages hat in seiner Beschlußempfehlung zum Entwurf des KonTraG die Ergänzung in § 323 HGB um einen ausdrücklichen gesetzlichen Ausschluß der Dritthaftung angesichts des bisherigen Wortlautes der Vorschrift für nicht notwendig gehalten[625].
Mit dem Urteil des BGH vom 2. April 1998[626] scheint diese Rechtsauffassung aber nicht weiter haltbar zu sein. Der BGH hat in seinem Urteil zwar klargestellt, daß Dritte aus § 323 HGB direkt keine Ansprüche gegen den Abschlußprüfer geltend machen können. Trotzdem läßt der BGH aber dann eine Haftung des Abschlußprüfers gegenüber Dritten zu, wenn er die Grundsätze des Vertrages mit Schutzwirkung zugunsten Dritter für anwendbar erklärt. Voraussetzung hierfür sei, daß für den Prüfer hinreichend deutlich werde, daß von ihm anläßlich der Prüfung eine besondere Leistung begehrt werde, von der gegenüber einem Dritten, der auf seine besondere Sachkunde vertraut, Gebrauch gemacht werden soll. Dies sei zumindest in den Fällen möglich, in denen die Vertragspartner bei Vertragsabschluß oder später übereinstimmend davon ausgehen, daß die Prüfung auch im Interesse eines bestimmten Dritten, dem das Ergebnis als Entscheidungsgrundlage dienen soll, durchgeführt werde[627]. Auch für die vertragliche Dritthaftung gilt die Haftungsbeschränkung nach § 323 Abs. 2 HGB[628].
Aus diesem Urteil resultieren für den Abschlußprüfer weitreichende Auswirkungen hinsichtlich des Haftungspotentials bei Pflichtprüfungen. Allerdings dürfte das gestiegene Haftungsrisiko vor allem als Folge fehlerhafter, vergangenheitsbezogener Jahresabschlüsse und weniger als Folge zukunftsorientierter Lageberichte eintreten[629]. Es wäre für den Abschluß-

---

624 Vgl. ADS (1999), § 323 HGB, S. 685, Tz. 196.
625 Vgl. Kleekämper/König (1999), S. 713.
626 Vgl. ausführlich Grunewald (1999), S. 583.
627 Vgl. Grunewald (1999), S. 584.
628 Vgl. ADS (1999), § 323 HGB, S. 688, Tz. 203.
629 Auch das Urteil vom 2. April 1998 behandelt einen solchen Fall, bei dem der Jahresabschluß als Entscheidungsgrundlage gedient hat. Der Kläger hat in diesem Fall auf die Richtigkeit eines bestätigten Jahresabschlusses, der einen Gewinn in Höhe von 2,6 Mio. DM auswies, vertraut. Später stellte sich jedoch heraus, daß aufgrund von Unregelmäßigkeiten in der Buchführung ein Jahresfehlbetrag von 11 Mio. DM ausgewiesen hätte werden müssen.

prüfer zumindest ein unzumutbar hohes Risiko, wenn die Gefahr besteht, für etwas zur Verantwortung gezogen zu werden, das zum Zeitpunkt der Prüfungsdurchführung nicht auf seine Übereinstimmung mit der Realität geprüft werden kann.

Außerdem kommt eine deliktische Haftung nach §§ 823 Abs. 2, 824, 826, 831 BGB in Frage[630]. Sämtliche Vorschriften setzen vorsätzliches Handeln des Abschlußprüfers voraus[631]. Die Haftung aus deliktischen Ansprüchen gegenüber Dritten ist unbegrenzt.

7.2.2. Strafrechtliche Verantwortung

§ 332 HGB regelt die strafrechtliche Verantwortung des Abschlußprüfers bei einer schuldhaften Verletzung der in § 323 HGB normierten Verhaltenspflichten[632]. Deshalb stellt sich wie schon für die zivilrechtliche Haftung die Frage, inwieweit durch die gestiegenen Prüfungsanforderungen neue Strafbarkeitsrisiken für den Abschlußprüfer erwachsen.

Gemäß § 332 Abs. 1 HGB wird mit einer Freiheitsstrafe bis zu drei Jahren oder mit Geldstrafe bestraft, wer als Abschlußprüfer oder Gehilfe eines Abschlußprüfers über das Ergebnis der Prüfung eines Jahresabschlusses, eines Lageberichts ... unrichtig berichtet, im Prüfungsbericht (§ 321 HGB) erhebliche Umstände verschweigt oder einen inhaltlich unrichtigen Bestätigungsvermerk (§ 322 HGB) erteilt. Alle drei Tatbestände setzen vorsätzliches Handeln voraus[633]. Es genügt bedingter Vorsatz[634]. In § 332 Abs. 2 HGB sind zusätzliche Tatbestände normiert, die die Tat besonders schwerwiegend erscheinen lassen und daher mit einer erhöhten Strafandrohung verbunden sind. § 332 Abs. 2 HGB greift, wenn der Täter gegen Entgelt oder in der Absicht, sich oder einen anderen zu bereichern oder zu schädigen, gehandelt hat. Die Freiheitsstrafe kann bis zu fünf Jahre betragen.

Der Kläger hat geltend gemacht, daß er bei Kenntnis des tatsächlichen Geschäftsergebnisses den Erwerb der Geschäftsanteile unterlassen hätte.

630 Vgl. ausführlich Budde/Hense (1999), § 323 HGB, S. 1921, Rn. 174 ff.

631 Vgl. Budde/Hense (1999), § 323 HGB, S. 1921, Rn. 173.

632 Vgl. ADS (1999), § 323 HGB, S. 688, Tz. 204 ff.

633 Fahrlässiges Handeln ist gemäß § 15 StGB nicht strafbar.

634 Vgl. Budde/Hense (1999), § 332 HGB, S. 2055, Rn. 41; ADS (1999), § 323 HGB, S. 688, Tz. 205.

Die Tatbestände in § 332 Abs. 1 HGB greifen, wenn zwischen dem tatsächlichen Wissen des Abschlußprüfers und der Darstellung im Prüfungsbericht oder Bestätigungsvermerk eine Diskrepanz besteht. Die objektive Richtigkeit oder Unrichtigkeit des Prüfungsberichts oder Bestätigungsvermerks ist ohne Bedeutung[635].

Die qualitativ und quantitativ gestiegenen Prüfungsanforderungen an den Abschlußprüfer haben wie schon bei der zivilrechtlichen Haftung auch eine Verschärfung der strafrechtlichen Verantwortung zur Folge. Der Grund liegt ebenfalls in den neuen, anspruchsvolleren Verpflichtungen des Abschlußprüfers, den Lagebericht auf seine zutreffende Vorstellung von der Lage des Unternehmens unter besonderer Berücksichtigung der Darstellung der künftigen Risiken zu prüfen sowie in der korrespondierenden Verpflichtung, hierüber im Prüfungsbericht und im Bestätigungsvermerk Bericht zu erstatten. Die Verpflichtung, über das Ergebnis der Prüfung zu berichten, setzt voraus, daß sich der Prüfer mit dem Prüfungsobjekt eingehend beschäftigt hat. Wenn der Abschlußprüfer die subjektiv geprägten, zukunftsorientierten Informationen der Unternehmensleitung übernimmt, ohne selbst eine geeignete Prüfung der Angaben auf ihre Plausibilität vorgenommen zu haben, verstößt er gegen die ihm auferlegten Vorschriften. Gibt er deshalb einen unrichtigen Bestätigungsvermerk ab, ist er einer erhöhten Gefahr strafrechtlicher Verfolgung nach § 332 Abs. 1 HGB ausgesetzt[636].
Ein zusätzliches Risiko entsteht dadurch, daß die Neufassung des Prüfungsberichts u.a. den Zweck hat, verständlicher zu werden. Der Prüferkommentar zur Lage des Unternehmens hat durch das KonTraG eine Aufwertung erfahren. Als unabhängige und sachverständige Person kommt dem Abschlußprüfer im System der Vorstandskontrolle eine gewichtige Rolle zu. Deshalb erlangt auch das Verschweigen erheblicher Umstände im Prüfungsbericht eine neue Bedeutung[637].

7.2.3. Anpassungsreaktionen

Anpassungsreaktionen werden notwendig, weil die erhöhten Prüfungsanforderungen zu leichter nachweisbaren Pflichtverletzungen und damit

---

635 Vgl. Budde/Hense (1999), § 332 HGB, S. 2051, Rn. 11 und S. 2053, Rn. 27; ADS (1999), § 323 HGB, S. 690, Tz. 213 ff.
636 Vgl. Graf (2001), S. 565.
637 Vgl. Graf (2001), S. 565.

auch zu leichter durchsetzbaren Schadensersatzansprüchen führen. Dem Abschlußprüfer bieten sich mehrere Möglichkeiten, auf die gestiegenen Sanktionsrisiken zu reagieren. Die Möglichkeiten lassen sich aufteilen in solche, mit denen er aktiv, d.h. durch Änderung des Prüfungsverhaltens auf die gestiegenen Sanktionsrisiken reagiert, und in solche, mit denen er passiv, d.h. durch Verlagerung des Risikos auf die gestiegenen Sanktionsrisiken reagiert.

7.2.3.1. Aktive Anpassungsreaktionen

1.) Erhöhung der Prüfungsintensität

Die natürliche Anpassungsreaktion des Abschlußprüfers auf die gestiegenen Haftungsrisiken zu reagieren, wird darin liegen, die Prüfung intensitätsmäßig auszuweiten. Dies ist eigentlich gut und entspricht auch dem Zweck, den der Gesetzgeber mit den für die Prüfung relevanten Änderungen des KonTraG verfolgt hat. Problematisch wird es aber, wenn der Prüfer aus Furcht vor den gestiegenen Sanktionsrisiken die Prüfungstätigkeiten so ausweitet, daß die gestiegene Sicherheit der Prüfungsergebnisse mit einem zu hohen Prüfungsaufwand erzielt wird. Dies würde bedeuten, daß das Verhältnis von Prüfungskosten und Prüfungsnutzen zu weit auseinander klafft und so die Prüfung zu teuer wird.

2.) Ausführlichere Dokumentation

Eine weitere Schutzmöglichkeit des Abschlußprüfers, auf die gestiegenen Sanktionsrisiken zu reagieren, liegt darin, die Prüfungshandlungen in den Arbeitspapieren ausführlicher zu dokumentieren. Die Arbeitspapiere dienen zusammen mit dem Prüfungsbericht als Nachweis für die erbrachten Prüfungsleistungen. Soweit die zur Unterstützung seiner Prüfungsaussagen dienenden Prüfungsnachweise nicht aus dem Prüfungsbericht ersichtlich werden, sollte der Prüfer diese in den Arbeitspapieren in angemessener Art und Weise dokumentieren[638]. Angemessen ist die Dokumentation dann, wenn aus ihr der Prüfungsablauf nachgewiesen und die Prüfungsergebnisse abgeleitet werden können. Aufgrund der leichter nachweisbaren Pflichtverletzung wird der Prüfer zum Selbstschutz die Dokumentation ausweiten. Dies erleichtert ihm im Schadensfall, den Beweis zu erbringen, nicht schuldhaft seine Pflichten verletzt zu haben.
Des weiteren ist es sinnvoll, auch im Prüfungsbericht die Dokumentation auszudehnen. Dies betrifft sowohl die Dokumentation über den Umfang

---

638 Vgl. IDW (2000 g), S. 470, Rn. 6.

der vorgenommenen Prüfungshandlungen als auch einen kritischeren Bericht über die Ergebnisse der Prüfung.

3.) Änderung des Testierverhaltens

Außerdem kann der Prüfer, um sich vor den erhöhten Sanktionsrisiken zu schützen, den Bestätigungsvermerk einschränken oder zumindest vorsichtig auf bestimmte Unstimmigkeiten hinweisen. Diese relativ drastische Schutzmaßnahme des Abschlußprüfers dürfte allerdings zu starken Konflikten mit der Unternehmensleitung führen. Es hängt daher entscheidend von der Machtposition des Abschlußprüfers ab, ob er in den Bestätigungsvermerk kritische Bemerkungen aufnehmen wird. Hierbei muß man nämlich bedenken, daß auch Wirtschaftsprüfungsgesellschaften Wirtschaftsunternehmen sind. Die Androhung des Mandatsverlustes, falls nicht im Sinne der zu prüfenden Gesellschaft testiert wird, kann dazu führen, daß der Prüfer letztlich, um das Mandat nicht tatsächlich zu verlieren, im Sinne der geprüften Gesellschaft testieren wird. Durch das KonTraG ist ein Schritt zur Stärkung der Position des Abschlußprüfers unternommen worden. Während früher der Vorstand dem Abschlußprüfer das Prüfungsmandat erteilte, ist es gemäß dem neuen § 318 Abs. 1, Satz 4 HGB nun der Aufsichtsrat, der dem Abschlußprüfer das Prüfungsmandat erteilt. Da der Vorstand für die Rechnungslegung der Gesellschaft verantwortlich ist, hat der Vorstand ein besonderes Interesse an der Bestätigung der Ordnungsmäßigkeit der Rechnungslegung durch den Abschlußprüfer. Die Erteilung des Prüfungsmandats durch den Aufsichtsrat führt zu einer Stärkung der Unabhängigkeit des Abschlußprüfers gegenüber dem Vorstand, weil der Abschlußprüfer nun nicht mehr befürchten muß, daß ihm das Prüfungsmandat entzogen wird, wenn er den Bestätigungsvermerk nicht im Sinne des Vorstands ausstellt. Daher ist in Zukunft häufiger ein kritischerer oder eingeschränkter Bestätigungsvermerk zu erwarten.

Haben die Prüfungshandlungen des Abschlußprüfers zu dem Ergebnis geführt, daß der Bestätigungsvermerk nur mit Einschränkungen erteilt werden kann oder sogar versagt werden muß, ist der Abschlußprüfer beim Zusammenbruch des Unternehmens entlastet. Dafür besteht aber die Gefahr, daß er sich dem Vorwurf aussetzen lassen muß, daß sein kritisches Prüfungsurteil zum Zusammenbruch des Unternehmens beigetragen hat. Dies kann der Fall sein, wenn das Prüfungsurteil überzogen war, und dazu führen, daß Schadensersatzansprüche gegen den Abschlußprüfer geltend gemacht werden.

7.2.3.2. Passive Anpassungsreaktionen

1.) Versicherungslösung

Als weitere Möglichkeit zum Schutz vor den gestiegenen Sanktionsrisiken, bietet sich dem Abschlußprüfer die Möglichkeit der Versicherungslösung. Die Versicherungslösung stellt die traditionelle Maßnahme des Umgangs mit erhöhten Haftungsrisiken dar.

Selbständige WP und WPG sind nach § 54 Abs. 1, Satz 1 WPO verpflichtet, eine Berufshaftpflichtversicherung zur Deckung der sich aus ihrer Berufstätigkeit ergebenden Haftpflichtgefahren für Vermögensschäden abzuschließen. Die Höhe der Haftpflichtversicherung muß für den einzelnen Versicherungsfall gemäß § 54 Abs. 1, Satz 2 WPO eine Mindestversicherungssumme in Höhe des in § 323 Abs. 2, Satz 1 HGB bezeichneten Umfangs haben. Die Mindestversicherungssumme muß für eine unbeschränkte Zahl von Schadensfällen zur Verfügung stehen[639]. Die derzeitige Höhe der Mindestversicherungssumme von 1 Mio. € ist eine Folge der Änderung des § 323 Abs. 2, Satz 1 HGB durch das KonTraG. Nach der alten Regelung betrug die Höhe der Mindestversicherungssumme nur 0,25 Mio. €.

Da die Höhe der Berufshaftpflichtversicherung für gesetzlich vorgeschriebene Pflichtprüfungen auf 2 Mio. € fixiert ist und nicht den individuellen Bedürfnissen angepaßt werden kann, scheidet die Versicherungslösung als Anpassungsreaktion auf das gestiegene Sanktionsrisiko bei gesetzlich vorgeschriebenen Pflichtprüfungen aus.

2.) Verweigerung der Auftragsannahme

Bei zu leicht durchsetzbaren Schadensersatzforderungen könnte der Abschlußprüfer schließlich dazu geneigt sein, Prüfungsaufträge nicht mehr anzunehmen. Dies würde besonders für diejenigen Unternehmen oder auch Branchen gelten, deren Geschäftstätigkeit mit hohen Risiken verbunden ist. Diese extremste Reaktion des Abschlußprüfers müßte allerdings, vorausgesetzt der Großteil der Abschlußprüfer verhält sich derart, ein Eingreifen des Gesetzgebers nach sich ziehen, weil die Prüfung bei prüfungspflichtigen Unternehmen eine zwingende Voraussetzung für die Feststellung des Jahresabschlusses ist (§ 316 Abs. 1, Satz 2 HGB).

---

639 Vgl. Kaminski (2000 a), S. 54, Tz. 205.

8. Bewertung der neuen Prüfungsnorm

8.1. Allgemeines

Aus ökonomischer Sicht ist die Bewertung einer rechtlichen Regelung an dem Beitrag auszumachen, der zur gesamtgesellschaftlichen Wohlfahrt geleistet wird. Wenn der Beitrag positiv ist, ist die Regel zweckmäßig. Dies ist der Fall, wenn der Nutzen, der für die gesamte Volkswirtschaft gestiftet wird, größer ist als die anfallenden Kosten. Ist das Verhältnis von Nutzen zu Kosten umgekehrt, ist die Regel zweckwidrig.
Änderungen oder Neuerungen der Prüfungsvorschriften sind demnach auf ihr Kosten/Nutzenverhältnis hin zu untersuchen. Unterstellt man, daß der Schutz der Kapitalgeber positiv mit der gesamtgesellschaftlichen Wohlfahrt korreliert ist, ist das Beurteilungskriterium für die neue Vorschrift der Beitrag, der zum Schutz der Kapitalgeber geleistet wird. Schutzobjekt sind die finanziellen Interessen, die die Kapitalgeber mit ihrer Kapitalüberlassung an das Unternehmen verfolgen. Führt die neue Prüfungsnorm zu einem verbesserten Schutz dieser Interessen, ist die neue Prüfungsnorm zweckmäßig.

8.2. Kosten/Nutzen-Vergleich

8.2.1. Prüfungskosten

Die qualitativ und quantitativ gestiegenen Prüfungsanforderungen werden zu einer Erhöhung der Prüfungskosten führen. Zu einer Erhöhung der Prüfungskosten kommt es auch dann, wenn der Prüfer seine Prüfungshandlungen nicht an die gestiegenen Prüfungsanforderungen anpaßt. Man kann davon ausgehen, daß die gestiegenen Prüfungskosten zum größten Teil auf den Mandanten übergewälzt werden. Die zusätzlich anfallenden Kosten werden daher in erster Linie von den geprüften Unternehmen getragen.

Die Prüfung, ob die Risiken der künftigen Entwicklung zutreffend dargestellt sind, ist gegenüber den bisherigen Prüfungsvorschriften eine weitgehend zusätzliche Aufgabe, die einen entsprechend höheren Zeitaufwand erfordert. Der hohe Stellenwert, den der Gesetzgeber der Prüfung der zukünftigen Risiken beimißt, macht eine intensive Auseinandersetzung mit dem neuen Berichtsgegenstand notwendig. Bei der Prüfung dieser Angaben handelt es sich um prognostische Angaben. Die Prüfung prognostischer Angaben ist wesentlich anspruchsvoller als die Prüfung von vergangenheitsbezogenen Angaben. Neben den Kosten, die durch die weitgehend zusätzliche Aufgabe entstehen, kommt daher hinzu, daß

die Prüfung von besonders qualifizierten und damit auch teuren Prüfern vorgenommen werden muß.
Ebenso ist die alle Berichtsteile umfassende Prüfung, ob die Lage des Unternehmens zutreffend dargestellt ist, eine anspruchsvollere und damit zeitintensivere Prüfungsaufgabe als vor der Verabschiedung des KonTraG. Die Änderung der Prüfungsvorschrift von einer Negativfeststellung in eine Positivfeststellung führt zu einer Erhöhung der gesamten Prüfungsintensität des Lageberichts. Da damit eine steigende Prüfungszeit verbunden ist, bedeutet auch diese Änderung, daß die Prüfungskosten ansteigen. Neben der Positivfeststellung über die Lage des Unternehmens führt außerdem das geänderte Verständnis des Begriffs „Lage" zu einer Erhöhung der Prüfungsanforderungen und damit auch zu einer Erhöhung der Prüfungskosten.

Als Alternative zur intensitätsmäßigen Anpassung an die gestiegenen Prüfungsanforderungen kann der Prüfer seine bisherigen Prüfungshandlungen beibehalten. Auch in diesem Fall werden sich - auf indirektem Wege - die Prüfungskosten erhöhen. Dies ist die Folge der gestiegenen Sanktionsrisiken, die wiederum aus der abgesunkenen Grenze, ab der dem Abschlußprüfer eine schuldhafte Verletzung seiner Prüfungspflichten vorzuwerfen ist, resultieren. Der leichter gewordene Nachweis einer schuldhaften Pflichtverletzung führt zu einem erhöhten Risiko, schadensersatzpflichtig zu werden. Auch wenn man davon ausgehen kann, daß dem Abschlußprüfer im Regelfall lediglich eine fahrlässige Pflichtverletzung nachgewiesen werden kann, für die seine Berufshaftpflichtversicherung aufkommt, werden sich aufgrund verstärkter Beanspruchung der Haftpflichtversicherung und daraus resultierender steigender Versicherungsprämien die Prüfungskosten erhöhen.
Unabhängig von dem gestiegenen Risiko, schadensersatzpflichtig zu werden, wird es in jedem Fall zu einer Erhöhung der Versicherungsprämien kommen, da die Höhe der Mindestversicherungssumme für den einzelnen Haftungsfall um das Vierfache gestiegen ist.

Des weiteren werden die Prüfungskosten steigen, weil der Abschlußprüfer die interne und externe Berichterstattung ausweiten muß. Die interne Berichterstattung muß er als Folge der qualitativ und quantitativ gestiegenen Prüfungsanforderungen ausweiten. Zu einer Ausweitung der externen Berichterstattung ist er vom Gesetzgeber angehalten. Die Neufassungen verpflichten den Abschlußprüfer sowohl im Prüfungsbericht als auch im Bestätigungsvermerk zu einer wesentlich individuelleren Berichterstattung über die Prüfungsergebnisse des Lageberichts. Als Folge des größeren Zeitaufwands steigen die Kosten.

8.2.2. Prüfungsnutzen

Grundsätzlich ist eine Prüfung immer nützlich, wenn das Prüfungsobjekt einen Nutzen hat. Dies trifft für den Lagebericht im allgemeinen und für die inhaltliche Erweiterung um die Risiken der künftigen Entwicklung im besonderen zu[640].

Die qualitativ und quantitativ gestiegenen Prüfungsanforderungen führen dazu, daß der Abschlußprüfer den Lagebericht intensiver als bisher prüfen muß. Dadurch werden die vom Unternehmen zur Verfügung gestellten Informationen wertvoller.
Aufgrund des gestiegenen Stellenwerts des Lageberichts wird der Abschlußprüfer auf eine höhere Aussagekraft des Lageberichts drängen müssen. Daher ist anzunehmen, daß der Lagebericht nach neuem Recht mehr entscheidungsnützliche Informationen enthalten wird als nach altem Recht. Entscheidungsnützlich sind vor allem Informationen, die über das Erfolgspotential informieren. Die Überprüfung derartiger Angaben, zu denen auch der neue Berichtsteil über die Risiken der künftigen Entwicklung zählt, ist problematisch, da sich die Richtigkeit zukunftsorientierter Informationen erst ex post feststellen läßt. Die höhere Prüfungsintensität bedeutet aber, daß die Angaben zu einer vertrauenswürdigeren Entscheidungsgrundlage werden. Zwar ist es wegen der ex ante bestehenden Ungewißheit über die Zukunft nicht möglich, zukunftsorientierte Informationen objektiv auf ihre Richtigkeit zu prüfen, die intensivere Auseinandersetzung des Abschlußprüfers mit den prognostischen Angaben dürfte aber dazu führen, daß zukünftig die Abweichungen zwischen den eintretenden Ist-Zuständen und den prognostizierten Angaben kleiner werden.
Die schon nach altem Recht bestehenden Probleme für die Einklangsprüfung des Lageberichts mit dem Jahresabschluß haben sich aufgrund der geänderten Interpretation des Begriffs der Lage verschärft. Wird die Lage, was als ein Ergebnis der vorangegangenen Analyse erarbeitet wurde, als effektive Lage interpretiert, so bestehen zwischen Lagebericht und Jahresabschluß noch weniger inhaltliche und zeitliche Übereinstimmungen. Folglich ist eine Prüfung auf Einklang nur sehr bedingt möglich. Die Pflicht zur Einklangsprüfung ist unzweckmäßig.

640 Zu den Gründen vgl. Kap. 4, Glp. 5.3.1.8.

Die Forderung der neuen Prüfungsnorm, den Lagebericht auf die Vermittlung einer zutreffenden Vorstellung von der Lage des Unternehmens zu prüfen, stellt für den Abschlußprüfer eine hohe Anforderung dar. Der Wortlaut kann bei den Adressaten Erwartungen schüren, die der Prüfer nicht erfüllen kann. In diesem Fall würde die Neuregelung einen negativen Beitrag zum Kapitalgeberschutz leisten und wäre ebenfalls unzweckmäßig. Bedenkt man die grundsätzlichen Probleme, die der Prüfung des Lageberichts anhaften[641], so scheint die neue Prüfungsnorm eine zu hohe Forderung zu stellen. Auch wenn der Abschlußprüfer den Lagebericht mit einer wesentlich höheren Intensität prüft, können nämlich in der Zukunft liegende Unwägbarkeiten dazu führen, daß die Lage rückblickend auf den Zeitpunkt der Abschlußprüfung nicht zutreffend dargestellt war. Um die Erwartungen der Adressaten nicht zu enttäuschen, sollte der Abschlußprüfer deshalb im Bestätigungsvermerk auf die spezifischen Probleme der Prüfung des Lageberichts hinweisen. Trotz der Gefahr, die der Wortlaut der neuen Prüfungsnorm nach sich ziehen kann, steigert die neue Prüfungsnorm daher den Prüfungsnutzen.

Neben der Prüfungsnorm über die Durchführung der Prüfung tragen außerdem die geänderten bzw. neu gefaßten Regelungen zum Prüfungsbericht und zum Bestätigungsvermerk zur Steigerung des Prüfungsnutzens bei. In beiden Berichtsteilen muß der Abschlußprüfer intensiver als bisher zu seinen Prüfungsergebnissen über den Lagebericht Stellung nehmen.
Die Auseinandersetzung mit der Lage des Unternehmens ist für die Prüfung des Lageberichts von elementarer Bedeutung. Im neu geschaffenen Eingangsteil des Prüfungsberichts muß der Abschlußprüfer explizit zur Beurteilung der Lage des Unternehmens durch die gesetzlichen Vertreter Stellung nehmen (§ 321 Abs.1, Satz 2 HGB). Die wirtschaftliche (Effektiv-) Lage des Unternehmens hängt wesentlich von der Stabilität vorhandener sowie der Generierung neuer Erfolgspotentiale ab[642]. Um hierzu eine qualifizierte Stellungnahme abzugeben, muß der Abschlußprüfer intensiver als bisher das wirtschaftliche Umfeld des Unternehmens analysieren. Branchen- und Marktuntersuchungen rücken in den Vordergrund der Prüfungstätigkeit. Die strategische Planung des Unternehmens erlangt für die Abschlußprüfung größere Bedeutung. Die neue Norm des Prüfungsberichts verpflichtet den Abschlußprüfer somit, in wesentlich höherem Maße das Erfolgspotential des Unternehmens zu beurteilen. Die Prü-

641 Vgl. Kap. 4, Glp. 6.3.
642 Vgl. Kap. 4, Glp. 5.2.3.2.3.

fungsergebnisse, die der Prüfer aus der Verpflichtung zur Stellungnahme nach § 321 Abs. 1, Satz 2 HGB zieht, bilden den Vergleichsmaßstab für sein Urteil, ob der Lagebericht insgesamt die Lage des Unternehmens zutreffend darstellt.
Der neu gefaßte Bestätigungsvermerk steigert den Prüfungsnutzen auf zweifache Weise. Erstens wird eine Prüfung bestätigt, die, verglichen mit der Zeit vor dem KonTraG, anspruchsvoller und damit gehaltvoller ist. Zweitens zwingt die Neufassung den Abschlußprüfer, ausführlicher über Umfang und Gegenstand der Prüfung Bericht zu erstatten. Nach der Auffassung des Gesetzgebers soll der Abschlußprüfer hierdurch u.a. angehalten werden, auch dem nicht fachkundigen Leser deutlich zu machen, daß die gesetzlichen Vorschriften erhebliche Einschränkungen in ihrer Aussagekraft enthalten können oder zumindest ermöglichen. Durch eine „vorbildliche Formulierung" kann er zur Verringerung der Erwartungslücke beitragen und damit den Nutzen der Prüfung steigern.

8.3. Ergebnis

Die neue Prüfungsnorm (§ 317 Abs. 2 HGB) stellt wesentlich höhere Anforderungen an die Prüfung des Lageberichts als die alte Prüfungsnorm. Hierfür sind zum einen die Änderung der Negativfeststellung in eine Positivfeststellung und zum anderen die explizite Forderung, ob die Risiken der künftigen Entwicklung zutreffend dargestellt sind, ursächlich. Eine weitere Erhöhung der Prüfungsanforderungen resultiert daraus, daß das Kernelement des Lageberichts - die Berichterstattung über die Lage - durch das KontraG eine neue Bedeutung erlangt hat. Die Lage ist nach den neuen Vorschriften als Effektiv-Lage zu interpretieren und muß daher Informationen über das Erfolgspotential des Unternehmens enthalten. Als Folge des umfassenderen und anspruchsvolleren Prüfungsinhalts kommt es zu einem Anstieg der Prüfungskosten.

Aufgrund der qualitativ und quantitativ gestiegenen Prüfungsanforderungen werden die im Lagebericht publizierten Informationen qualitativ hochwertiger. Neben der verschärften Prüfungsnorm trägt zu einer qualitativ hochwertigeren Berichterstattung das geänderte Verständnis des Begriffs der Lage bei. Es reicht nicht mehr aus, wenn im Lagebericht die zahlenmäßigen Angaben des Jahresabschlusses verbalisiert werden. Weitergehend müssen Informationen bereit gestellt werden, die über das Erfolgspotential des Unternehmens Aufschluß geben. Die Verpflichtung der Prüfungsnorm, den Lagebericht auf eine zutreffende Darstellung der Lage zu prüfen, bedeutet für den Prüfer, daß er stärker auf einen aussagekräftigen Inhalt des Lageberichts achten muß.

Während die Kosten der neuen Prüfungsnorm noch annähernd geschätzt werden können, bereitet es sehr große Schwierigkeiten, den eventuell anfallenden Nutzen zu schätzen, da dieser nicht quantifizierbar ist[643]. Trotz der Probleme, den Nutzen der qualitativ wertvolleren Informationen zu messen, dürfte er die anfallenden Kosten übersteigen. Dies liegt daran, daß die durch die neue Prüfungsnorm verursachten Zusatzkosten relativ gering sein dürften. Der Abschlußprüfer ist nämlich auch nach anderen Regelungen, insbesondere aufgrund des neuen § 321 Abs. 1, Satz 2 HGB, verpflichtet, sich umfassend mit der wirtschaftlichen Lage des Unternehmens zu beschäftigen. Zudem entspricht die Auseinandersetzung mit der wirtschaftlichen Lage des Unternehmens den neueren Prüfungsansätzen der großen Wirtschaftsprüfungsgesellschaften. Die Abschlußprüfung ist nicht mehr überwiegend auf das Rechnungswesen und den richtigen Ausweis von Abschlußposten beschränkt, sondern ist vermehrt auf die gesamte wirtschaftliche Tätigkeit des Unternehmens ausgerichtet. Die neue Prüfungsnorm macht diese Entwicklung verbindlich.

Da der Prüfungsnutzen der neuen Prüfungsnorm die anfallenden Prüfungskosten übersteigen dürfte, ist die neue Prüfungsnorm für die Prüfung des Lageberichts zweckmäßig.

643 Vgl. Schneider (1997 b), S. 214 ff.

5. Kapitel: Zusammenfassung

Das Ziel des KonTraG bestand darin, das vielschichtige Kontrollsystem des deutschen Aktienrechts zu verbessern. Zur Erreichung dieses Ziels sollte u.a. eine Qualitätsverbesserung der gesetzlichen Abschlußprüfung beitragen. Dazu wurden die Vorschrift über die Prüfung grundlegend geändert und die Vorschriften über die interne und externe Prüfungsberichterstattung völlig neu gefaßt. Neben der geänderten Prüfungsnorm wurde außerdem das Prüfungsobjekt, der Lagebericht, inhaltlich erweitert, und zwar um die Risiken der künftigen Entwicklung.
Anliegen dieser Arbeit war es, die durch das KonTraG geänderten Normen über den Inhalt und die Prüfung des Lageberichts einer Zweckmäßigkeitsanalyse zu unterziehen. Der Maßstab, an dem die Zweckmäßigkeit beurteilt wurde, ist der Schutz der Kapitalgeber. Unterstellt man, daß Kapitalgeber mit ihrer Kapitalüberlassung an die Unternehmen primär ein finanzielles Ziel verfolgen, so ist der Beurteilungsmaßstab der Schutz ihrer finanziellen Interessen.

Der Lagebericht ist ein eigenständiges Instrument der Rechnungslegung. Sein Zweck liegt in der Vermittlung entscheidungsnützlicher Informationen. In der Vergangenheit hatte es den Anschein, daß der Lagebericht wie ein inferiores Instrument der Rechnungslegung behandelt wurde. Empirische Studien belegen, daß die Aussagekraft des Lageberichts gering war.
Mit der Erweiterung des Lageberichts um die Risiken der künftigen Entwicklung hat der Gesetzgeber die Bedeutung des Lageberichts aufgewertet. Der Begriff Risiko ist dabei in einem weiten Sinn auszulegen. Unter das Risiko fallen nicht nur die dem Rechnungswesen nahen Risiken, sondern auch die Risiken, die aus dem Umfeld des Unternehmens resultieren. Der neue Berichtsteil ist mehr als nur eine Erweiterung der Berichterstattungspflicht. Zusätzlich liefert die Erweiterung ein Indiz dafür, daß der Gesetzgeber ein geändertes Verständnis des zentralen Berichtsgegenstands des Lageberichts, der Lage, durchsetzen will. Dies zeigt sich an der Stellung des neuen Berichtsteils. Der neue Berichtsteil ist in § 289 Abs. 1 HGB aufgenommen worden, obwohl die Erweiterung nach der bisherigen Gesetzessystematik besser in den zweiten Absatz gepaßt hätte. Die Risikoberichterstattung ist damit zu einem integralen Bestandteil der

Berichterstattung über die Lage geworden. Die Stellung verdeutlicht, daß der Gesetzgeber es als nicht mehr ausreichend betrachtet, wenn die Berichterstattung über die Lage lediglich Informationen über die bilanzielle Lage enthält. Die neue Anforderung wird erfüllt, wenn man die Lage im effektiven Sinn interpretiert. Die Erweiterung der Berichterstattung um die Risiken der künftigen Entwicklung ist zweckmäßig.

Außerdem wurden aus den neu gefaßten Normen über den Prüfungsbericht und den Bestätigungsvermerk Indizien herausgearbeitet, die ebenfalls auf ein umfassenderes Verständnis der Lage hinweisen.
Beim Prüfungsbericht wird dies am neuen § 321 Abs. 1, Satz 2 HGB deutlich. Hiernach muß der Abschlußprüfer eine eigene Stellungnahme zur Beurteilung der Lage des Unternehmens durch die gesetzlichen Vertreter abgeben. Bei der Stellungnahme hat der Abschlußprüfer nach dem Wortlauf des Gesetzes insbesondere auf die Beurteilung des Fortbestandes und die Beurteilung der künftigen Entwicklung einzugehen. Die Hervorhebungen verdeutlichen, daß Angaben zur wirtschaftlichen (Effektiv-) Lage verlangt werden. Die Beurteilung hat unter Berücksichtigung des Lageberichts zu erfolgen. Daraus folgt, daß auch der Lagebericht Informationen über die effektive Lage enthalten muß. Die Verpflichtung, eine eigene Stellungnahme zur Beurteilung der wirtschaftlichen Lage durch die gesetzlichen Vertreter abzugeben, ist sehr hoch. Sie verlangt Prüfungsmaßnahmen, die weit über die Prüfung der Ordnungsmäßigkeit der Rechnungslegung hinausgehen. Es wird eine betriebswirtschaftliche Analyse des Unternehmens notwendig. Die erforderlichen Prüfungsmaßnahmen entsprechen den neuen Entwicklungen der Abschlußprüfung, die nicht mehr primär auf das Rechnungswesen beschränkt ist, sondern vermehrt auf die gesamte wirtschaftliche Tätigkeit des Unternehmens ausgerichtet ist. Für die Prüfung des Lageberichts ergeben sich aus dieser Prüfungsaufgabe wichtige Erkenntnisse.
Wie beim neu gefaßten Prüfungsbericht hat auch die Analyse des neu gefaßten Bestätigungsvermerks ergeben, daß die Lage im Lagebericht als effektive Lage zu interpretieren ist.

Das umfassendere, effektive Verständnis der Lage bedeutet für die Prüfung des Lageberichts, daß ein erheblich anspruchsvolleres Prüfungsobjekt vorliegt.
Zusätzlich sind die Prüfungsanforderungen gestiegen. Nach neuem Recht hat der Prüfer den Lagebericht darauf zu prüfen, ob er insgesamt eine

zutreffende Vorstellung von der Lage des Unternehmens vermittelt. Außerdem ist die Prüfungsnorm um die explizite Verpflichtung, die Risiken der künftigen Entwicklung auf ihre zutreffende Darstellung zu prüfen, erweitert worden. Dies verdeutlicht den hohen Stellenwert, den der Gesetzgeber der Berichterstattung über die Risiken der künftigen Entwicklung beimißt.

Die bestehenden Probleme der Einklangsprüfung des Lageberichts mit dem Jahresabschluß haben sich durch die neue Prüfungsnorm erheblich verschärft. Nach neuem Recht bestehen noch weniger inhaltliche und zeitliche Übereinstimmungen zwischen den beiden Rechnungslegungsinstrumenten.
Die Forderung nach einer Positivfeststellung über die wirtschaftliche Lage des Unternehmens bedeutet für den Abschlußprüfer eine sehr hohe Anforderung. Um der Anforderung gerecht zu werden, muß er die Prüfung des Lageberichts intensivieren. Dadurch steigt der Wert der zur Verfügung gestellten Informationen. Trotzdem ist es nicht möglich, eine Positivfeststellung über die wirtschaftliche Lage zu treffen. Die grundsätzlichen Probleme, die der Prüfung des Lageberichts immanent sind, lassen sich nicht beseitigen. Um die Erwartungen der Adressaten nicht zu enttäuschen, muß der Abschlußprüfer in der Berichterstattung auf die Prüfungsprobleme hinweisen. Unterstellt man, daß der Prüfer die Probleme der Prüfung anspricht, ist die verschärfte Prüfungsnorm zweckmäßig.

Obwohl der Nutzen der neuen Prüfungsnorm kaum abschätzbar ist, dürfte er höher sein als die zusätzlich anfallenden Kosten. Daher ist die neue Prüfungsnorm insgesamt zweckmäßig.

Literaturverzeichnis

ADS (1957): Kommentierung zu § 135 AktG, in: Rechnungslegung der Aktiengesellschaft, Handkommentar für die Bilanzierungs- und Prüfungspraxis nach dem Aktiengesetz unter Berücksichtigung der sonstigen handelsrechtlichen Vorschriften, von Adler, Hans/Düring, Walther/Schmaltz, Kurt, 3., neubearbeitete Auflage, Stuttgart 1957.

ADS (1988): Kommentierung zu § 321 HGB, in: Rechnungslegung und Prüfung der Unternehmen: Kommentar zum HGB, AktG, GmbHG, PublG nach den Vorschriften des Bilanzrichtlinien-Gesetzes, Adler/Düring/Schmaltz, neu bearbeitet von Forster, Karl-Heinz u.a., 5. Auflage, Stuttgart 1989 (Stand der Erläuterungen: 15. August 1988).

ADS (1992): Kommentierung zu § 317 HGB, in: Rechnungslegung und Prüfung der Unternehmen: Kommentar zum HGB, AktG, GmbHG, PublG nach den Vorschriften des Bilanzrichtlinien-Gesetzes, Adler/Düring/Schmaltz, neu bearbeitet von Forster, Karl-Heinz u.a., 5. Auflage, Stuttgart 1989 (Stand der Erläuterungen: 6. Januar 1992).

ADS (1994): Kommentierung zu § 252 HGB, in: Rechnungslegung und Prüfung der Unternehmen: Kommentar zum HGB, AktG, GmbHG, PublG nach den Vorschriften des Bilanzrichtlinien-Gesetzes, Adler/Düring/Schmaltz, neu bearbeitet von Forster, Karl-Heinz u.a., 6. Auflage, Teilband 1, Stuttgart 1995 (Stand der Erläuterungen: 1. Juli 1994).

ADS (1995): Kommentierung zu § 289 HGB, in: Rechnungslegung und Prüfung der Unternehmen: Kommentar zum HGB, AktG, GmbHG, PublG nach den Vorschriften des Bilanzrichtlinien-Gesetzes, Adler/Düring/Schmaltz, neu bearbeitet von Forster, Karl-Heinz u.a., 6. Auflage, Teilband 2, Stuttgart 1995 (Stand der Erläuterungen: 1. Januar 1995).

ADS (1999): Kommentierung zu §§ 316, 317, 318, 321, 323 HGB, in: Rechnungslegung und Prüfung der Unternehmen: Kommentar zum HGB, AktG, GmbHG, PublG nach den Vorschriften des Bilanzrichtlinien-Gesetzes, Adler/Düring/Schmaltz, neu bearbeitet von Forster, Karl-Heinz u.a., 6. Auflage, Teilband 7, Stuttgart 2000 (Stand der Erläuterungen: 1. April 1999).

Akerlof, George A. (1970): The Market for „Lemons": Quality Uncertainty and the Market Mechanism, in: QJoE 1970, S. 488-500

Arbeitskreis „Externe Unternehmensrechnung“ der Schmalenbach-Gesellschaft (1996): Empfehlungen zur Vereinheitlichung von Kennzahlen in Geschäftsberichten, in: DB (1996), S. 1989-1994.

Arndt, Hans-Wolfgang/Rudolf, Walter (1992): Öffentliches Recht: Grundriß für das Studium der Rechts- und Wirtschaftswissenschaft, 9., überarbeitete Auflage, München 1992.

Arrow, Kenneth J. (1968): The Economics of Moral Hazard: Further Comment, in: The American Economic Review 1968, S. 537-539.

Baetge, Jörg (1995): Möglichkeiten der Objektivierung der Redepflicht nach § 321 Abs. 1 Satz 4 und Abs. 2 HGB, in: Lanfermann, Josef (Hrsg.): Internationale Wirtschaftsprüfung: Festschrift zum 65. Geburtstag von Professor Dr. Dr. h.c. Hans Havermann, Düsseldorf 1995, S. 1-36.

Baetge, Jörg/Feidicker, Markus (1992): Stichwort „Vermögens- und Finanzlage, Prüfung der“, in: Coenenberg, Adolf G./v.Wysocki, K. (Hrsg.): Handwörterbuch der Revision, 2. Auflage, Stuttgart 1992, Spalte 2086-2106.

Baetge, Jörg/Jerschensky, Andreas (1996): Beurteilung der wirtschaftlichen Lage von Unternehmen mit Hilfe von modernen Verfahren der Jahresabschlußanalyse, in: DB 1996, S. 1581-1591.

Baetge, Jörg/Schulze, Dennis (1998) : Möglichkeiten der Objektivierung der Lageberichterstattung über „Risiken der künftigen Entwicklung“ - Ein Vorschlag zur praktischen Umsetzung der vom KonTraG verlangten Berichtspflichten -, in: DB 1998, S. 937-948.

Baetge, Jörg/Fischer, Thomas R./Paskert, Dierk (1989): Der Lagebericht: Aufstellung, Prüfung und Offenlegung, Stuttgart 1989.

Ballwieser, Wolfgang (1997): Der Lagebericht der DAX-Gesellschaften im Lichte der Grundsätze ordnungsmäßiger Lageberichterstattung, in: Fischer, Thomas R./Hömberg, Reinhold (Hrsg.): Jahresabschluß und Jahresabschlußprüfung: Probleme, Perspektiven, internationale Einflüsse. Festschrift zum 60. Geburtstag von Jörg Baetge, Düsseldorf 1997, S. 153-188.

Ballwieser, Wolfgang (1999): Grundsätze ordnungsmäßiger Bilanzierung (B 105), in: Castan, Edgar/Heymann, Gerd/Müller, Eberhard u.a. (Hrsg.): Beck´sches Handbuch der Rechnungslegung, Band I, München 1987, (Stand der Bearbeitung: Januar 1999).

Bamberg, Günter/Baur, Franz (1993): Statistik, 8., überarbeitete und erweiterte Auflage, München 1993.

Bassen, Alexander/Koch, Maximilian/Wichels, Daniel (2000): Variable Entlohnungssysteme in Deutschland - Eine empirische Studie -, in: Finanzbetrieb 2000, S. 9-17.

Baumbach, Adolf/Hopt, Klaus J. (1995): Beck'sche Kurzkommentare, Band 9, Handelsgesetzbuch: mit GmbH & C0., Handelsklauseln, Bank- und Börsenrecht, Transportrecht (ohne Seerecht), 29., völlig neubearbeitete und erweiterte Auflage, München 1995.

Bäumler, Lothar (1967): Aktionärs- und Gläubigerschutz in den Bestimmungen des Aktiengesetzes von 1965 über die Rechenschaftslegung, Oberviechtal 1967.

Bechtel, Wilfried/Köster, Heinrich/Stehenken, Hans-Ulrich (1976): Die Veröffentlichung und Prüfung von Vorhersagen über die Entwicklung von Unternehmungen, in: Baetge, Jörg/Moxter, Adolf/Schneider, Dieter (Hrsg.): Bilanzfragen, Festschrift zum 65. Geburtstag von Prof. Dr. Ulrich Leffson, Düsseldorf 1976, S. 205-216.

Berle, Adolf A./Means, Gardiner C. (1932): The Modern Corporation and Private Property, New York 1932.

Biener, Herbert (1995): Die Erwartungslücke - eine endlose Geschichte, in: Lanfermann, Josef (Hrsg.): Internationale Wirtschaftsprüfung: Festschrift zum 65. Geburtstag von Professor Dr. Dr. h.c. Hans Havermann, Düsseldorf 1995, S. 37-64.

Biener, Herbert/Berneke, Wilhelm (1986): Bilanzrichtlinien-Gesetz: Textausgabe des Bilanzrichtlinien-Gesetzes vom 19.12.1985 (Bundesgesetzbl. I S. 2355), mit: Bericht des Rechtsausschusses des Deutschen Bundestages, Regierungsentwürfe und Begründung, EG-Richtlinien und Begründung, Entstehung und Erläuterung des Gesetzes, Düsseldorf 1986.

Böcking, Hans-Joachim (1999): Auswirkungen der neuen Rechnungslegungs- und Prüfungsvorschriften auf die Erwartungslücke, in: Dörner, Dietrich/Menold, Dieter/Pfitzer, Norbert (Hrsg.): Reform des Aktienrechts, der Rechnungslegung und Prüfung: KonTraG - KapAEG - EuroEG - StückAG, Stuttgart 1999, S. 717-744.

Böcking, Hans-Joachim/Orth, Christian (1998): Kann das „Gesetz zur Kontrolle und Transparenz im Unternehmensbereich (KonTraG)" einen Beitrag zur Verringerung der Erwartungslücke leisten? - Eine Würdigung auf Basis von Rechnungslegung und Kapitalmarkt, in: WPg 1998, S. 352-364.

Brebeck, Frank/Herrmann, Dagmar (1997): Zur Forderung des KonTraG-Entwurfs nach einem Frühwarnsystem und zu den Konsequenzen für die Jahres- und Konzernabschlußprüfung, in: WPg 1997, S. 381-391.

Bretzke, Wolf-Rüdiger (1979): Inhalt und Prüfung des Lageberichts: Anmerkungen zur gegenwärtigen und zukünftigen Praxis der Prognosepublizität, in: WPg 1979, S. 337-349.
Bretzke, Wolf-Rüdiger (1985): Stichwort „Prognoseprüfung", in: Coenenberg, Adolf G./v.Wysocki, Klaus (Hrsg.): Handbuch der Abschlußprüfung, Ein systematischer Leitfaden aus dem Handwörterbuch der Revision, Stuttgart 1985, Sp. 550-557.
Brockhaus (1985 a): Stichwort „Lage", in: Brockhaus (Hrsg.): Der Neue Brockhaus: Lexikon und Wörterbuch in fünf Bänden und einem Atlas, 7. völlig neubearbeitete Auflage, Band 3, Wiesbaden 1985.
Brockhaus (1985 b): Stichwort „Stellungnahme", in: Brockhaus (Hrsg.): Der Neue Brockhaus: Lexikon und Wörterbuch in fünf Bänden und einem Atlas, 7. völlig neubearbeitete Auflage, Band 5, Wiesbaden 1985.
Brönner, Herbert (1992): Stichwort „Geschichte der Revision", in: Coenenberg, Adolf G./v.Wysocki, Klaus (Hrsg.): Handwörterbuch der Revision, 2., neugestaltete und ergänzte Auflage, Stuttgart 1992, Sp. 663-670.
Budde, Wolfgang Dieter/Hense, Burkhard (1999): Kommentierung zu § 323 HGB, in: Beck'scher Bilanz-Kommentar Handels- und Steuerrecht -§§ 238-339 HGB-, bearbeitet von Budde, Wolfgang Dieter/Clemm, Hermann/Ellrott, Helmut/Förschle, Gerhart/Hoyos, Martin unter Mitarbeit von Bartels-Hetzler, Sibylle u.a., 4., völlig neubearbeitete Auflage, München 1999.
Budde, Wolfgang Dieter/Karig, Klaus Peter (1999): Kommentierung zu § 267 HGB, in: Beck'scher Bilanz-Kommentar Handels- und Steuerrecht -§§ 238-339 HGB-, bearbeitet von Budde, Wolfgang Dieter/Clemm, Hermann/Ellrott, Helmut/Förschle, Gerhart/Hoyos, Martin unter Mitarbeit von Bartels-Hetzler, Sibylle u.a., 4., völlig neubearbeitete Auflage, München 1999.
Budde, Wolfgang Dieter/Kunz, Karlheinz (1995): Kommentierung zu § 321 HGB, in: Beck'scher Bilanz-Kommentar Handels- und Steuerrecht -§§ 238-339 HGB-, bearbeitet von Budde, Wolfgang Dieter/Clemm, Hermann/Ellrott, Helmut/Förschle, Gerhart/Schnicke, Christian unter Mitarbeit von Bail, Ulrich u.a., 3., völlig neubearbeitete Auflage, München 1995.
Budde, Wolfgang Dieter/Kunz, Karlheinz (1999): Kommentierung zu §§ 238, 242, 321, 322 HGB, in: Beck'scher Bilanz-Kommentar Handels- und Steuerrecht -§§ 238-339 HGB-, bearbeitet von Budde, Wolfgang Dieter/Clemm, Hermann/Ellrott, Helmut/Förschle, Gerhart/Hoyos,

Martin unter Mitarbeit von Bartels-Hetzler, Sibylle u.a., 4., völlig neubearbeitete Auflage, München 1999.
Claussen, Carsten P. (1989): Kommentierung zu §§ 264, 289 HGB, in: Zöllner, Wolfgang (Hrsg.): Kölner Kommentar zum Aktiengesetz, Band 4, Rechnungslegung der Aktiengesellschaft, 2. Auflage, Köln 1991 (Stand der Bearbeitung: Sept. 1989).
Claussen, Carsten P. (1991): Kommentierung zu §§ 316, 321, 322 HGB, in: Zöllner, Wolfgang (Hrsg.): Kölner Kommentar zum Aktiengesetz, Band 4, Rechnungslegung der Aktiengesellschaft, 2. Auflage, Köln 1991 (Stand der Bearbeitung: Juli 1991).
Claussen, Carsten P. (1997): Zum Stellenwert des Rechnungslegungsrechts, in: Forster, Karl-Heinz/Grunewald, Barbara/Lutter, Marcus/Semler, Johannes (Hrsg.): Aktien- und Bilanzrecht: Festschrift für Bruno Kropff, Düsseldorf 1997, S. 431-444.
Clemm, Hermann (1987): Unternehmerische Rechnungslegung - Aufgaben, Möglichkeiten und Grenzen -, in: Havermann, Hans (Hrsg.): Bilanz- und Konzernrecht, Festschrift zum 65. Geburtstag von Dr. Dr. h.c. Reinhard Goerdeler, Düsseldorf 1987, S. 93-112.
Clemm, Hermann (1989): Bilanzpolitik und Ehrlichkeits- („true and fair view"-) Gebot, in: WPg 1989, S. 357-366.
Clemm, Hermann/Reittinger, Wolfgang (1992): Stichwort „Lagebericht, Prüfung", in: Coenenberg, Adolf G./v.Wysocki, K. (Hrsg.): Handwörterbuch der Revision, 2. Auflage, Stuttgart 1992, Spalte 1181-1197.
Coase, Ronald H. (1960): The Problem of Social Cost, in: JoLE 1960, S. 1-44.
Coenenberg, Adolf G. (1986): Stichwort „Ertragslage", in: Leffson, Ulrich/Rückle, Dieter/Großfeld, Bernhard (Hrsg.): Handwörterbuch unbestimmter Rechtsbegriffe im Bilanzrecht des HGB, Köln 1986, S. 155-163.
Coenenberg, Adolf G. (2001): Jahresabschluß und Jahresabschlußanalyse: Betriebswirtschaftliche, handelsrechtliche, steuerrechtliche und internationale Grundlagen -HGB, IAS, US-GAAP-, 18. Auflage, Landsberg am Lech 2001.
Creifelds (1996): Creifelds Rechtswörterbuch, 13., neubearbeitete Auflage, München 1996.
Dörner, Dietrich (1993): Aus der fachlichen und beruflichen Arbeit des IDW, in: WPg 1993, S. 701-707.
Dörner, Dietrich (1996): Der Prognosebericht nach § 289 Abs. 2 Nr. 2 HGB - Überlegungen zur Verminderung der Diskrepanz zwischen Publizitätsanforderungen und Publizitätspraxis, in: Baetge, Jörg/Börner,

Dietrich/Forster, Karl-Heinz, Schruff, Lothar (Hrsg.). Rechnungslegung, Prüfung und Beratung - Herausforderungen für den Wirtschaftsprüfer -, Festschrift zum 70. Geburtstag von Professor Dr. Rainer Ludewig, Düsseldorf 1996, S. 217- 252.

Dörner, Dietrich (1997): Berichterstattung durch den Abschlußprüfer und Auswirkungen auf die Abschlußprüfung, in: Baetge, Jörg (Hrsg.): Aktuelle Entwicklungen der Rechnungslegung, Düsseldorf 1997, S. 13-59.

Dörner, Dietrich (1998 a): Von der Wirtschaftsprüfung zur Unternehmensberatung, in: WPg 1998, S. 302-318.

Dörner, Dietrich (1998 b): Ändert das KonTraG die Anforderungen an den Abschlußprüfer, in: DB 1998, S. 1-8.

Dörner, Dietrich (2000): Zusammenarbeit von Aufsichtsrat und Wirtschaftsprüfer im Lichte des KonTraG - Schlüssel zur Verbesserung der Corporate Governance -, in: DB 2000, S. 101-105.

Dörner, Dietrich/Bischof, Stefan (1999): Zweifelsfragen zur Berichterstattung über die Risiken der künftigen Entwicklung im Lagebericht, in: WPg 1999, S. 445-455.

DSR (2001): Deutscher Rechnungslegungsstandard Nr. 5 (Risikoberichterstattung), 3. Ergänzungslieferung 06/2001.

Dyckerhoff, Christian (2001): Entwicklungstendenzen bei der Abschlußprüfung, in: Boysen, Kurt/Dyckerhoff, Christian/Otte, Holger (Hrsg.): Der Wirtschaftsprüfer und sein Umfeld zwischen Tradition und Wandel zu Beginn des 21. Jahrhunderts, Festschrift zum 75. Geburtstag von Hans-Heinrich Otte, Düsseldorf 2001, S. 111-128.

Egner, Henning (1992): Prüfung, in: Bitz, Michael/Dellmann, Klaus/Domsch, Michael u.a. (Hrsg.): Vahlens Kompendium der Betriebswirtschaftslehre, Band 2, 3., überarbeitete und erweiterte Auflage, München 1993, S. 539-592.

Ellerich, Marian (1995) : Zwecke des handelsrechtlichen Jahresabschlusses, in: Küting, Karlheinz/Weber, Claus-Peter (Hrsg.): Handbuch der Rechnungslegung: Kommentar zur Bilanzierung und Prüfung, Band Ia, 4., grundlegend überarbeitete und wesentlich erweiterte Auflage, Stuttgart 1995.

Ellrott, Helmut (1999): Kommentierung zu §§ 284, 289 HGB, in: Beck´scher Bilanz-Kommentar Handels- und Steuerrecht -§§ 238 bis 339 HGB-, bearbeitet von Budde, Wolfgang Dieter/Clemm, Hermann/Ellrott, Helmut/Förschle, Gerhart/Hoyos, Martin unter Mitarbeit von Bartels-Hetzler, Sibylle u.a., 4., völlig neubearbeitete Auflage, München 1999.

Emmerich, Gerhard/Künnemann, Martin (1986): Zum Lagebericht der Kapitalgesellschaft, in: WPg 1986, S. 145-152.
Europäische Kommission (1996): Grünbuch der Europäischen Kommission: Rolle, Stellung und Haftung des Abschlußprüfers in der Europäischen Union, in: WPK-Mitteilungen 1996, S. 279-296.
Ewert, Ralf (1990): Wirtschaftsprüfung und asymmetrische Information, Berlin 1990.
Farr, Wolf-Michael (2000): Checkliste für die Aufstellung und Prüfung des Lageberichts bzw. Konzernlageberichts, 3., aktualisierte Auflage, Düsseldorf 2000.
Fey, Gerd (1994): Die Angabe bestehender Zweigniederlassungen im Lagebericht nach § 289 Abs. 2 Nr. 4 HGB, in: DB 1994, S. 485-487.
Förschle, Gerhart (1994): Umwelt-Audit als Betätigungsfeld für Wirtschaftsprüfer, in: WPK 1994, S. 1-8.
Förschle, Gerhart/Kofahl, Günther (1999): Kommentierung zu § 317 HGB, in: Beck´scher Bilanz-Kommentar Handels- und Steuerrecht -§§ 238-339 HGB-, bearbeitet von Budde, Wolfgang Dieter/Clemm, Hermann/ Ellrott, Helmut/Förschle, Gerhart/Hoyos, Martin unter Mitarbeit von Bartels-Hetzler, Sibylle u.a., 4., völlig neubearbeitete Auflage, München 1999.
Forster, Karl-Heinz (1964): Vom Gläubigerschutz zum Aktionärsschutz - der Wandel in den Bewertungsbestimmungen des Aktienrechts, in: WPg 1964, S. 422-429.
Forster, Karl-Heinz (1997): Zur Lagebeurteilung im Prüfungsbericht nach dem Referentenentwurf zum KonTraG, in: Fischer, Thomas R./ Hömberg, Reinhold (Hrsg.): Jahresabschluß und Jahresabschlußprüfung: Probleme, Perspektiven, internationale Einflüsse. Festschrift zum 60. Geburtstag für Jörg Baetge, Düsseldorf 1997, S. 937-954.
Forster, Karl-Heinz (1998): Abschlußprüfung nach dem Regierungsentwurf des KonTraG, in: WPg 1998, S. 41-56.
Gabler (1993): Stichwort „Grundsätze ordnungsmäßiger Buchführung“, in: Gabler Wirtschaftslexikon, 13., vollständig überarbeitete Auflage, Band 3, Wiesbaden 1993, S. 1416-1420.
Gelhausen, Hans F. (1997): Reform der externen Rechnungslegung und ihrer Prüfung durch den Wirtschaftsprüfer, in: AG 1997, Sonderheft August 1997, Die Aktienrechtsreform 1997, S. 73-82.
Gelhausen, Wolf D. (2000): Abschnitt F: Erläuterungen zu den für alle Kapitalgesellschaften sowie bestimmten Personenhandelsgesellschaften geltenden ergänzenden Vorschriften zum Jahresabschluß und zum Lagebericht sowie Erläuterungen zum Abhängigkeitsbericht, in:

IDW (Hrsg.): Wirtschaftsprüfer-Handbuch 2000, Handbuch für Rechnungslegung, Prüfung und Beratung, Band I, bearbeitet von Geib, Gerd u.a., 12. Auflage, Düsseldorf 2000, S. 341-608.

Gemeinsame Stellungnahme (1980): Gemeinsame Stellungnahme der Wirtschaftsprüferkammer und des Instituts der Wirtschaftsprüfer zum Vorentwurf eines Bilanzrichtlinie-Gesetzes, in: WPg 1980, S. 501-523.

Gemeinsamer Arbeitsausschuß (1997): Gemeinsamer Arbeitsausschuß des Bundesverbandes der deutschen Industrie, des Bundesverbandes deutscher Banken u.a. für Fragen des Unternehmensrechts: Stellungnahme zum Referentenentwurf eines Gesetzes zur Kontrolle und Transparenz im Unternehmensbereich (KonTraG), in: WM 1997, S. 490-500.

Glade, Anton (1986): Rechnungslegung und Prüfung nach dem Bilanzrichtlinien-Gesetz, Systematische Darstellung und Kommentar, Herne/Berlin 1986.

Godin, Reinhard Freiherr von/Wilhelmi, Hans (1937): Kommentierung zu § 135 AktG, in: Gesetz über Aktiengesellschaften und Kommanditgesellschaften auf Aktien (Aktiengesetz) vom 30. Januar 1937, erläutert von Godin, Reinhard Freiherr von und Wilhelmi, Dr. Hans, Berlin und Leipzig 1937.

Graf, Walther (2001): Neue Strafbarkeitsrisiken für den Wirtschaftsprüfer durch das KonTraG, in: BB 2001, S. 562-566.

Greve, Wolfgang (2000): Abschnitt Q: Das Prüfungsergebnis, in: IDW (Hrsg.): Wirtschaftsprüfer-Handbuch 2000, Handbuch für Rechnungslegung, Prüfung und Beratung, Band I, bearbeitet von Geib, Gerd u.a., 12. Auflage, Düsseldorf 2000, S. 1401-1694.

Grewe, Wolfgang (1986): Kommentierung zu § 321 HGB, in: Hofbauer, Max A./Kupsch, Peter (Hrsg.): Bonner Handbuch der Rechnungslegung: Aufstellung, Prüfung und Offenlegung des Jahresabschlusses, Fach 4, München und Bamberg 1986.

Grunewald, Barbara (1999): Die Haftung des Abschlußprüfers gegenüber Dritten: Besprechung des Urteils des BGH ZIP 1998, 826, in: ZGR 1999, S. 583-600.

Haase, Richard/Keller, Rolf (1986): Grundlagen und Grundformen des Rechts: Eine Einführung, 7., überarbeitete Auflage, Stuttgart u.a. 1986.

Hahnefeld, Ute (1993): Neue Regelungen zur Offenlegung bei Zweigniederlassungen - Inkrafttreten des Gesetzes zur Umsetzung der Elften gesellschaftsrechtlichen EG-Richtlinie-, in: DStR 1993, S. 1596-1598.

Havermann, Hans (1996): Abschnitt P: Prüfungstechnik, in: IDW (Hrsg.): Wirtschaftsprüfer-Handbuch 1996, Handbuch für Rechnungslegung,

Prüfung und Beratung, Band I, bearbeitet von Budde, Wolfgang Dieter u.a., 11. Auflage, Düsseldorf 1996, S. 1301-1443.

Heinrichs, Helmut (2001): Kommentierung zu § 276 BGB, in: Beck'sche Kurzkommentare, Band 7, Palandt, Bürgerliches Gesetzbuch, bearbeitet von Bassenge, Peter/Brudermüller, Gerd/Diederichsen, Uwe u.a., 60., neubearbeitete Auflage, München 2001.

Henn, Günter (1998): Handbuch des Aktienrechts, 6., völlig neubearbeitete Auflage, Heidelberg 1998.

Herrmann, Harald (1989): Kommentierung zu § 317 HGB, in: Handelsgesetz, Kommentar von Emmerich, Volker/Herrmann, Harald/Honsell, Thomas u.a., Band 3, Drittes Buch §§ 238-342, Berlin 1989.

Hinz, Michael (1997): Zweck und Inhalt des Jahresabschlusses und Lageberichts (B 100), in: Castan, Edgar/Heymann, Gerd/Müller, Eberhard u.a. (Hrsg.): Beck'sches Handbuch der Rechnungslegung, Band I, München 1987, (Stand der Bearbeitung: August 1997).

Hommelhoff, Peter (1998): Die neue Position des Abschlußprüfers im Kraftfeld der aktienrechtlichen Organisationsverfassung (Teil I), in: BB 1998, S. 2567-2574.

Hommelhoff, Peter/Mattheus, Daniela (1998): Corporate Governance nach dem KonTraG, in: AG 1998, S. 249-259.

Hönig, Roger (1997): Problemorientierte Berichterstattung des Abschlußprüfers und deren Umsetzung im KonTraG, in: DSTR 1997, S. 1140-1144.

Hönle, Bernd M. (1978): Die Unabhängigkeit des aktienrechtlichen Abschlußprüfers, 1. Auflage, Baden Baden 1978.

IASC (2001): International Accounting Standards 2001: deutsche Ausgabe, Stuttgart 2001.

IDW (1989 a): Institut der Wirtschaftsprüfer - Hauptfachausschuß, Fachgutachten 1/1988: Grundsätze ordnungsmäßiger Durchführung von Abschlußprüfungen, in: WPg 1989, S. 9-19.

IDW (1989 b): Institut der Wirtschaftsprüfer - Hauptfachausschuß, Fachgutachten 2/1988: Grundsätze ordnungsmäßiger Berichterstattung bei Abschlußprüfungen, in: WPg 1989, S. 20-27.

IDW (1989 c): Institut der Wirtschaftsprüfer - Hauptfachausschuß, Fachgutachten 3/1988: Grundsätze für die Erteilung von Bestätigungsvermerken bei Abschlußprüfungen, in: WPg 1989, S. 27-36.

IDW (1998 a): Institut der Wirtschaftsprüfer - Hauptfachausschuß: IDW Rechnungslegungsstandards: Aufstellung des Lageberichts (IDW RS HFA 1; Stand: 26.6.1998), in: WPg 1998, S. 653-662.

IDW (1998 b): Institut der Wirtschaftsprüfer - IDW Prüfungsstandard: Prüfung des Lageberichts (IDW PS 350; Stand: 26.6.1998), in: WPg 1998, S. 663-666.
IDW (1999 a): Institut der Wirtschaftsprüfer - Hauptfachausschuß: IDW Prüfungsstandard: Grundsätze ordnungsmäßiger Berichterstattung bei Abschlußprüfungen (IDW PS 450; Stand: 24.6.1999), in: FN-IDW Nr. 7/1999, S. 241-260.
IDW (1999 b): Institut der Wirtschaftsprüfer - Hauptfachausschuß: IDW Prüfungsstandard: Grundsätze für die ordnungsmäßige Erteilung von Bestätigungsvermerken bei Abschlußprüfungen (IDW PS 400; Stand: 24.6.1999), in: FN-IDW Nr. 8/1999, S. 325-350.
IDW (2000 a): Institut der Wirtschaftsprüfer - Hauptfachausschuß: IDW Prüfungsstandard: Ziele und allgemeine Grundsätze der Durchführung von Abschlußprüfungen (IDW PS 200; Stand: 28.6.2000), in: FN-IDW Nr. 7/2000, S. 280-285.
IDW (2000 b): Institut der Wirtschaftsprüfer - Hauptfachausschuß: IDW Prüfungsstandard: Rechnungslegungs- und Prüfungsgrundsätze für die Abschlußprüfung (IDW PS 201; Stand: 28.6.2000), in: FN-IDW Nr. 7/2000, S. 285-290.
IDW (2000 c): Institut der Wirtschaftsprüfer - Hauptfachausschuß: IDW Prüfungsstandard: Kenntnisse über die Geschäftstätigkeit sowie das wirtschaftliche und rechtliche Umfeld des zu prüfenden Unternehmens im Rahmen der Abschlußprüfung (IDW PS 230; Stand: 28.6.2000), in: FN-IDW Nr. 9/2000, S. 460-464.
IDW (2000 d): Institut der Wirtschaftsprüfer - Hauptfachausschuß: IDW Prüfungsstandard: Grundsätze der Planung von Abschlußprüfungen (IDW PS 240; Stand: 28.6.2000), in: FN-IDW Nr. 9/2000, S. 464-470.
IDW (2000 e): Institut der Wirtschaftsprüfer - Hauptfachausschuß: IDW Prüfungsstandard: Die Beurteilung von zusätzlichen Informationen, die von Unternehmen mit dem Jahresabschluß veröffentlicht werden (IDW PS 202; Stand: 17.11.2000), in: FN-IDW Nr. 12/2000, S. 634-637.
IDW (2000 f): Institut der Wirtschaftsprüfer - Hauptfachausschuß: Entwurf IDW Prüfungsstandard: Ereignisse nach dem Abschlußstichtag (IDW EPS 203; Stand: 17.11.2000), in: FN-IDW Nr. 12/2000, S. 637-642.
IDW (2000 g): Institut der Wirtschaftsprüfer - Hauptfachausschuß: IDW Prüfungsstandard: Arbeitspapiere des Abschlußprüfers (IDW PS 460; Stand: 28.6.2000), in: FN-IDW Nr. 9/2000, S. 470-474.
IDW (2000 h): Institut der Wirtschaftsprüfer - Hauptfachausschuß: Entwurf IDW Prüfungsstandard: Vereinbarungen zur Beauftragung des

Abschlußprüfers (IDW EPS 220; Stand: 28.6.2000), in: FN-IDW Nr. 10/2000, S. 531-536.

Jansen, Wolf/Pfitzer, Norbert (1999): Der Bestätigungsvermerk des Abschlußprüfers nach neuem Recht, in: Dörner, Dietrich/Menold, Dieter/Pfitzer, Norbert (Hrsg.): Reform des Aktienrechts, der Rechnungslegung und Prüfung: KonTraG - KapAEG - EuroEG - StückAG, Stuttgart 1999, S. 679-702.

Jantschek, Otto (1993): Konzernabschluß und Gläubigerschutz, in: Seicht, Gerhard (Hrsg.): Gläubigerschutz, Betriebswirtschaftslehre und Recht: Festgabe für Otmar Koren zum 75. Geburtstag, Wien 1993, S. 91-106.

Jung, Astrid (1996): Erweiterung der Prüfung von Kapitalgesellschaften: Eine Diskussion über die Prüfung der wirtschaftlichen Lage und über die Prüfung der Ordnungsmäßigkeit der Geschäftsführung, Berlin 1996.

Käfer, Karl (1967): Kapitalflußrechnungen, Stuttgart 1967.

Kajüter, Peter (2001 a): Der Entwurf des DRS 5 zur Risikoberichterstattung, in: WPg 2001, S. 205-209.

Kajüter, Peter (2001 b): Risikoberichterstattung: Empirische Befunde und der Entwurf des DRS 5, in: DB 2001, S. 105-111.

Kaminski, Horst (2000 a): Abschnitt A: Der Beruf des Wirtschaftsprüfers, in: IDW (Hrsg.): Wirtschaftsprüfer-Handbuch 2000, Handbuch für Rechnungslegung, Prüfung und Beratung, Band I, bearbeitet von Geib, Gerd u.a., 12. Auflage, Düsseldorf 2000, S. 1-140.

Kaminski, Horst (2000 b): Abschnitt B: Berufsorganisationen, in: IDW (Hrsg.): Wirtschaftsprüfer-Handbuch 2000, Handbuch für Rechnungslegung, Prüfung und Beratung, Band I, bearbeitet von Geib, Gerd u.a., 12. Auflage, Düsseldorf 2000, S. 141-158.

Kelsen, Hans (1960): Reine Rechtslehre, mit einem Anhang: Das Problem der Gerechtigkeit, 2., vollständig neu bearbeitete und erweiterte Auflage, Wien 1960.

Kessler, Manfred (1993): Interessen- und Kompetenzkonflikte in einer Aktiengesellschaft aus juristischer und betriebswirtschaftlicher Sicht, in: AG 1993, S. 252-273.

Kessler, Manfred (1995): Die Leitungsmacht des Vorstands einer Aktiengesellschaft (I) , in: AG 1995, S. 61-76.

Kirchner, Christian (1978): Das Problem der sozialen Kosten, in: Assmann, Heinz-Dieter/Kirchner, Christian/Schanze, Erich (Hrsg.): Ökonomische Analyse des Rechts, 1. Auflage, Kronberg/Taunus 1978, S. 146-202.

Kirsch, Hans-Jürgen (1997): Erwartungslücke und Bestätigungsvermerk, in: Fischer, Thomas R./Hömberg, Reinhold (Hrsg.): Jahresabschluß und Jahresabschlußprüfung: Probleme, Perspektive, internationale Einflüsse. Festschrift zum 60. Geburtstag von Jörg Baetge, S. 955-980.

Kleekämper, Heinz/König, Kai U. (1999): Die Haftung des Abschlußprüfers, in: Dörner, Dietrich/Menold, Dieter/Pfitzer, Norbert (Hrsg.): Reform des Aktienrechts, der Rechnungslegung und Prüfung: KonTraG - KapAEG - EuroEG - StückAG, Stuttgart 1999, S. 703-716.

Knight, Frank H. (1921): Risk, Uncertainty and Profit, Boston 1921.

Knoth, Joachim (1992): Stichwort „Progressive und retrograde Prüfung“, in: Coenenberg, Adolf G./v.Wysocki, Klaus (Hrsg.): Handwörterbuch der Revision, 2., neugestaltete und ergänzte Auflage, Stuttgart 1992, Sp. 1459-1468.

Köbler, Gerhard (1987): Kommentar zur Rechtsgeschichte, Rechtsphilosophie, Allgemeine Rechtsbegriffe, Allgemeiner Teil des BGB, in: Tilch, Horst (Redaktor): Münchener Rechtslexikon, Band 3, R-Z, München 1987.

Köbler, Gerhard (1995): Juristisches Wörterbuch: Für Studium und Ausbildung, 7., neu bearbeitete Auflage, München 1995.

Koboldt, Christian/Leder, Matthias/Schmidtchen, Dieter (1992): Ökonomische Analyse des Rechts, in: WiST 1992, S. 334-342.

Kohl, Torsten (2001): Die Berücksichtigung der wirtschaftlichen Lage im Rahmen der Abschlussprüfung, Köln 2001.

Krawitz, Norbert (1988): Zur Prüfung des Lageberichts nach neuem Recht, in: WPg 1988, S. 225-234.

Krawitz, Norbert (1999): Kommentierung zu § 289 HGB, in: Hofbauer, Max A./Kupsch, Peter (Hrsg.): Bonner Handbuch der Rechnungslegung: Aufstellung, Prüfung und Offenlegung des Jahresabschlusses, Fach 4, München und Bamberg 1986 (Stand der Bearbeitung: November 1999).

Kromschröder, Bernhard/Lück, Wolfgang (1998): Grundsätze risikoorientierter Unternehmensüberwachung, in: DB 1998, S. 1573-1576.

Kropff, Bruno (1965): Aktiengesetz, Düsseldorf 1965.

Kropff, Bruno (1973): Kommentierung zu § 162 AktG, in: Aktiengesetz, Kommentar von Geßler, Ernst/Hefermehl, Wolfgang/Eckardt, Ulrich/ Kropff, Bruno, Band III, §§ 148-178, München 1973, redaktioneller Stand: Juni 1973.

Krumbholz, Marcus (1994): Die Qualität publizierter Lageberichte: Ein empirischer Befund zur Unternehmenspublizität, Düsseldorf 1994.

Kuhn, Wolfgang (1992): Forschung und Entwicklung im Lagebericht - Eine theoretische und empirische Untersuchung - , Hamburg 1992.

Kuhn, Wolfgang (1993): Die Berichterstattung über Forschung und Entwicklung im Lagebericht, in: DSTR 1993, S. 491-496.

Kupsch, Peter (1984): Zur Ableitung einer Krisenfunktion im Rahmen der gesetzlichen Abschlußprüfung nach geltendem und künftigen Recht, in: Pack , Ludwig/Börner, Dietrich (Hrsg.): Betriebswirtschaftliche Entscheidungen bei Stagnation, Edmund Heinen zum 65. Geburtstag, Wiesbaden 1984, S. 233-256.

Küting, Karlheinz/Hütten, Christoph (1997): Die Lageberichterstattung über Risiken der künftigen Entwicklung: Annäherung an die geplante Änderung der §§ 289, 315 HGB durch das KonTraG, in: AG 1997, S. 250-256.

Küting; Karlheinz/Weber, Claus-Peter (2000): Die Bilanzanalyse: Lehrbuch zur Beurteilung von Einzel- und Konzernabschlüssen, 5., erweiterte und aktualisierte Auflage, Stuttgart 2000.

Lachnit, Laurenz (1976): Zur Weiterentwicklung betriebswirtschaftlicher Kennzahlensysteme, in: ZfbF 1976, S. 216-230.

Lang, Joachim (1986): Stichwort „Grundsätze ordnungsmäßiger Buchführung I", in: Leffson, Ulrich/Rückle, Dieter/Großfeld, Bernhard (Hrsg.): Handwörterbuch unbestimmter Rechtsbegriffe im Bilanzrecht des HGB, Köln 1986, S. 221-240.

Lange, Knut W. (2001): Anforderungen an die Berichterstattung über Risiken in Lagebericht und Konzernlagebericht, in: Lange, Knut, W./Wall, Friederike (Hrsg.): Risikomanagement nach dem KonTraG - Aufgaben und Chancen aus betriebswirtschaftlicher und juristischer Sicht -, München 2001, S. 131-159.

Larenz, Karl (1991): Methodenlehre der Rechtswissenschaft, 6., neu bearbeitete Auflage, Berlin u.a. 1991.

Laux, Helmut (1994): Anreizkompatible Erfolgsbeteiligung und Kapitalmarkt, in: Ballwieser, Wolfgang/Böcking, Hans-Joachim/Drukarczyk, Jochen/Schmidt, Reinhard H. (Hrsg.): Bilanzrecht und Kapitalmarkt, Festschrift zum 65. Geburtstag von Professor Dr. Dr. h.c. Dr. h.c. Adolf Moxter, Düsseldorf 1994, S. 1259-1291.

Leffson, Ulrich (1968): Der Ausbau der unternehmerischen Rechenschaft durch vollständigen Kapitaldispositionsnachweis, in: Neue Betriebswirtschaft 1968, S.1-7.

Leffson, Ulrich (1971): Der Beitrag der betrieblichen Rechnungslegung zur gesamtwirtschaftlichen Lenkung des Kapitals, in: Walter Eucken Institut, Vorträge und Aufsätze, Tübingen 1971.

Leffson, Ulrich (1986): Stichwort „Bild der tatsächlichen Verhältnisse", in: Leffson, Ulrich/Rückle, Dieter/Großfeld, Bernhard (Hrsg.): Handwörterbuch unbestimmter Rechtsbegriffe im Bilanzrecht des HGB, Köln 1986, S. 94-105.

Leffson, Ulrich (1987): Die Grundsätze ordnungsmäßiger Buchführung, 7., revidierte und erweiterte Auflage, Düsseldorf 1987.

Leffson, Ulrich (1991): Wirtschaftsprüfung, 4., vollständig überarbeitete und erweiterte Auflage, Nachdruck, Wiesbaden 1991.

Leffson, Ulrich/Bönkhoff, Franz J. (1985): Beurteilungsprozesse bei der Revision, in: Coenenberg, Adolf G./v.Wysocki, Klaus (Hrsg.): Handbuch der Abschlußprüfung, Ein systematischer Leitfaden aus dem Handwörterbuch der Revision, Stuttgart 1985, Sp. 717-723.

Loitlsberger, Erich (1985): Das Testat des Wirtschaftsprüfers im Spannungsfeld zwischen Berufsverständnis und Öffentlichkeitserwartung, in: JfB 1985, S. 156-168.

Lück, Wolfgang (1975): Materiality in der internationalen Rechnungslegung: Das pflichtgemäße Ermessen des Abschlußprüfers und der Grundsatz der Wesentlichkeit, Wiesbaden 1975.

Lück, Wolfgang (1995): Kommentierung des Lageberichts, in: Küting, Karlheinz/Weber, Claus-Peter (Hrsg.): Handbuch der Rechnungslegung: Kommentar zur Bilanzierung und Prüfung, Band Ia, 4., grundlegend überarbeitete und wesentlich erweiterte Auflage, Stuttgart 1995.

Lück, Wolfgang (1998): Stichwort „Prüfung", in: Lück, Wolfgang (Hrsg.): Lexikon der Rechnungslegung und Abschlußprüfung, 4., völlig neu bearbeitete Auflage, München 1998.

Lück, Wolfgang (1999): Prüfung der Rechnungslegung: Jahresabschlußprüfung, München 1999.

Ludewig, Rainer (1955): Die Darstellung der wirtschaftlichen Lage im Bericht über die aktienrechtliche Jahresabschlußprüfung, Düsseldorf 1955.

Lutter, Marcus (1986): Stichwort „Fortführung der Unternehmenstätigkeit", in: Leffson, Ulrich/Rückle, Dieter/Großfeld, Bernhard (Hrsg.): Handwörterbuch unbestimmter Rechtsbegriffe im Bilanzrecht des HGB, Köln 1986, S. 185-191.

Mandl, Gerwald/Jung, Maximilian (2002): Stichwort „Prognose- und Schätzprüfung", in: Ballwieser, Wolfgang/Coenenberg, Adolf G./ v.Wysocki, Klaus (Hrsg.): Handwörterbuch der Rechnungslegung und Prüfung, 3., überarbeitete und erweiterte Auflage, Stuttgart 2002, Sp. 1698-1706.

Marsch-Barner, Reinhard (1999): Kommentierung zu § 289 HGB, in: Ensthaler, Jürgen (Hrsg.): Gemeinschaftskommentar zum Handelsgesetzbuch, 6., neu bearbeitete und erweiterte Auflage, Neuwied u.a. 1999.

Maul, Karl-Heinz (1984): Der Lagebericht nach der 4. EG-Richtlinie und dem Entwurf des Bilanzrichtlinie-Gesetzes, in: WPg 1984, S. 187-193.

Moxter, Adolf (1966): Die Grundsätze ordnungsmäßiger Bilanzierung und der Stand der Bilanztheorie, in: ZfbF 1966, S. 28-58.

Moxter, Adolf (1976): Fundamentalgrundsätze ordnungsmäßiger Rechenschaft, in: Baetge, Jörg/Moxter, Adolf/Schneider, Dieter (Hrsg.): Bilanzfragen, Festschrift zum 65. Geburtstag von Prof. Dr. Ulrich Leffson, Düsseldorf 1976, S. 87-100.

Moxter, Adolf (1986 a): Bilanzlehre, Band II: Einführung in das neue Bilanzrecht, 3., vollständig umgearbeitete Auflage, Wiesbaden 1986.

Moxter, Adolf (1986 b): Stichwort „Vermögenslage gem. § 264", in: Leffson, Ulrich/Rückle, Dieter/Großfeld, Bernhard (Hrsg.): Handwörterbuch unbestimmter Rechtsbegriffe im Bilanzrecht des HGB, Köln 1986, S. 346-351.

Moxter, Adolf (1996): Zur Prüfung des „true and fair view", in: Baetge, Jörg/Börner, Dietrich/Forster, Karl-Heinz/Schruff, Lothar (Hrsg.): Rechnungslegung, Prüfung und Beratung - Herausforderungen für den Wirtschaftsprüfer -, Festschrift zum 70. Geburtstag von Professor Dr. Rainer Ludewig, Düsseldorf 1996, S. 671-682.

Moxter, Adolf (1997): Die Vorschriften zur Rechnungslegung und Abschlußprüfung im Referentenentwurf eines Gesetzes zur Kontrolle und Transparenz im Unternehmensbereich, in: BB 1997, S. 722-730.

Müller, Eberhard (1986 a): Einführung und rechtliche Grundlagen des Lageberichts (B 500), in: Castan, Edgar/Heymann, Gerd/Müller, Eberhard u.a. (Hrsg.): Beck´sches Handbuch der Rechnungslegung, Band I, München 1987, (Stand der Bearbeitung: Oktober 1986).

Müller, Eberhard (1986 b): Inhalt des Lageberichts (B 510), in: Castan, Edgar/Heymann, Gerd/Müller, Eberhard u.a. (Hrsg.): Beck´sches Handbuch der Rechnungslegung, Band I, München 1987, (Stand der Bearbeitung: Oktober 1986).

Müller-Stewens (1993): Stichwort „Unternehmensplanung", in: Gabler Wirtschaftslexikon, 13., vollständig überarbeitete Auflage, Band 7, Wiesbaden 1993, S. 3407-3414.

OECD (1971): Allgemeine Richtlinien für statistische Übersichten in Forschung und experimenteller Entwicklung, Frascati-Handbuch, Band. II, in: Stifterverband für die deutsche Wirtschaft (Hrsg.), Essen 1971.

Oechsle, Eberhard/Wirth, Manfred (1999): Gegenstand und Umfang der Prüfung, in: Dörner, Dietrich/Menold, Dieter/Pfitzer, Norbert (Hrsg.): Reform des Aktienrechts, der Rechnungslegung und Prüfung: KonTraG - KapAEG - EuroEG - StückAG, Stuttgart 1999, S. 539-592.

Olbrich, Thomas (1991): Die Prüfung der wirtschaftlichen Lage und deren Darstellung im Bericht über das Ergebnis der Abschlußprüfung der Kapitalgesellschaft, Münster 1991.

Ossadnik, Wolfgang (1993): Wesentlichkeit als Bestimmungsfaktor für Angabepflichten in Jahresabschluß und Lagebericht, in: BB 1993, S. 1763-1767.

Pellens, Bernhard (2001): Internationale Rechnungslegung, unter Mitarbeit von Andreas Bonse, Rolf Uwe Fülbier, Joachim Gassen und Thorsten Sellhorn, 4., überarbeitete und erweiterte Auflage, Stuttgart 2001.

Pfitzer, Norbert (1999): Aufbau und Inhalt des Prüfungsberichts nach neuem Recht, in: Dörner, Dietrich/Menold, Dieter/Pfitzer, Norbert (Hrsg.): Reform des Aktienrechts, der Rechnungslegung und Prüfung: KonTraG - KapAEG - EuroEG - StückAG, Stuttgart 1999, S. 649-678.

Picot, Arnold (1991): Ökonomische Theorien der Organisation - Ein Überblick über neuere Ansätze und deren betriebswirtschaftliches Anwendungspotential, in: Ordelheide, Dieter/Rudolph, Bernd/Büsselmann, Elke (Hrsg.):Betriebswirtschaftslehre und ökonomische Theorie, Stuttgart 1991, S. 143-172.

Plendl, Martin (1990): Die Berichterstattung des Abschlußprüfers über nachteilige Lageveränderungen und wesentliche Verluste nach § 321 Abs. 1 Satz 4 HGB, Ein Beitrag zur Warnfunktion des Abschlußprüfers, Düsseldorf 1990.

Pohl, Ulf (1996): Risikoeinschätzung und Haftung des Wirtschaftsprüfers und vereidigten Buchprüfers - national -, in: WPK-Mitteilungen1996, Sonderheft, S. 2-16.

Posner, Richard A. (1986): Economic Analysis of law, 3rd edition, Boston 1986.

Raiser, Thomas (1992): Recht der Kapitalgesellschaften, 2. Auflage, München 1992.

Räuber, Dieter (1988): Der Lagebericht, Diskrepanz zwischen Erwartung und Rechtswirklichkeit, in: BB 1988, S. 1285-1292.

RefE (1996): Referentenentwurf zur Änderung des Aktiengesetzes („KonTraG") - Teil II, in: ZIP 1996, S. 2193-2198.

Reichmann, Thomas (1997): Controlling mit Kennzahlen und Managementberichten, Grundlage einer computergestützten Controlling-Konzeption, 5. Auflage, München 1997.

Reittinger, Wolfgang (1983): Die Prüfung des Lageberichts nach Aktienrecht und nach den Vorschriften der 4. EG- Richtlinie, in: Coenenberg, Adolf Gerhard/v.Wysocki, Klaus (Hrsg.): Beiträge zum Rechnungs-, Finanz- und Revisionswesen, Band 8, Frankfurt a.M. 1983.

Richter, Martin (1998): Stichwort „Langfristige Fertigung", in: Busse von Colbe, Walther/Pellens, Bernhard (Hrsg.): Lexikon des Rechnungswesens: Handbuch der Bilanzierung und Prüfung, der Erlös-, Finanz-, Investitions- und Kostenrechnung, 4., überarbeitete und erweiterte Auflage, München 1998, S. 504.

Röhl, Klaus F. (1995) : Allgemeine Rechtslehre, Köln u.a. 1995.

Rückle, Dieter (1984): Externe Prognosen und Prognoseprüfung, in: DB 1984, S. 57-69.

Rückle, Dieter (1986): Stichwort „Finanzlage", in: Leffson, Ulrich/Rückle, Dieter/Großfeld, Bernhard (Hrsg.): Handwörterbuch unbestimmter Rechtsbegriffe im Bilanzrecht des HGB, Köln 1986, S. 168-184.

Rückle, Dieter (1992): Stichwort „Grundsätze ordnungsmäßiger Abschlußprüfung", in: Coenenberg, Adolf G./v.Wysocki, Klaus (Hrsg.): Handwörterbuch der Revision, 2., neugestaltete und ergänzte Auflage, Stuttgart 1992, Sp. 752-769.

Rückle, Dieter (1996): Grundsätze ordnungsmäßiger Abschlußprüfung (GoA) - Stand und Entwicklungsmöglichkeiten im Rahmen des Gesamtsystems der Unternehmensführung, in: v. Werder, Axel (Hrsg.): Grundsätze ordnungsmäßiger Unternehmungsführung (GoF) für die Unternehmungsleitung (GoU), Überwachung (GoÜ) und Abschlußprüfung (GoA), ZfbF 1996, Sonderheft 36, S. 107-148.

Rüfner, Wolfgang (1999): Kommentierung von Art. 3 GG, in: Dolzer, Rudolf/Vogel, Klaus (Hrsg.): Bonner Kommentar, Heidelberg 1999.

Salewski, Frank/Drexl, Andreas (1993): Personaleinsatzplanung in Wirtschaftsprüfungsgesellschaften, Bestandsaufnahme und konzeptioneller Ansatz, in: ZfB 1993, S. 1357-1376.

Schauenberg, Bernd (1998): Gegenstand und Methoden der Betriebswirtschaftslehre, in: Bitz, Michael/Dellmann, Klaus/Domsch, Michael/Wagner, Franz W. (Hrsg.): Vahlens Kompendium der Betriebswirtschaftslehre, Band 1, 4., völlig überarbeitete und erweiterte Auflage, München 1998, S. 1-55.

Schering (2000): Geschäftsbericht der Schering AG 2000.

Schiemenz, Bernd/Seiwert, Lothar (1979): Ziele und Zielbeziehungen in der Unternehmung, in: ZfB 1979, S. 581-603.

Schildbach, Thomas (1987): Die neue Generalklausel für den Jahresabschluß von Kapitalgesellschaften - Zur Interpretation des Paragraphen 264 Abs. 2 HGB, in: BFuP 1987, S. 1-15.

Schildbach, Thomas (1995): Der handelsrechtliche Jahresabschluß, 4. Auflage, Herne/Berlin 1995.

Schindler, Joachim/Rabenhorst, Dirk (1998 a) : Auswirkungen des KonTraG auf die Abschlußprüfung (Teil I), in: BB 1998, S. 1886-1893.

Schindler, Joachim/Rabenhorst, Dirk (1998 b) : Auswirkungen des KonTraG auf die Abschlußprüfung (Teil II), in: BB 1998, S. 1939-1944.

Schloen, Brüne (1988 a): Jahresabschluß und Lagebericht der GmbH und ihre Prüfung, Eine Darstellung mit Fragen und Antworten zur Vorbereitung auf die Prüfung zum vBP/WP, Achim 1988.

Schloen, Brüne (1988 b): Lagebericht und Unternehmenspotential, in: DB 1988, S. 1661-1664.

Schmidt, Reinhard H./Terberger Eva (1997): Grundzüge der Investitions- und Finanzierungstheorie, 4., aktualisierte Auflage, Wiesbaden 1997.

Schneider, Dieter (1989): Erste Schritte zu einer Theorie der Bilanzanalyse, in: WPg 1989, S. 633-642.

Schneider, Dieter (1995): Betriebswirtschaftslehre, Band 1: Grundlagen, 2., verbesserte und ergänzte Auflage, München 1995.

Schneider, Dieter (1997 a): Betriebswirtschaftslehre, Band 2: Rechnungswesen, 2., vollständig überarbeitete und erweiterte Auflage, München 1997.

Schneider, Dieter (1997 b): Betriebswirtschaftslehre, Band 3: Theorie der Unternehmung, München 1997.

Schruff, Lothar (1986): Entwicklung der 4. EG-Richtlinie (Bilanzrichtlinie): Synoptische Darstellung der Vorfassungen mit amtlichen Begründungen und weiteren Materialien, Düsseldorf 1986.

Selch, Barbara (2000): Die Entwicklung der gesetzlichen Regelungen zum Lagebericht seit dem Aktiengesetz von 1965 bis zum KapCoRiLiG von 2000, in: WPg 2000, S. 357-367.

Selchert, Friedrich W. (1985): Wird die Warnfunktion des Abschlußprüfers nach dem Bilanzrichtlinie-Gesetz ausgeweitet?, in: DB 1985, S. 981-988.

Selchert, Friedrich W. (1993): Zur Generalnorm für offenlegungspflichtige Unternehmen, in: BB 1993, S. 753-760.

Selchert, Friedrich W. (1996) : Jahresabschlußprüfung der Kapitalgesellschaften: Grundlagen - Durchführung - Bericht, 2., vollständig überarbeitete Auflage, Wiesbaden 1996.

Selchert, Friedrich W./Erhardt, Martin/Fuhr, Annette/Greinert, Markus (2000): Prüfung des Lageberichts: einschließlich Konzernlagebericht nach deutschem und internationalem Recht, Bielefeld 2000.

Sieben, Günter (1987): Offene Fragen bei der Erstellung und Prüfung des Lageberichts, in: Havermann, Hans (Hrsg.): Bilanz- und Konzernrecht, Festschrift zum 65. Geburtstag von Dr. Dr. h.c. Reinhard Goerdeler, Düsseldorf 1987, S. 581-600.

Siemens (2000): Geschäftsbericht der Siemens AG 2000.

Sorg, Peter (1994): Prognosebericht und Prognosepublizität der AG, in: BB 1994, S. 1962-1969.

Sprenger, Reinhard (1976): Grundsätze gewissenhafter und getreuer Rechenschaft im Geschäftsbericht: Ein Beitrag zur Interpretation von § 160 IV 1 AktG, Wiesbaden 1976.

Steiner, Bertram (1991): Der Prüfungsbericht des Abschlußprüfers: Bedeutung, Inhalt und Entwicklung eines „adressatenbezogenen" Prüfungsberichts gemäß § 321 HGB als Grundlage für die Unternehmenskontrolle und -führung, zugleich ein Plädoyer für eine prüfungsbezogene Beratung durch den Abschlußprüfer, Köln 1991.

Stobbe, Thomas (1988): Der Lagebericht, in: WPg 1988, S. 303-311.

Streim, Hannes (1988): Grundzüge der handels- und steuerrechtlichen Bilanzierung, Stuttgart u.a. 1988.

Streim, Hannes (1994): Die Generalnorm des § 264 Abs. 2 HGB - Eine kritische Analyse, in: Ballwieser, Wolfgang/Böcking, Hans-Joachim/ Drukarczyk, Jochen/Schmidt, Reinhard H. (Hrsg.): Bilanzrecht und Kapitalmarkt, Festschrift zum 65. Geburtstag von Professor Dr. Dr. h.c. Dr. h.c. Adolf Moxter, Düsseldorf 1994, S. 391-406.

Streim, Hannes (1995): Zum Stellenwert des Lageberichts im System der handelsrechtlichen Rechnungslegung in: Elschen, Rainer/Siegel, Theodor/Wagner, Franz W. (Hrsg.): Unternehmenstheorie und Besteuerung: Festschrift zum 60. Geburtstag von Dieter Schneider, Wiesbaden 1995, S. 703-722.

Streim, Hannes (1998): Internationalisierung von Gewinnermittlungsregeln zum Zwecke der Informationsvermittlung - Zur Konzeptionslosigkeit der Fortentwicklung der Rechnungslegung, in: v.Meffert, Heribert/Krawitz, Norbert (Hrsg.): Unternehmensrechnung und Besteuerung, Festschrift für Dietrich Börner zum 65. Geburtstag, Wiesbaden 1998, S. 323-343.

Streim, Hannes (2000 a): Kommentierung zu §§ 238, 264 HGB, in: Hofbauer, Max A./Kupsch, Peter (Hrsg.): Bonner Handbuch der Rechnungslegung: Aufstellung, Prüfung und Offenlegung des Jahresabschlusses, Fach 4, München und Bamberg 1986, (Stand der Bearbeitung: März 2000).

Streim, Hannes (2000 b): Die Vermittlung von entscheidungsnützlichen Informationen durch Bilanz und GuV - Ein nicht einlösbares Versprechen der internationalen Standardsetter, in: BFuP 2000, S. 111-131.

Süchting, Joachim (1995): Finanzmanagement: Theorie und Politik der Unternehmensfinanzierung, 6., vollständig überarbeitete und erweiterte Auflage, Wiesbaden 1995.

Tipke, Klaus (1986): Stichwort „Auslegung unbestimmter Rechtsbegriffe“, in: Leffson, Ulrich/Rückle, Dieter/Großfeld, Bernhard (Hrsg.): Handwörterbuch unbestimmter Rechtsbegriffe im Bilanzrecht des HGB, Köln 1986, S. 1-11.

Troberg, Peter (1997): Kommentierung zu Art. 52-66 EG-Vertrag, in: von der Groeben, Hans/Thiesing, Jochen/Ehlermann, Claus-Dieter (Hrsg.): Kommentar zum EU-/EG-Vertrag, 5., neubearbeitete Auflage, Baden-Baden 1997.

v.Wysocki, Klaus (1988): Grundlagen des betriebswirtschaftlichen Prüfungswesens: Prüfungsordnungen, Prüfungsorgane, Prüfungsverfahren, Prüfungsplanung und Prüfungsbericht, 3., völlig überarbeitete Auflage, München 1988.

von Böventer, Edwin/Illing, Gerhard/Bauer, Antonie (1997): Einführung in die Mikroökonomie, 9., bearbeitete Auflage, München 1997.

Wagenhofer, Alfred (1993): Agency-Probleme bei Haftungsbeschränkungen, in: Seicht, Gerhard (Hrsg.): Gläubigerschutz, Betriebswirtschaftslehre und Recht: Festgabe für Otmar Koren zum 75. Geburtstag, Wien 1993, S. 239-256.

Weber, Claus-Peter (1997): Überlegungen zu einer Erweiterung der Ziele der Jahresabschlußprüfung, in: Fischer, Thomas R./Hömberg, Reinhold (Hrsg.): Jahresabschluß und Jahresabschlußprüfung: Probleme, Perspektiven, internationale Einflüsse. Festschrift zum 60. Geburtstag von Jörg Baetge, Düsseldorf 1997, S. 781-810.

Wenzler, Christian (1994): Die Komponenten des Geschäftsberichts, Frankfurt a.M. 1994.

Wiedmann, Harald (1993): Der risikoorientierte Prüfungsansatz, in: WPg 1993, S. 13-25.

Wiedmann, Harald (2000): Abschnitt R: Prüfungstechnik, in: IDW (Hrsg.): Wirtschaftsprüfer-Handbuch 2000, Handbuch für Rechnungslegung,

Prüfung und Beratung, Band I, bearbeitet von Geib, Gerd u.a., 12. Auflage, Düsseldorf 2000, S. 1695-1856.
Wilhelmi, Sylvester (1971): Aktiengesetz vom 6. September 1965, Kommentar, begründet von Freiherr Reinhard von Godin und Dr. Hans Wilhelmi, 4. Auflage, neu bearbeitet von Sylvester Wilhelmi, Band I, §§ 1-178, Berlin/New York 1971.
Williamson, Oliver E. (1985): The Economic Institutions of Capitalism, New York u.a. 1985.
Winnefeld, Robert (2000): Bilanzhandbuch: Handels- und Steuerbilanz, Rechtsformspezifisches Bilanzrecht, Bilanzielle Sonderfragen, Sonderbilanzen, IAS/US-GAAP, 2. Auflage, München 2000.
Wöhe, Günter (1996): Einführung in die allgemeine Betriebswirtschaftslehre, 19., überarbeitete und erweiterte Auflage, München 1996.
Wolz, Matthias (1998): Die Erwartungslücke vor und nach Verabschiedung des KonTraG, in: WPK-Mitteilungen 1998, S. 122-135.
WPK (1996): Satzung über die Rechte und Pflichten bei der Ausübung der Berufe des Wirtschaftsprüfers und des vereidigten Buchprüfers, in: WPK-Mitteilungen 1996, S. 176-195.
Zünd, Andree (1992): "Expectation Gap" - Die Revision im Clinch von Erwartungen und Auftrag, in: Der Schweizer Treuhänder 1992, S. 371-379.

Rechtsquellenverzeichnis

BGBl I vom 15. August 1969, S. 1189-1999, Gesetz über die Rechnungslegung von bestimmten Unternehmen und Konzernen.

BGBl I vom 19. Dezember 1985, S. 2355-2435, Gesetz zur Durchführung der Vierten, Siebenten und Achten Richtlinie des Rates der Europäischen Gemeinschaften zur Koordinierung des Gesellschaftsrechts (Bilanzrichtlinien-Gesetz-BiRiLiG).

BGBl I vom 25. Juli 1994, S. 1682-1687, Gesetz zur Änderung des D-Markbilanzgesetzes und anderer handelsrechtlicher Bestimmungen.

BGBl I vom 27. April 1998, S. 786-794, Gesetz zur Kontrolle und Transparenz im Unternehmensbereich (KonTraG).

BGBl I vom 24. Februar 2000, S. 154-162, Gesetz zur Durchführung der Richtlinie des Rates der Europäischen Union zur Änderung der Bilanz- und der Konzernbilanzrichtlinie hinsichtlich ihres Anwendungsbereichs (90/605/EWG), zur Verbesserung der Offenlegung von Jahresabschlüssen und zur Änderung anderer handelsrechtlicher Bestimmungen (Kapitalgesellschaften- und Co-Richtlinie-Gesetz - KapCoRiLiG).

BGBl I vom 10. Dezember 2001, S. 3414-3421, Gesetz zur Anpassung bilanzrechtlicher Bestimmungen an die Einführung des Euro, zur Erleichterung der Publizität für Zweigniederlassungen ausländischer Unternehmen sowie zur Einführung einer Qualitätskontrolle für genossenschaftliche Prüfungsverbände (Euro-Bilanzgesetz - Euro-BilG)

BGH Urteil vom 15. Dezember 1954, II ZR 322/53, in: BGHZ, Band 16, Berlin 1955, S. 17-31.

BR-Drs. 872/97 vom 7. November 1997, Gesetzesentwurf der Bundesregierung: Entwurf eines Gesetzes zur Kontrolle und Transparenz im Unternehmensbereich (KonTraG).

BT-Drs. 7/3441 vom 1. April 1975, in: Verhandlungen des Deutschen Bundestages, 7. Wahlperiode.

BT-Drs. 10/317 vom 26. August 1983, in: Verhandlungen des Deutschen Bundestages, 10. Wahlperiode.

BT-Drs. 10/4268 vom 18. November 1985, in: Verhandlungen des Deutschen Bundestages, 10. Wahlperiode.

BT-Drs. 13/9712 vom 28. Januar 1998, in: Verhandlungen des Deutschen Bundestages, 13. Wahlperiode.

BT-Drs. 13/10038 vom 4. März 1998, in: Verhandlungen des Deutschen Bundestages, 13. Wahlperiode.